漢書

漢蘭臺令史　班固　撰
唐祕書少監　顏師古　注

第九册

卷五八至卷七〇（傳三）

中華書局

漢書卷五十八

公孫弘卜式兒寬傳第二十八

公孫弘，菑川薛人也。少時爲獄吏，有罪，免。家貧，牧豕海上。年四十餘，乃學春秋雜說。

武帝初即位，招賢良文學士，是時弘年六十，以賢良徵爲博士。使匈奴，還報，不合意，〔一〕上怒，以爲不能，弘乃移病免歸。〔二〕

〔一〕師古曰：「奏事不合天子之意。」

〔二〕師古曰：「移病，謂移書言病也。一曰，以病移居。」

元光五年，復徵賢良文學，菑川國復推上弘。弘謝曰：「前已嘗西，用不能罷，願更選。」國人固推弘，弘至太常。上策詔諸儒：

制曰：蓋聞上古至治，畫衣冠，異章服，而民不犯；陰陽和，五穀登，六畜蕃，〔一〕甘露降，風雨時，嘉禾興，朱屮生，〔二〕山不童，澤不涸；〔三〕麟鳳在郊藪，龜龍游於沼，〔四〕

河洛出圖書；父不喪子，兄不哭弟；北發渠搜，南撫交阯，〔五〕舟車所至，人迹所及，跂行喙息，咸得其宜。〔六〕朕甚嘉之，今何道而臻乎此？〔七〕子大夫修先聖之術，明君臣之義，講論洽聞，有聲乎當世，〔敢〕問子大夫：天人之道，何所本始？吉凶之效，安所期焉？〔八〕禹湯水旱，厥咎何由？仁義禮知四者之宜，當安設施？屬統垂業，物鬼變化，〔九〕天命之符，廢興何如？天文地理人事之紀，子大夫習焉。其悉意正議，詳具其對，著之于篇，〔一〇〕朕將親覽焉，靡有所隱。

〔一〕師古曰：「登，成也。蕃，多也，音扶元反。」
〔二〕師古曰：「屮，古草字。」
〔三〕師古曰：「童，無草木也。涸，水竭也，音胡各反。」
〔四〕師古曰：「邑外謂之郊。澤無水曰藪。沼，池也。」
〔五〕師古曰：「言威德之盛，北則徵發于渠搜，南則綏撫於交阯也。渠搜，遠夷之國也。」
〔六〕師古曰：「跂行，有足而行者也。喙息，謂有口能息者也。跂音岐。喙音許穢反。」
〔七〕師古曰：「臻，至也。」
〔八〕師古曰：「安，焉也。」
〔九〕師古曰：「屬，繫也，音之欲反。其下亦同。」
〔一〇〕師古曰：「悉，盡也。篇，簡也。」

弘對曰：

臣聞上古堯舜之時，不貴爵賞而民勸善，不重刑罰而民不犯，躬率以正而遇民信也；〔一〕末世貴爵厚賞而民不勸，深刑重罰而姦不止，其上不正，遇民不信也。夫厚(當)〔賞〕重刑未足以勸善而禁非，必信而已矣。是故因能任官，則分職治；〔二〕去無用之言，則事情得；不作無用之器，卽賦斂省；不奪民時，不妨民力，則百姓富；有德者進，無德者退，則朝廷尊；有功者上，無功者下，則羣臣逡；〔三〕罰當罪，則姦邪止；賞當賢，則臣下勸：凡此八者，治〔民〕之本也。故民者，業之卽不爭，理得則不怨，有禮則不暴，愛之則親上，〔四〕此有天下之急者也。故法不遠義，則民服而不離；和不遠禮，則民親而不暴。〔五〕故法之所罰，義之所去也；〔六〕和之所賞，禮之所取也。禮義者，民之所服也，而賞罰順之，則民不犯禁矣。故畫衣冠，異章服，而民不犯者，此道素行也。

〔一〕師古曰：「躬謂身親行之，遇謂處待之而已。」

〔二〕師古曰：「分音扶問反。」

〔三〕(師古)〔李奇〕曰：「言有次第也。」師古曰：「逡音七旬反，其字從辶。」

〔四〕師古曰：「各得其業則無爭心，各申其理則無所怨，使之由理則無暴慢，子而愛之則知親上也。」

〔五〕師古曰：「遠，違也，音于萬反。」

〔六〕師古曰：「去，除也，音丘呂反。」

臣聞之，氣同則從，聲比則應。〔一〕今人主和德於上，百姓和合於下，〔二〕故心和則氣和，氣和則形和，形和則聲和，聲和則天地之和應矣。故陰陽和，風雨時，甘露降，五穀登，六畜蕃，嘉禾興，朱草生，山不童，澤不涸，此和之至也。故形和則無疾，無疾則不夭，故父不喪子，兄不哭弟。德配天地，明並日月，則麟鳳至，龜龍在郊，河出圖，洛出書，遠方之君莫不說義，〔三〕奉幣而來朝，此和之極也。

〔一〕師古曰：「比亦和也，音頻寐反。」

〔二〕師古曰：「合謂與上合德也。」

〔三〕師古曰：「說讀曰悅。」

臣聞之，仁者愛也，義者宜也，禮者所履也，〔一〕智者術之原也。致利除害，兼愛無私，謂之仁；〔二〕明是非，立可否，謂之義；進退有度，尊卑有分，謂之禮；〔三〕擅殺生之柄，通〔壅〕塞之塗，〔四〕權輕重之數，論得失之道，使遠近情僞必見於上，謂之術：〔五〕凡此四者，治之本，道之用也，皆當設施，不可廢也。得其要，則天下安樂，法設而不用；〔六〕不得其術，則主蔽於上，官亂於下。此事之情，屬統垂業之本也。

〔一〕師古曰：「履而行之。」

〔二〕師古曰：「致謂引而至也。」

〔三〕師古曰：「分音扶問反。」

〔四〕師古曰：「擅，專也。」

〔五〕師古曰：「見，顯也。」

〔六〕師古曰：「下不犯法，無所加刑也。」

臣聞堯遭鴻水，使禹治之，未聞禹之有水也。若湯之旱，則桀之餘烈也。桀紂行惡，受天之罰；禹湯積德，以王天下。因此觀之，天德無私親，順之和起，逆之害生。此天文地理人事之紀。臣弘愚戇，不足以奉大對。〔一〕

〔一〕師古曰：「大對，大問之對也。」

時對者百餘人，太常奏弘第居下。策奏，天子擢弘對爲第一。召入見，容貌甚麗，拜爲博士，待詔金馬門。〔一〕

〔一〕如淳曰：「武帝時，相馬者東門京作銅馬法獻之，立馬於魯（斑）〔班〕門外，更名魯（斑）〔班〕門爲金馬門。」

弘復上疏曰：「陛下有先聖之位而無先聖之名，有先聖之名而無先聖之吏，是以勢同而治異。先世之吏正，故其民篤；〔一〕今世之吏邪，故其民薄。政弊而不行，令倦而不聽。夫使邪吏行弊政，用倦令治薄民，民不可得而化，此治之所以異也。臣聞周公旦治天下，朞年而變，三年而化，五年而定。唯陛下之所志。」〔二〕書奏，天子以册書答曰：「問：弘稱周公之治，弘之材能自視孰與周公賢？」〔三〕弘對曰：「愚臣淺薄，安敢比材於周公！雖然，愚心曉然見治道之可以然也。夫虎豹馬牛，禽獸之不可制者也，及其教馴服習之，〔四〕至可牽持駕服，唯人之從。〔五〕臣聞揉曲木者不累日，〔六〕銷金石者不累月，夫人之於利害好惡，豈比禽獸木石之類哉？〔七〕朞年而變，臣弘尚竊遲之。」上異其言。

〔一〕師古曰：「篤，厚也。」

〔二〕師古曰：「言志所在也。」

〔三〕師古曰：「與猶如也。」

〔四〕師古曰：「馴，順也，音巡。」

〔五〕師古曰：「從人意。」

〔六〕師古曰：「揉謂矯而正之也。累，積也。揉音人九反。」

〔七〕師古曰：「好音呼到反。惡音一故反。」

時方通西南夷，巴蜀苦之，詔使弘視焉。還奏事，盛毁西南夷無所用，上不聽。每朝會議，開陳其端，使人主自擇，不肯面折庭爭。於是上察其行慎厚，辯論有餘，習文法吏事，緣飾以儒術，〔一〕上說之，〔二〕一歲中至左內史。

〔一〕師古曰：「緣飾者，譬之於衣，加純緣者。」

〔三〕師古曰：「說讀曰悅。」

弘奏事，有所不可，不肯庭辯。〔一〕常與主爵都尉汲黯請間，〔二〕黯先發之，弘推其後，上常說，〔三〕所言皆聽，以此日益親貴。嘗與公卿約議，〔四〕至上前，皆背其約以順上指。汲黯庭詰弘曰：「齊人多詐而無情，始為與臣等建此議，今皆背之，不忠。」上問弘，弘謝曰：「夫知臣者以臣為忠，不知臣者以臣為不忠。」上然弘言。左右幸臣每毀弘，上益厚遇之。

〔一〕師古曰：「不於朝廷顯辯論之。」
〔二〕師古曰：「求空隙之暇。」
〔三〕師古曰：「說讀曰悅。」
〔四〕師古曰：「約，要也。」

弘為人談笑多聞，〔一〕常稱以為人主病不廣大，人臣病不儉節。養後母孝謹，後母卒，服喪三年。

〔一〕師古曰：「善於談笑而又多聞也。談字或作詼，音恢，謂嘲也，善嘲謔也。」

為內史數年，遷御史大夫。時又東置蒼海，北築朔方之郡。弘數諫，以為罷弊中國以奉無用之地，〔一〕願罷之。於是上乃使朱買臣等難弘置朔方之便。發十策，弘不得一。〔二〕弘乃謝曰：「山東鄙人，不知其便若是，願罷西南夷、蒼海，專奉朔方。」上乃許之。

〔一〕師古曰：「罷讀曰疲。」
〔二〕師古曰：「言其利害十條，弘無以應之。」

汲黯曰：「弘位在三公，奉祿甚多，〔一〕然爲布被，此詐也。」上問弘，弘謝曰：「有之。夫九卿與臣善者無過黯，然今日庭詰弘，誠中弘之病。夫以三公爲布被，誠飾詐欲以釣名。〔二〕且臣聞管仲相齊，有三歸，〔三〕侈擬於君，〔四〕桓公以霸，亦上僭於君。晏嬰相景公，食不重肉，妾不衣絲，齊國亦治，亦下比於民。〔五〕今臣弘位爲御史大夫，爲布被，自九卿以下至於小吏無差，誠如黯言。且無黯，陛下安聞此言？」上以爲有讓，愈益賢之。

〔一〕師古曰：「奉音扶用反。其下亦同。」
〔二〕師古曰：「釣，取也。言若釣魚之謂也。」
〔三〕師古曰：「三歸，取三姓女也。婦人謂嫁曰歸。」
〔四〕師古曰：「擬，疑也，言相似也。」
〔五〕師古曰：「比，方也。一曰，比，近也，音頻寐反。」

元朔中，代薛澤爲丞相。先是，漢常以列侯爲丞相，唯弘無爵，上於是下詔曰：「朕嘉先聖之道，開廣門路，宣招四方之士，蓋古者任賢而序位，量能以授官，勞大者厥祿厚，德盛者獲爵尊，故武功以顯重，而文德以行褒。其以高成之平津鄉戶六百五十封丞相弘爲平津侯。」其後以爲故事，至丞相封，自弘始也。

時上方興功業，婁舉賢良。〔一〕弘自見爲舉首，起徒步，數年至宰相封侯，於是起客館，開東閣以延賢人，〔二〕與參謀議。弘身食一肉，脫粟飯，〔三〕故人賓客仰衣食，〔四〕奉祿皆以給之，家無所餘。然其性意忌，外寬內深。〔五〕諸常與弘有隙，無近遠，雖陽與善，後竟報其過。殺主父偃，徙董仲舒膠西，皆弘力也。

〔一〕師古曰：「婁，古屢字。」
〔二〕師古曰：「閤者，小門也，東向開之，避當庭門而引賓客，以別於掾史官屬也。」
〔三〕師古曰：「才脫粟而已，不精（鑿）〔糳〕也。脫音他活反。」
〔四〕師古曰：「故人，平生故交也。仰音牛向反。」
〔五〕師古曰：「意忌，多所忌害也。」

後淮南、衡山謀反，治黨與方急，弘病甚，自以爲無功而封侯，居宰相位，宜佐明主塡撫國家，〔一〕使人由臣子之道。〔二〕今諸侯有畔逆之計，此大臣奉職不稱也。〔三〕恐病死無以塞責，〔四〕乃上書曰：「臣聞天下通道五，所以行之者三。君臣、父子、夫婦、長幼、朋友之交，五者天下之通道也；仁、知、勇三者，所以行之也。故曰『好問近乎知，〔五〕力行近乎仁，〔六〕知恥近乎勇』。〔七〕知此三者，知所以自治；知所以自治，然後知所以治人。』〔八〕未有不能自治而能治人者也。陛下躬孝弟，監三王，建周道，兼文武，招徠四方之士，任賢序位，量能授官，將以厲百姓勸賢材也。今臣愚駑，無汗馬之勞，〔九〕陛下（下）過意擢臣弘卒伍之中，〔一〇〕封爲列侯，致位三公。臣弘行能不足以稱，〔一一〕加有負薪之疾，恐先狗馬填溝壑，終無以報德塞責。願歸侯，乞骸骨，避賢者路。」上報曰：「古者賞有功，褒有德，守成〔上〕文，遭遇右武，〔一二〕未有易此者也。〔一三〕朕夙夜庶幾，獲承至尊，懼不能寧，惟所與共爲治者，君宜知之。〔一四〕蓋君子善善及後世，若茲行，常在朕躬。〔一五〕君不幸罹霜露之疾，何恙不已，〔一六〕乃上書歸侯，乞骸骨，是章朕之不德也。〔一七〕今事少閒，〔一八〕君其存精神，止念慮，輔助醫藥以自持。」因賜告牛酒雜帛。居數月，有瘳，視事。

〔一〕師古曰：「塡音竹刃反。」

〔二〕師古曰：「由，從也。」

〔三〕師古曰：「稱，副也。」

〔四〕師古曰：「塞，當也。」

〔五〕師古曰：「疑則問之，故成其智。」

〔六〕師古曰：「屈己濟物，故爲仁也。」

〔七〕師古曰：「不求苟得，故爲勇也。」

〔八〕師古曰：「自『好問近乎知』以下，皆禮記中庸之辭。」

〔九〕師古曰：「言未嘗從軍旅。」

〔一〇〕師古曰：「過猶誤也。」

〔一一〕師古曰：「不副其任也。」

〔一二〕師古曰：「右亦上也，禍亂時則上武耳。」

〔一三〕師古曰：「易，改也。」

〔一四〕師古曰：「惟，思也。知謂知治道也。」

〔一五〕師古曰：「朕常思此，不息於心也。」

〔一六〕師古曰：「罹，遭也。恙，憂也。已，止也。言何憂於疾不止也。禮記曰『疾止復初』也。」

〔一七〕師古曰：「章，明也。」

〔一八〕師古曰：「間音有空隙也。間讀曰閑。」

凡爲丞相御史六歲，年八十，終丞相位。其後李蔡、嚴青翟、趙周、石慶、公孫賀、劉屈氂繼踵爲丞相。〔一〕自蔡至慶，丞相府客館丘虛而已，〔二〕至賀、屈氂時壞以爲馬廐車庫奴婢室矣。唯慶以惇謹，復終相位，〔三〕其餘盡伏誅云。

〔一〕師古曰：「繼踵，言相躡也。屈音丘勿反，又鉅勿反。氂音力之反。」

〔二〕師古曰：「言不能進賢，故不繕修其室屋也。虛讀曰墟。」

〔三〕師古曰：「惇，厚也，音敦。」

弘子度嗣侯，爲山陽太守十餘歲，詔徵鉅野令史成詣公車，度留不遣，坐論爲城旦。元始中，修功臣後，下詔曰：「漢興以來，股肱在位，身行儉約，輕財重義，未有若公孫弘者也。位在宰相封侯，而爲布被脫粟之飯，奉祿以給故人賓客，無有所餘，可謂減於制度，〔一〕而率下篤俗者也，〔二〕與內富厚而外爲詭服以釣虛譽者殊科。〔三〕夫表德章義，所以率世厲俗，聖王之制也。其賜弘後子孫之次見爲適者，〔四〕爵關內侯，食邑三百戶。」

〔一〕應劭曰：「禮，貴有常尊，衣服有品。」

〔二〕師古曰：「篤，厚也。」

〔三〕師古曰：「詭，違也。詭服，謂與心志相違也。一曰，違衆之服也。」

〔四〕師古曰：「見音胡電反。適讀曰嫡。」

卜式，河南人也。以田畜爲事。有少弟，弟壯，式脫身出，〔一〕獨取畜羊百餘，田宅財物盡與弟。式入山牧，十餘年，羊致千餘頭，買田宅。而弟盡破其產，式輒復分與弟者數矣。〔二〕

〔一〕師古曰：「脫身謂引身出也。脫音他活反。」

〔二〕師古曰：「數音所角反。」

時漢方事匈奴，式上書，願輸家財半助邊。上使使問式：「欲爲官乎？」式曰：「自〔少〕〔小〕牧羊，不習仕宦，不願也。」使者曰：「家豈有寃，欲言事乎？」式曰：「臣生與人亡所爭，邑人貧者貸之，〔一〕不善者敎之，所居，人皆從式，式何故見寃！」使者曰：「苟，子何欲？」〔二〕式曰：「天子誅匈奴，愚以爲賢者宜死節，有財者宜輸之，如此而匈奴可滅也。」使者以聞。上以語丞相弘。弘曰：「此非人情。不軌之臣〔三〕不可以爲化而亂法，願陛下勿許。」上不報，數歲乃罷式。式歸，復田牧。

〔一〕師古曰：「貸音土戴反。」
〔二〕師古曰：「言子苟如此輸財，必有所欲。」
〔三〕師古曰：「軌亦法也。」

歲餘，會渾邪等降，縣官費衆，倉府空，〔一〕貧民大徙，皆卬給縣官，〔二〕無以盡贍。式復持錢二十萬與河南太守，以給徙民。河南上富人助貧民者，上識式姓名，曰：「是固前欲輸其家半財助邊。」乃賜式外繇四百人，〔三〕式又盡復與官。是時富豪皆爭匿財，〔四〕唯式尤欲助費。上於是以式終長者，乃召拜式爲中郎，賜爵左庶長，〔五〕田十頃，布告天下，尊顯以風百姓。〔六〕

〔一〕師古曰：「倉，粟所積也。府，錢所聚也。」

〔二〕師古曰：「卬音牛向反。」

〔三〕蘇林曰：「外繇謂戍邊也。一人出三百錢，謂之過更。式歲得十二萬錢也。一說，在繇役之外得復除四百人也。」

師古曰：「一說是。」

〔四〕師古曰：「匿，藏也。」

〔五〕師古曰：「第十爵。」

〔六〕師古曰：「風讀曰諷。」

初式不願爲郎，上曰：「吾有羊在上林中，欲令子牧之。」式既爲郎，布衣屮蹻而牧羊。〔一〕歲餘，羊肥息。〔二〕上過其羊所，善之。式曰：「非獨羊也，治民亦猶是矣。以時起居，惡者輒去，〔三〕毋令敗羣。」上奇其言，欲試使治民。拜式緱氏令，緱氏便之；遷成臯令，將漕最。〔四〕上以式朴忠，〔五〕拜爲齊王太傅，轉爲相。

〔一〕師古曰：「蹻，卽今之鞋也，南方謂之蹻。字本作屩，並音居略反。」

〔二〕師古曰：「息，生也。言羊既肥而又生多也。」

〔三〕師古曰：「去，除也，音丘亙反。」

〔四〕師古曰：「爲縣令而又使(令)領漕，其課最上。」

〔五〕師古曰：「朴，質也。」

會呂嘉反，式上書曰：「臣聞主媿臣死。羣臣宜盡死節，其駑下者宜出財以佐軍，如是則强國不犯之道也。〔一〕臣願與子男〔二〕及臨菑習弩博昌習船者請行，死之以盡臣節。」〔三〕上賢之，下詔曰：「朕聞報德以德，報怨以直。〔四〕今天下不幸有事，郡縣諸侯未有奮繇直道者也。〔五〕齊相雅行躬耕，〔六〕隨牧蓄番，輒分昆弟，更造，〔七〕不爲利惑。〔八〕日者北邊有興，〔九〕上書助官。往年西河歲惡，率齊人入粟。〔一〇〕今又首奮，〔一一〕雖未戰，可謂義形於內矣。〔一二〕其賜式爵關內侯，黃金四〔百〕〔十〕斤，田十頃，布告天下，使明知之。」

〔一〕師古曰：「國家威强而不見侵犯。」

〔二〕師古曰：「子男，自謂其子也。」

〔三〕師古曰：「從軍而致死。」

〔四〕師古曰：「論語稱孔子〔曰〕『以直報怨，以德報德』，故詔引之。」

〔五〕孟康曰：「未有奮迅樂出身勞於徭役者也。」臣瓚曰：「言未有奮厲於正直之道也。」師古曰：「二說皆非也。奮，憤激也。繇讀與由同。由，從也。直道，謂報怨以直，征南越也。言無欲奮厲而從於報怨之道也。」

〔六〕臣瓚曰：「雅，素也。言卜式躬耕於野，不要名利。」晉灼曰：「雅，正也。」師古曰：「晉說是也。言其行雅正，又躬耕也。」

〔七〕師古曰：「言其蓄牧滋多，則與昆弟，而更自營爲也。番音扶元反。」

〔八〕師古曰：「言不惑於利。」

〔九〕師古曰：「日者，往日也。興謂發軍。」

〔10〕師古曰：「歲惡，猶凶歲也。禮記曰『歲凶，年穀不登』。」
〔11〕師古曰：「爲首而奮厲，願從軍也。」
〔12〕師古曰：「形，見也。」

元鼎中，徵式代石慶爲御史大夫。式既在位，言郡國不便鹽鐵而船有算，可罷。上由是不說式。〔一〕明年當封禪，式又不習文章，貶秩爲太子太傅，以兒寬代之。式以壽終。

〔一〕師古曰：「說讀曰悅。」

兒寬，千乘人也。〔一〕治尚書，事歐陽生。以郡國選詣博士，受業孔安國。貧無資用，嘗爲弟子都養。〔二〕時行賃作，帶經而鉏，休息輒讀誦，其精如此。以射策爲掌故，功次補廷尉文學卒史。〔三〕

〔一〕師古曰：「千乘郡千乘縣也。兒音五奚反。」
〔二〕師古曰：「都，凡衆也。養，主給烹炊者也。貧無資用，故供諸弟子烹炊也。養音弋向反。」
〔三〕蘇林曰：「秩六百石，舊郡亦有也。」臣瓚曰：「漢注卒史秩百石。」師古曰：「瓚說是也。」

寬爲人溫良，有廉知自將，〔一〕善屬文，〔二〕然懦於武，〔三〕口弗能發明也。時張湯爲廷尉，廷尉府盡用文史法律之吏，〔四〕而寬以儒生在其間，見謂不習事，不署曹，〔五〕除爲從史，〔六〕之北地視畜數年。〔七〕還至府，上畜簿，〔八〕會廷尉時有疑奏，已再見卻矣，〔九〕掾史莫知所爲。寬爲言其意，掾史因使寬爲奏。奏成，讀之皆服，以白廷尉湯。湯大驚，召寬與語，乃奇其材，以爲掾。上寬所作奏，卽時得可。異日，湯見上。問曰：「前奏非俗吏所及，誰爲之者？」湯言兒寬。上曰：「吾固聞之久矣。」湯由是鄉學，〔一〇〕以寬爲奏讞掾，以古法義決疑獄，甚重之。及湯爲御史大夫，以寬爲掾，舉侍御史。見上，語經學。上說之，〔一一〕從問尚書一篇。擢爲中大夫，遷左內史。

〔一〕師古曰：「將，衞也，以智自衞護也。」
〔二〕師古曰：「屬，綴也，音之欲反。」
〔三〕師古曰：「懦，柔也，音乃喚反，又音儒。」
〔四〕師古曰：「史謂善史書者。」
〔五〕張晏曰：「不署爲列曹也。」師古曰：「署，表也，置也。凡言署官，表其秩位，置立爲之也。」
〔六〕師古曰：「從史者，但只隨官僚，不主文書。」
〔七〕師古曰：「之，往也。畜謂廷尉之畜在北地者，若今諸司公廨牛羊。」
〔八〕師古曰：「簿謂文計也。」
〔九〕師古曰：「卻，退也。」
〔一〇〕師古曰：「鄉讀曰嚮。」
〔一一〕師古曰：「說讀曰悅。」

寬既治民，勸農業，緩刑罰，理獄訟，卑體下士，務在於得人心；〔一〕擇用仁厚士，推情與下，不求名聲，吏民大信愛之。寬表奏開六輔渠，〔二〕定水令以廣溉田。〔三〕收租稅，時裁闊狹，與民相假貸，〔四〕以故租多不入。後有軍發，左內史以負租課殿，當免。民聞當免，皆恐失之，大家牛車，小家擔負，輸租繦屬不絕，〔五〕課更以最。上由此愈奇寬。

〔一〕師古曰：「下音胡稼反。」

〔二〕韋昭曰：「六輔謂京兆、馮翊、扶風、河東、河南、河內也。」劉德曰：「於六輔界中爲渠也。」師古曰：「二說皆非也。溝洫志云『兒寬爲左內史，奏請穿六輔渠以益溉鄭國旁高卬之田』，此則於鄭國渠上流南岸更開六道小渠以輔助溉灌耳。今雍州雲陽、三原兩縣界此渠尚存，鄉人名曰六渠，亦號輔渠。故河渠書云『關內則輔渠、靈軹』是也，焉說三河之地哉」

〔三〕師古曰：「爲用水之次具立法，令皆得其所也。」

〔四〕師古曰：「謂有貧弱及農要之時不即徵收也。貸音土代反。」

〔五〕師古曰：「繦，索也，言輸者接連，不絕於道，若繩索之相屬也，猶今言續索矣。屬音之欲反。」

及議欲放古巡狩封禪之事，〔一〕諸儒對者五十餘人，未能有所定。先是，司馬相如病死，有遺書，頌功德，言符瑞，足以封泰山。上奇其書，以問寬，寬對曰：「陛下躬發聖德，統楫羣元，〔二〕宗祀天地，薦禮百神，精神所鄉，徵兆必報，〔三〕天地並應，符瑞昭明。其封泰山，禪梁父，昭姓考瑞，帝王之盛節也。然享薦之義，不著于經，〔四〕以爲封禪告成，合祛於天地神祇，〔五〕祇戒精專以接神明。總百官之職，各稱事宜而爲之節文。〔六〕唯聖主所由，制定其當，〔七〕非羣臣之所能列。今將舉大事，優游數年，〔八〕使羣臣得人自盡，終莫能成。〔九〕唯天子建中和之極，兼總條貫，〔10〕金聲而玉振之，〔11〕以順成天慶，垂萬世之基。」上然之，乃自制儀，采儒術以文焉。

〔一〕師古曰：「放，依也，音甫往反。」

〔二〕張晏曰：「統，察；楫，聚也。」如淳曰：「曆數之元也。」臣瓚曰：「統猶總覽也。楫當作輯。」師古曰：「輯、楫與集，三字並同。虞書曰『楫五瑞』是也，其字從木。瓚曰當爲輯，不通。」

〔三〕師古曰：「鄉讀曰嚮。徵，證也。」

〔四〕師古曰：「封禪之享薦也，以非常禮，故經無其文。著音竹筋反。」

〔五〕李奇曰：「祛，開散；合，閉也。開閉於天地也。」

〔六〕師古曰：「稱，副也。」

〔七〕師古曰：「當猶中也。」

〔八〕師古曰：「言不決也。」

〔九〕師古曰：「所言不同，各有執見也。」

〔10〕師古曰：「極，正也。周禮曰『以爲人極』也。」

〔11〕師古曰：「言振揚德音，如金玉之聲也。」

既成，將用事，拜寬爲御史大夫，從東封泰山，還登明堂。寬上壽曰：「臣聞三代改制，屬象相因。〔一〕間者聖統廢絕，〔二〕陛下發憤，合指天地，祖立明堂辟雍，〔三〕宗祀泰一，〔四〕六律五聲，〔五〕幽贊聖意，〔六〕神樂四合，各有方象，〔七〕以承嘉祀，爲萬世則，〔八〕天下幸甚。將建大元本瑞，登告岱宗，發祉闓門，以候景至。癸亥宗祀，日宣重光；上元甲子，肅邕永享。〔九〕光輝充塞，天文粲然，〔一〇〕（充）〔見〕象日昭，報降符應。〔一一〕臣寬奉觴再拜，上千萬歲壽。」制曰：「敬舉君之觴。」

〔一〕李奇曰：「政教之法象相因屬也。」師古曰：「屬，連也，音之欲反。」
〔二〕師古曰：「聖統，聖人之遺業，謂禮文也。」
〔三〕師古曰：「祖，始也。」
〔四〕師古曰：「宗，尊也。」
〔五〕師古曰：「六律，謂黃鍾、太蔟、姑洗、蕤賓、夷則、無射也。五聲，宮、商、角、徵、羽也。」
〔六〕師古曰：「幽，深也。贊，明也。」
〔七〕如淳曰：「四方色及五神祭祀聲樂各有等。」
〔八〕師古曰：「則，法也。」
〔九〕李奇曰：「太平之世，日抱重光，謂日有重日也。」蘇林曰：「將，甫始之辭也。太元，太初曆也。本瑞，謂白麟、寶鼎之屬也。以候景至，冬至之景也。上元甲子，太初元年甲子朔旦冬至也。」師古曰：「宗，尊也。肅，敬也。雍，和也。旣敬且和，則長爲天所享也。闓讀與開同。」

〔一〇〕師古曰：「塞，滿也。粲然，明貌。」

〔一一〕師古曰：「言（大）〔天〕顯示景象，日日昭明也。降下符應，以報德化。」

後太史令司馬遷等言：「曆紀壞廢，漢興未改正朔，宜可正。」上乃詔寬與遷等共定漢太初曆。語在律曆志。

初梁相褚大通五經，爲博士，時寬爲弟子。及御史大夫缺，徵褚大，大自以爲得御史大夫。至洛陽，聞兒寬爲之，褚大笑。及至，與寬議封禪於上前，大不能及，退而服曰：「上誠知人。」寬爲御史大夫，以稱意任職，故久無有所匡諫於上，官屬易之。〔一〕居位九歲，以官卒。

〔一〕師古曰：「易，輕也，音弋（鼓）〔豉〕反。」

贊曰：公孫弘、卜式、兒寬皆以鴻漸之翼困於燕爵，〔一〕遠迹羊豕之間，〔二〕非遇其時，焉能致此位乎？〔三〕是時，漢興六十餘載，海內艾安，〔四〕府庫充實，而四夷未賓，制度多闕。上方欲用文武，求之如弗及，〔五〕始以蒲輪迎枚生，見主父而歎息。〔六〕羣士慕嚮，異人並出。卜式拔於芻牧，弘羊擢於賈豎，衞青奮於奴僕，日磾出於降虜，斯亦曩時版築飯牛之（明）〔朋〕

已。〔七〕漢之得人，於茲爲盛，儒雅則公孫弘、董仲舒、兒寬，篤行則石建、石慶，質直則汲黯、卜式，推賢則韓安國、鄭當時，定令則趙禹、張湯，文章則司馬遷、相如，滑稽則東方朔、枚皋，〔八〕應對則嚴助、朱買臣，曆數則唐都、洛下閎，協律則李延年，運籌則桑弘羊，奉使則張騫、蘇武，將率則衞青、霍去病，受遺則霍光、金日磾，其餘不可勝紀。〔九〕是以興造功業，制度遺文，後世莫及。孝宣承統，纂修洪業，亦講論六藝，招選茂異，而蕭望之、梁丘賀、夏侯勝、韋玄成、嚴彭祖、尹更始以儒術進，劉向、王褒以文章顯，將相則張安世、趙充國、魏相、丙吉、于定國、杜延年，治民則黃霸、王成、龔遂、鄭弘、召信臣、〔一〇〕韓延壽、尹翁歸、趙廣漢、嚴延年、張敞之屬，皆有功迹見述於世。參其名臣，亦其次也。〔一一〕

〔一〕李奇曰：「漸，進也。鴻一舉而進千里者，羽翼之材也。弘等皆以大材初爲俗所薄，若燕爵不知鴻志也。」師古曰：「易漸卦上九爻辭曰：『鴻漸于陸，其羽可以爲儀。』鴻，大鳥。漸，進也。高平曰陸。言鴻進於陸，以其羽翼爲威儀也。喻弘等皆有鴻之羽儀，未進之時，燕爵所輕也。」

〔二〕師古曰：「遠竄其迹也。」

〔三〕師古曰：「焉，於（曰）〔何〕也。」

〔四〕師古曰：「艾讀曰乂。」

〔五〕師古曰：「恐失之。」

〔六〕師古曰：「謂言『公皆安在？何相見之晚！』」

〔七〕師古曰：「販築，傅說也。飯牛，甯戚也。已，語終辭也。飯音扶晚反。」

〔八〕師古曰：「滑稽，轉利之稱也。滑，亂也。稽，礙也。言其變亂無留礙也。一說，稽，考也。言可滑亂不可考校也。滑音骨。稽音工奚反。」

〔九〕師古曰：「紀，記也。」

〔一〇〕師古曰：「召讀曰邵。」

〔一一〕師古曰：「次於武帝時。」

校勘記

二六二四頁三行　〔敢〕問子大夫：　景祐、殿本都有「敢」字。王先謙說有「敢」字是。

二六二五頁四行　夫厚（當）〔賞〕重刑未足以勸善而禁非，　景祐、汲古、殿、局本都作「賞」，此誤。

二六二五頁七行　凡此八者，治〔民〕之本也。　景祐、殿本都有「民」字。

二六二五頁一四行　（師古）〔李奇〕曰：　景祐、殿本都作「李奇」，此誤。

二六二六頁一三行　通〔壅〕塞之塗，　錢大昭說「通」下脫「壅」字。按景祐、殿本都有「壅」字。

二六二七頁一三行　魯（斑）〔班〕門　殿本作「班」。王先謙說作「班」是。

二六三二頁八行　不精（鑿）〔糳〕也。　李楨說「鑿」當作「糳」。按景祐、殿本都作「糳」。

二六三三頁二行　陛下（下）過意擢臣弘卒伍之中，　景祐、殿本都不重「下」字。

二六二二頁四行　守成〔上〕文，景祐、殿本都有「上」字。王先謙說據下顏注當有。

二六二五頁一行　自(少)〔小〕牧羊，景祐、殿本都作「小」。

二六二六頁一四行　爲縣令而又使(令)領漕，景祐、殿本都無下「令」字。

二六二七頁五行　黃金四(百)〔十〕斤，景祐、殿本都作「十」。王先謙說，以理度之，「十」字是。

二六二七頁九行　論語稱孔子〔曰〕景祐、殿本都有「曰」字，此脫。

二六三二頁五行　(充)〔見〕象日昭，景祐、殿本都作「見」。

二六三三頁三行　言(大)〔天〕顯示景象，殿本作「天」。王先謙說作「天」是。

二六三三頁九行　音弋(鼓)〔豉〕反。景祐、殿本都作「豉」，此誤。

二六三三頁一四行　斯亦曩時版築飯牛之(明)〔朋〕已。殿本作「朋」。王先謙說殿本是。

二六三四頁一三行　焉，於(曰)〔何〕也。景祐、殿本都作「何」，此誤。

漢書卷五十九

張湯傳第二十九

張湯，杜陵人也。父爲長安丞，出，湯爲兒守舍。〔一〕還，鼠盜肉，父怒，笞湯。湯掘熏得鼠及餘肉，劾鼠掠治，傳爰書，訊鞫論報，〔二〕并取鼠與肉，具獄磔堂下。〔三〕父見之，視文辭如老獄吏，大驚，遂使書獄。〔四〕

〔一〕師古曰：「稱爲兒者，言其尚幼小也。」

〔二〕師古曰：「傳謂傳逮，若今之追逮赴對也。爰，換也，以文書代換其口辭也。訊，考問也。鞫，窮也，謂窮覈之也。論報，謂上論之而獲報也。訊音信。」

〔三〕師古曰：「具爲治獄之文，處正其罪而磔鼠也。」

〔四〕如淳曰：「決獄之書，謂律令也。」

父死後，湯爲長安吏。周陽侯爲諸卿時，〔一〕嘗繫長安，湯傾身事之。及出爲侯，大與湯交，徧見貴人。湯給事內史，爲甯成掾，以湯爲無害，言大府，〔二〕調茂陵尉，〔三〕治方

中。〔四〕

〔一〕師古曰：「姓趙。」
〔二〕師古曰：「大府，丞相府也。無害，言其最勝也，解在蕭何傳。」
〔三〕師古曰：「調，選也，選以爲此官也。調音徒釣反。」
〔四〕孟康曰：「方中，陵上土作方也，湯主治之。」蘇林曰：「天子即位，豫作陵，諱之，故言方中，或言斥土。」如淳曰：「漢注陵方中用地一頃，深十二丈。」師古曰：「蘇說非也。古謂掘地爲阬曰方，今荆楚俗土功築作算程課者，猶以方計之，非謂避諱也。」

武安侯爲丞相，〔一〕徵湯爲史，薦補侍御史。治陳皇后巫蠱獄，深竟黨與，上以爲能，遷太中大夫。與趙禹共定諸律令，務在深文，拘守職之吏。〔二〕已而禹至少府，湯爲廷尉，兩人交驩，兄事禹。〔三〕禹志在奉公孤立，而湯舞知以御人。〔四〕始爲小吏，乾沒，與長安富賈田甲、魚翁叔之屬交私。〔五〕及列九卿，收接天下名士大夫，己心內雖不合，然陽浮道與之。〔六〕

〔一〕師古曰：「田蚡。」
〔二〕蘇林曰：「拘刻於守職之吏。」
〔三〕師古曰：「事之如兄。」
〔四〕師古曰：「舞弄其智，制御它人也。」

〔五〕服虔曰：「乾沒，射成敗也。」如淳曰：「豫居物以待之，得利爲乾，失利爲沒。」師古曰：「乾音干。」
〔六〕師古曰：「陽以道義爲交，非其中心，故云浮也。」

是時，上方鄉文學，〔一〕湯決大獄，欲傅古義，〔二〕乃請博士弟子治尚書、春秋，補廷尉史，平亭疑法。奏讞疑，〔三〕必奏先爲上分別其原，上所是，受而著讞法廷尉挈令，〔四〕揚主之明。〔五〕奏事卽譴，湯摧謝，〔六〕鄉上意所便，〔七〕必引正監掾史賢者，曰：「固爲臣議，如(此)上責臣，〔八〕臣弗用，愚抵此。」〔九〕罪常釋。〔一〇〕間卽奏事，上善之，曰：「臣非知爲此奏，乃監、掾、史某所爲。」〔一一〕其欲薦吏，揚人之善解人之過如此。所治卽上意所欲辠，予監吏深刻者；卽上意所欲釋，予監吏輕平者。所治卽豪，必舞文巧詆；〔一二〕卽下戶羸弱，時口言「雖文致法，上裁察。」於是往往釋湯所言。〔一三〕湯至於大吏，內行修，交通賓客飲食，於故人子弟爲吏及貧昆弟，調護之尤厚。〔一四〕其造請諸公，不避寒暑。〔一五〕是以湯雖文深意忌不專平，然得此聲譽。而深刻吏多爲爪牙用者，依於文學之士。丞相弘數稱其美。

〔一〕師古曰：「鄉讀曰嚮。」
〔二〕師古曰：「傅讀曰附。」
〔三〕李奇曰：「亭亦平也。」師古曰：「亭，均也，調也。言平均疑法及爲讞疑奏之。」
〔四〕韋昭曰：「在板挈也。」師古曰：「著謂明書之也。挈，獄訟之要也。書於讞法挈令以爲後式也。挈音口計反。」

〔五〕師古曰：「言此自天子之意，非由臣下有司。」

〔六〕蘇林曰：「深自挫按也。」師古曰：「若上有責，即摧折而謝也。」

〔七〕師古曰：「謂如天子責湯之指而言其端也。鄉讀曰嚮。」

〔八〕師古曰：「如上之意。」

〔九〕蘇林曰：「坐不用諸掾語，故至於此。」

〔一〇〕臣瓚曰：「謂常見原也。」

〔一一〕師古曰：「閒謂非當朝奏者。」

〔一二〕師古曰：「詆，誣也，音丁禮反。其下並同。」

〔一三〕李奇曰：「先見上口言之，欲與輕平，故皆見原釋也。」如淳曰：「雖文書按察致下戶之罪，湯以先口解之矣。上以湯言，輒裁察之，輕其罪也。」師古曰：「李、如二說皆非也。此言下戶羸弱，湯欲佐助，雖具文奏之，而又口奏，言雖律令之文合致此罪，聽上裁察，蓋爲此人希恩宥也。於是上得湯言，往往釋其人辠，非未奏之前口豫言也。」

〔一四〕師古曰：「調，和適之，令得其所也。護謂保佑也。」

〔一五〕師古曰：「造，至詣也。請，謁問也。造音七到反。」

及治淮南、衡山、江都反獄，皆窮根本。嚴助、伍被，上欲釋之，湯爭曰：「伍被本造反謀，而助親幸出入禁闥腹心之臣，乃交私諸侯，如此弗誅，後不可治。」上可論之。〔一〕其治獄所巧排大臣自以爲功，多此類。繇是益尊任，〔二〕遷御史大夫。

〔一〕師古曰：「可湯所奏而論決之。」

〔三〕師古曰：「繇讀與由同。」

會渾邪等降漢，大興兵伐匈奴，山東水旱，貧民流徙，皆卬給縣官，〔一〕縣官空虛。湯承上指，請造白金及五銖錢，籠天下鹽鐵，〔二〕排富商大賈，出告緡令，鉏豪彊并兼之家，舞文巧詆以輔法。〔三〕湯每朝奏事，語國家用，日旰，〔四〕天子忘食。丞相取充位，〔五〕天下事皆決湯。百姓不安其生，騷動，縣官所興未獲其利，姦吏並侵漁，〔六〕於是痛繩以辠。自公卿以下至於庶人咸指湯。湯嘗病，上自至舍視，其隆貴如此。

〔一〕師古曰：「卬音牛向反。」
〔二〕師古曰：「籠羅其事，皆令利入官。」
〔三〕師古曰：「輔，助也。以巧詆助法，言不公平也。」
〔四〕師古曰：「旰，晚也。論事既多，至於日晚。旰音幹。」
〔五〕師古曰：「但充其位而已，無所造設也。」
〔六〕師古曰：「並，且也。」

匈奴求和親，羣臣議前，〔一〕博士狄山曰：「和親便。」上問其便，山曰：「兵，凶器，未易數動。〔二〕高帝欲伐匈奴，大困平城，乃遂結和親。孝惠、高后時，天下安樂，及文帝欲事匈奴，北邊蕭然苦兵。〔三〕孝景時，吳楚七國反，景帝往來東宮間，〔四〕天下寒心數月。〔五〕吳楚已破，竟景帝不言兵，〔六〕天下富實。今自陛下興兵擊匈奴，中國以空虛，邊大困貧。由是觀之，不如和親。」上問湯，湯曰：「此愚儒無知。」狄山曰：「臣固愚忠，若御史大夫湯，乃詐忠。湯之治淮南、江都，以深文痛詆諸侯，別疏骨肉，使藩臣不自安，臣固知湯之（爲）詐忠。」於是上作色曰：「吾使生居一郡，能無使虜入盜乎？」〔七〕山曰：「不能。」曰：「居一縣？」曰：「不能。」復曰：「居一鄣間？」〔八〕山自度辯窮且下吏，〔九〕曰：「能。」乃遣山乘鄣。〔一〇〕至月餘，匈奴斬山頭而去。是後羣臣震讋。〔一一〕

〔一〕師古曰：「於上前議事。」

〔二〕師古曰：「言難可屢動。」

〔三〕師古曰：「蕭然猶騷然，擾動之貌也。」

〔四〕師古曰：「謂諮謀於太后也。」

〔五〕師古曰：「憚於兵難也。」

〔六〕師古曰：「訖景帝之身更不議征伐之事。」

〔七〕師古曰：「博士之官，故呼爲生也。」

〔八〕師古曰：「鄣謂塞上要險之處，別築爲城，因置吏士而爲鄣蔽以扞寇也。鄣音之向反。」

〔九〕師古曰：「度，計也。見詰自辯而辭窮，當下吏也。」

〔一〇〕師古曰：「乘，登也，登而守之。」

〔二〕師古曰：「震，動也。讋，失(失)氣也。讋音之涉反。」

湯客田甲雖賈人，有賢操，〔一〕始湯爲小吏，與錢通，〔二〕及爲大吏，而甲所以責湯行義，有烈士之風。

〔一〕師古曰：「操謂所執持之志行也。音千到反。」

〔二〕師古曰：「爲小吏之時與田甲爲錢財之交。」

湯爲御史大夫七歲，敗。

河東人李文，故嘗與湯有隙，已而爲御史中丞，薦數從中文事有可以傷湯者，不能爲地。〔一〕湯有所愛史魯謁居，知湯弗平，使人上飛變告文姦事。〔二〕事下湯，湯治論殺文，而湯心知謁居爲之。上問：「變事從迹安起？」〔三〕湯陽驚曰：「此殆文故人怨之。」〔四〕謁居病臥閭里主人，湯自往視病，爲謁居摩足。趙國以冶鑄爲業，王數訟鐵官事，湯常排趙王。趙王求湯陰事。謁居嘗案趙王，趙王怨之，并上書告：「湯大臣也，史謁居有病，湯至爲摩足，疑與爲大姦。」事下廷尉。謁居病死，事連其弟，弟繫導官。〔五〕湯亦治它囚導官，見謁居弟，欲陰爲之，而陽不省。〔六〕謁居弟不知而怨湯，使人上書，告湯與謁居謀，(兵)〔共〕變李文。事下減宣。宣嘗與湯有隙，及得此事，窮竟其事，未奏也。會人有盜發孝文園瘞錢，〔七〕丞相青翟朝，與湯約俱謝，〔八〕至前，〔九〕湯念獨丞相以四時行園，當謝，湯無與也，不

謝。〔10〕丞相謝，上使御史案其事。湯欲致其文丞相見知，〔11〕丞相患之。三長史皆害湯，欲陷之。〔12〕

〔1〕服虔曰：「薦，藉也。文與湯故有隙，已而爲御史中丞，藉已在內臺，中文書有可用傷湯者因會致之，不能爲湯作道地。」蘇林曰：「薦，仍也。」師古曰：「薦、數義同，蘇說是也。數數在中，其有文書事可用傷湯者，不爲作道地也。薦音在見反。數音所角反。大雅雲漢之詩曰『饑饉薦臻』，字亦如此。」

〔2〕師古曰：「飛變猶言急變也。」

〔3〕師古曰：「從讀曰蹤。」

〔4〕師古曰：「殆，近也。」

〔5〕蘇林曰：「漢儀注獄二十六所，導官無獄也。」師古曰：「蘇說非也。導，擇也。以主擇米，故曰導官。事見百官表。時或以諸獄皆滿，故權寄在此署繫之，非本獄所也。」

〔6〕師古曰：「省，視也。」

〔7〕如淳曰：「瘞，埋也，埋錢於園陵以送死也。」

〔8〕師古曰：「將入朝之時爲此要約。」

〔9〕師古曰：「至天子之前。」

〔10〕師古曰：「行音下更反。與讀曰豫。無豫謂不干其事也。」

〔11〕張晏曰：「見知故縱，以其罪罪之也。」

〔12〕師古曰：「百官表丞相有兩長史，今此云三者，蓋以守者，非正員也。」

始，長史朱買臣素怨湯，語在其傳。王朝，齊人，以術至右內史。邊通學短長，〔一〕剛暴人也，官至濟南相。故皆居湯右，〔二〕已而失官，守長史，詘體於湯。〔三〕湯數行丞相事，知此三長史素貴，常陵折之，故三長史合謀曰：「始湯約與君謝，已而賣君；今欲劾君以宗廟事，此欲代君耳。吾知湯陰事。」使吏捕案湯左田信等，〔四〕曰湯且欲爲請奏，信輒先知之，居物致富，與湯分之。〔五〕及它姦事。事辭頗聞。〔六〕上問湯曰：「吾所爲，賈人輒知，益居其物，〔七〕是類有以吾謀告之者。」〔八〕湯不謝，又陽驚曰：「固宜有。」減宣亦奏謁居事。上以湯懷詐面欺，〔九〕使使八輩簿責湯。〔一〇〕湯具自道無此，不服。於是上使趙禹責湯。禹至，讓湯曰：〔一一〕「君何不知分也！〔一二〕君所治，夷滅者幾何人矣！〔一三〕今人言君皆有狀，天子重致君獄，〔一四〕欲令君自爲計，〔一五〕何多以對爲？」〔一六〕湯乃爲書謝曰：「湯無尺寸之功，起刀筆吏，陛下幸致位三公，無以塞責。〔一七〕然謀陷湯者，三長史也。」遂自殺。

〔一〕（師古）〔應劭〕曰：「短長術興於六國時，長短其語，隱謬用相激怒也。」張晏曰：「蘇秦、張儀之謀，趣彼爲短，歸此爲長，戰國策名長短術也。」

〔二〕師古曰：「言舊在湯上。」

〔三〕師古曰：「謂拜伏也。」

〔四〕李奇曰：「左，證左也。」師古曰：「謂之左者，言除罪人正身之外，又取其左右者考問也。」

〔五〕服虔曰：「居謂儲也。」
〔六〕師古曰：「聞於天子也。」
〔七〕師古曰：「益，多也。」
〔八〕師古曰：「類，似也。」
〔九〕師古曰：「對面欺誣也。」
〔一〇〕蘇林曰：「簿音主簿之簿。簿，悉責也。」師古曰：「以文簿次第一一責之。」
〔一一〕師古曰：「讓亦責也。」
〔一二〕師古曰：「分音扶問反。」
〔一三〕師古曰：「幾音居起反。」
〔一四〕師古曰：「重猶難也。」
〔一五〕師古曰：「言引決也。」
〔一六〕師古曰：「言何用多對。」
〔一七〕師古曰：「塞，當也。」

湯死，家産直不過五百金，皆所得奉賜，〔一〕無它贏。〔二〕昆弟諸子欲厚葬湯，湯母曰：「湯爲天子大臣，被惡言而死，〔三〕何厚葬爲！」載以牛車，有棺而無椁。上聞之，曰：「非此母不生此子。」乃盡按誅三長史。丞相青翟自殺。出田信。上惜湯，復稍進其子安世。

〔一〕師古曰：「奉音扶用反。」

〔三〕師古曰：「贏，餘也。」

〔三〕師古曰：「被，加也，音皮義反。」

安世字子孺，少以父任爲郎。用善書給事尚書，〔一〕精力於職，休沐未嘗出。上行幸河東，嘗亡書三篋，詔問莫能知，唯安世識之，〔二〕具作其事。後購求得書，以相校無所遺失。上奇其材，擢爲尚書令，遷光祿大夫。

〔一〕師古曰：「於尚書中給事也。給，供也。」

〔二〕師古曰：「識，記也，音式志反。」

昭帝卽位，大將軍霍光秉政，以安世篤行，〔一〕光親重之。會左將軍上官桀父子及御史大夫桑弘羊皆與燕王、蓋主謀反誅，光以朝無舊臣，白用安世爲右將軍光祿勳，以自副焉。久之，天子下詔曰：「右將軍光祿勳安世輔政宿衞，肅敬不怠，十有三年，咸以康寧。夫親親任賢，唐虞之道也，其封安世爲富平侯。」

〔一〕師古曰：「篤，厚也。」

明年，昭帝崩，未葬，大將軍光白太后，徙安世爲車騎將軍，與共徵立昌邑王。王行淫亂，光復與安世謀廢王，尊立宣帝。帝初卽位，褒賞大臣，〔下〕詔曰：「夫褒有德，賞有功，古今之通義也。車騎將軍光祿勳富平侯安世，宿衞忠正，宣德明恩，勤勞國家，守職秉義，以安宗廟，其益封萬六百戶，功次大將軍光。」安世子千秋、延壽、彭祖，皆中郎將侍中。

大將軍光薨後數月，御史大夫魏相上封事曰：「聖王襃有德以懷萬方，〔一〕顯有功以勸百寮，是以朝廷尊榮，天下鄉風。〔二〕國家承祖宗之業，制諸侯之重，新失大將軍，宜宣章盛德以示天下，顯明功臣以塡藩國。〔三〕毋空大位，以塞爭權，〔四〕所以安社稷絕未萌也。〔五〕車騎將軍安世事孝武皇帝三十餘年，忠信謹厚，勤勞政事，夙夜不怠，與大將軍定策，天下受其福，國家重臣也，宜尊其位，以爲大將軍，毋令領光祿勳事，使專精神，憂念天下，思惟得失。安世子延壽重厚，可以爲光祿勳，領宿衞臣。」上亦欲用之。安世聞指，懼不敢當，請間求見，免冠頓首曰：「老臣耳妄聞，言之爲先事，不言情不達，〔六〕誠自量不足以居大位，繼大將軍後。唯天子財哀，以全老臣之命。」〔七〕上笑曰：「君言泰謙。君而不可，尚誰可者！」〔八〕安世深辭弗能得。後數日，竟拜爲大司馬車騎將軍，領尚書事。數月，罷車騎將軍屯兵，更爲衞將軍，兩宮衞尉，城門、北軍兵屬焉。

〔一〕師古曰：「懷，來也。」
〔二〕師古曰：「鄉讀曰嚮。」
〔三〕師古曰：「塡音竹刃反。」

〔四〕師古曰：「大臣位空，則起爭奪之權也。」
〔五〕師古曰：「未萌，謂變故未生者也。」
〔六〕師古曰：「事未施行而遽言之，故曰先事也。」
〔七〕師古曰：「財與裁同。」
〔八〕師古曰：「言君尚不可，誰更可也！」

時霍光子禹爲右將軍，上亦以禹爲大司馬，罷其右將軍屯兵，以虛尊加之，而實奪其衆。後歲餘，禹謀反，夷宗族，安世素小心畏忌，已內憂矣。〔一〕其女孫敬爲霍氏外屬婦，〔二〕當相坐，安世瘦懼，形於顏色。〔三〕上怪而憐之，以問左右，乃赦敬，以慰其意。安世寖恐。〔四〕職典樞機，以謹慎周密自著，外內無間。〔五〕每定大政，已決，輒移病出，〔六〕聞有詔令，乃驚，使吏之丞相府問焉。自朝廷大臣莫知其與議也。〔七〕

〔一〕師古曰：「忌者，戒盈滿之禍。」
〔二〕師古曰：「女孫，卽今所謂孫女也。」
〔三〕師古曰：「形，見也。」
〔四〕師古曰：「寖，益也。」
〔五〕師古曰：「著，明也。間，隙也。」
〔六〕師古曰：「移病，謂移書言病也。一曰以病而移居。」

〔七〕師古曰：「與讀曰豫。」

嘗有所薦，其人來謝，安世大恨，以爲舉賢達能，豈有私謝邪？絕勿復爲通。〔一〕有郎功高不調，〔二〕自言，安世應曰：「君之功高，明主所知。人臣執事，何長短而自言乎！」絕不許。已而郎果遷。〔三〕莫府長史遷，辭去之官，安世問以過失。〔四〕長史曰：「將軍爲明主股肱，而士無所進，論者以爲譏。」安世曰：「明主在上，賢不肖較然，〔五〕臣下自修而已，何知士而薦之？」其欲匿名迹遠權勢如此。〔六〕

〔一〕師古曰：「有欲謝者，皆不通也。一曰告此人而絕之，更不與相見也。」

〔二〕師古曰：「調，選也，音徒釣反。」

〔三〕師古曰：「安世外陽距之，而實令其遷。」

〔四〕師古曰：「問已有何失。」

〔五〕師古曰：「較，明貌。」

〔六〕師古曰：「遠，離也，音于萬反。」

爲光祿勳，郎有醉小便殿上，主事白行法，安世曰：「何以知其不反水漿邪？〔一〕如何以小過成罪！」郎淫官婢，婢兄自言，安世曰：「奴以恚怒，誣汙衣冠。」(自)〔告〕署適奴。〔二〕其隱人過失，皆此類也。

〔一〕師古曰：「反讀曰翻。」

〔二〕師古曰：「適讀曰謫。」

安世自見父子尊顯，懷不自安，爲子延壽求出補吏，上以爲北地太守。歲餘，上閔安世年老，復徵延壽爲左曹太僕。

初，安世兄賀幸於衞太子，太子敗，賓客皆誅，安世爲賀上書，得下蠶室。〔一〕後爲掖庭令，而宣帝以皇曾孫收養掖庭。賀內傷太子無辜，而曾孫孤幼，所以視養拊循，恩甚密焉。及曾孫壯大，賀教書，令受詩，爲取許妃，以家財聘之。曾孫數有徵怪，〔二〕語在宣紀。賀聞知，爲安世道之，稱其材美。安世輒絕止，以爲少主在上，不宜稱述曾孫。及宣帝即位，而賀已死。上謂安世曰：「掖（廷）〔庭〕令平生稱我，將軍止之，是也。」上追思賀恩，欲封其冢爲恩德侯，置守冢二百家。〔三〕賀有一子蚤死，〔四〕無子，子安世小男彭祖。〔五〕彭祖又小與上同席研書，指欲封之，先賜爵關內侯。故安世深辭賀封，又求損守冢戶數，稍減至三十戶。上曰：「吾自爲掖（廷）〔庭〕令，非爲將軍也。」安世乃止，不敢復言。遂下詔曰：「其爲故掖（廷）〔庭〕令張賀置守冢三十家。」上自處置其里，〔六〕居冢西鬭雞翁舍南，上少時所嘗游處也。明年，復下詔曰：「朕微眇時，故掖（廷）〔庭〕令張賀輔道朕躬，〔七〕修文學經術，恩惠卓異，厥功茂焉。詩云：『無言不讎，無德不報。』〔八〕其封賀弟子侍中關內侯彭祖爲陽都侯，賜賀謚曰陽都哀侯。」時賀有孤孫霸，年七歲，拜爲散騎中郎將，賜爵關內侯，食邑三百戶。安世以父子封侯，在位大盛，乃辭祿。詔都內別臧張氏無名錢以百萬數。〔九〕

〔一〕師古曰：「謂腐刑也。凡養蠶者，欲其溫而早成，故爲密室蓄火以置之。而新腐刑亦有中風之患，須入密室乃得以全，因呼爲蠶室耳。」

〔二〕師古曰：「徵，證也。」

〔三〕師古曰：「身死追封，故云封冢也。」

〔四〕師古曰：「蚤，古早字。」

〔五〕師古曰：「言養以爲子。」

〔六〕師古曰：「處，安也，音昌汝反。」

〔七〕師古曰：「道讀曰導。」

〔八〕師古曰：「大雅抑之詩。」

〔九〕文穎曰：「都內，主臧官也。」張晏曰：「安世以還官，官不簿也。」

安世尊爲公侯，食邑萬戶，然身衣弋綈，〔一〕夫人自紡績，家童七百人，皆有手技作事，內治產業，累積纖微，是以能殖其貨，〔二〕富於大將軍光。天子甚尊憚大將軍，然內親安世，心密於光焉。

〔一〕師古曰：「弋，黑色也。綈，厚繒也。」

〔三〕師古曰：「殖，生也。」

元康四年春，安世病，上疏歸侯，乞骸骨。天子報曰：「將軍年老被病，朕甚閔之。雖不能視事，折衝萬里，君先帝大臣，明於治亂，朕所不及，得數問焉，〔一〕何感而上書歸衞將軍富平侯印？〔二〕薄朕忘故，〔三〕非所望也！願將軍强餐食，近醫藥，專精神，以輔天年。」安世復强起視事，至秋薨。天子贈印綬，送以輕車介士，〔四〕謚曰敬侯。賜塋杜東，〔五〕將作穿復土，起冢祠堂。子延壽嗣。

〔一〕師古曰：「言意所不及者，即以問君也。」
〔二〕師古曰：「感，恨也，音胡闇反。」
〔三〕蘇林曰：「本望君重於此也。」師古曰：「蘇說非也。薄猶嫌也，君意嫌朕遺忘故舊，而求去也。」
〔四〕師古曰：「輕車，古之戰車。續漢書曰『彫朱輪輿，不巾不蓋，菑矛戟幢(也)麾，鞞弩。』介士謂甲士也。菑，插也。鞞，皮篋盛弩也。菑音側事反。鞞音服。」
〔五〕師古曰：「塋，冢地也。」

延壽已歷位九卿，既嗣侯，國在陳留，別邑在魏郡，租入歲千餘萬。延壽自以身無功德，何以能久堪先人大國，數上書讓減戶邑，又因弟陽都侯彭祖口陳至誠。天子以爲有讓，乃徙封平原，并一國，戶口如故，而租稅減半。薨，謚曰愛侯。子勃嗣，為散騎諫大夫。元帝初即位，詔列侯舉茂材，勃舉太官獻丞陳湯。〔一〕湯有罪，勃坐削戶二百，會薨，故賜謚曰繆侯。〔二〕後湯立功西域，世以勃為知人。子臨嗣。

〔一〕蘇林曰：「獻丞，主貢獻物也。」

〔二〕師古曰：「以其所舉不得人，故加惡謚。（謬）〔繆〕者，妄也。」

臨亦謙儉，每登閣殿，常歎曰：「桑、霍為我戒，豈不厚哉！」〔一〕且死，分施宗族故舊，〔二〕薄葬不起墳。臨尚敬武公主。〔三〕薨，子放嗣。

〔一〕師古曰：「桑，桑弘羊也。霍，霍禹也。言以驕奢致禍也。」

〔二〕師古曰：「言將死之時，多以財分施也。」

〔三〕文穎曰：「成帝姊也。」（陳）〔臣〕瓚曰：「敬武公主是元帝姊也。」師古曰：「二說皆非也。薛宣傳云主怒曰：『嫂何以取妹殺之？』既謂元后為嫂，是則元帝妹也。」

鴻嘉中，上欲遵武帝故事，與近臣游宴，放以公主子開敏得幸。放取皇后弟平恩侯許嘉女，上為放供張，〔一〕賜甲第，充以乘輿服飾，號為天子取婦，皇后嫁女。大官私官並供（具）〔其〕第，〔二〕兩宮使者冠蓋不絕，賞賜以千萬數。放為侍中中郎將，監平樂屯兵，置莫府，儀比將軍。與上臥起，寵愛殊絕，常從為微行出游，北至甘泉，南至長楊、五莋，〔三〕鬬雞走馬長安中，積數年。

〔一〕師古曰：「供音居用反。張音竹亮反。」

〔二〕服虔曰：「私官，皇后之官也。」

〔三〕師古曰：「莋與柞同。」

是時上諸舅皆害其寵，白太后。太后以上春秋富，動作不節，甚以過放。〔一〕時數有災異，議者歸咎放等。於是丞相宣、御史大夫方進〔二〕奏：「放驕蹇縱恣，奢淫不制。前侍御史修等四人奉使至放家逐名捕賊，〔三〕時放見在，奴從者閉門設兵弩射吏，距使者不肯內。知男子李游君欲獻女，使樂府音監景武強求不得，〔四〕使奴康等之其家，賊傷三人。又以縣官事怨樂府游徼莽，〔五〕而使大奴駿等四十餘人羣黨盛兵弩，白晝入樂府攻射官寺，縛束長吏子弟，斫破器物，宮中皆犇走伏匿。〔六〕莽自髡鉗，衣赭衣，及守令史調等皆徒跣叩頭謝放，放乃止。奴從者支屬並乘權勢為暴虐，至求吏妻不得，殺其夫，或恚一人，妄殺其親屬，輒亡入放（弟）〔第〕，不得，幸得勿治。放行輕薄，連犯大惡，有感動陰陽之咎，為臣不忠首，〔七〕罪名雖顯，前蒙恩。驕逸悖理，〔八〕與背畔無異，臣子之惡，莫大於是，不宜宿衞在位。臣請免放歸國，以銷眾邪之萌，厭海內之心。」〔九〕

〔一〕師古曰：「以放為罪過。」

〔二〕師古曰：「薛宣、翟方進。」
〔三〕劉德曰：「謂詔捕罪人有名者也。」
〔四〕孟康曰：「晉監，監主樂人也。姓景名武。」
〔五〕師古曰：「樂府之游徼名莽。」
〔六〕師古曰：「犇，古奔字。」
〔七〕師古曰：「不忠之罪放爲首。」
〔八〕師古曰：「悖，乖也，音布內反。」
〔九〕師古曰：「萌，始生者也。厭，滿也，音一豔反。」

上不得已，〔一〕左遷放爲北地都尉。數月，復徵入侍中。太后以放爲言，出放爲天水屬國都尉。永始、元延間，比年日蝕，〔二〕故久不還放，璽書勞問不絕。居歲餘，徵放歸第視母公主疾。數月，主有瘳，出放爲河東都尉。上雖愛放，然上迫太后，下用大臣，故常涕泣而遣之。後復徵放爲侍中光祿大夫，秩中二千石。歲餘，丞相方進復奏放，上不得已，免放，賜錢五百萬，遣就國。數月，成帝崩，放思慕哭泣而死。

〔一〕師古曰：「已，止也。」
〔二〕師古曰：「比，頻也。」

初，安世長子千秋與霍光子禹俱爲中郎將，將兵隨度遼將軍范明友擊烏桓。還，謁大將軍光，問千秋戰鬭方略，山川形勢，千秋口對兵事，畫地成圖，無所忘失。光復問禹，禹不能記，曰：「皆有文書。」光由是賢千秋，以禹爲不材，歎曰：「霍氏世衰，張氏興矣！」及禹誅滅，而安世子孫相繼，自宣、元以來爲侍中、中常侍、諸曹散騎、列校尉者凡十餘人。功臣之世，唯有金氏、張氏，親近寵貴，比於外戚。

放子純嗣侯，恭儉自修，明習漢家制度故事，有敬侯遺風。王莽時不失爵，建武中歷位至大司空，更封富平之別鄉爲武始侯。

張湯本居杜陵，安世武、昭、宣世輒隨陵，〔一〕凡三徙，復還杜陵。

〔一〕服虔曰：「隨所事帝，徙處其陵也。」

贊曰：馮商稱張湯之先與留侯同祖，而司馬遷不言，故闕焉。〔一〕漢興以來，侯者百數，保國持寵，未有若富平者也。湯雖酷烈，及身蒙咎，其推賢揚善，固宜有後。安世履道，滿而不溢。賀之陰德，亦有助云。

〔一〕如淳曰：「班固目錄馮商，長安人，成帝時以能屬書待詔金馬門，受詔續太史公書十餘篇。」師古曰：「劉歆七略云商陽陵人，治易，事五鹿充宗，能屬文，博通强記，與孟柳俱待詔，頗序列傳，未卒，會病死。」

校勘記

二六三九頁五行　固爲臣議，如〔此〕上責臣，〔八〕　注〔八〕原在「此」字下。王先謙說「此」是衍文。按史記無「此」字。顏注正解「如上責臣」，當在「臣」字下。

二六四二頁三行　臣固知湯之（爲）詐忠。　景祐、殿本都無「爲」字。

二六四三頁一行　失（失）氣也。　王先謙說「失」字誤衍。按殿本無。

二六四三頁一三行　告湯與謁居謀，（兵）〔共〕變李文。　景祐、殿本都作「共」，此誤。

二六四五頁一二行　（師古）〔應劭〕曰：　景祐、殿本都作「應劭」。王先謙說作「應劭」是。

二六四七頁一四行　帝初即位，褒賞大臣，〔下〕詔曰：　景祐、殿本都有「下」字。

二六五〇頁一四行　（自）〔告〕署適奴。　景祐、殿本都作「告」。郭嵩燾說作「告」是。

二六五一頁九行　掖（廷）〔庭〕令平生稱我，　殿本作「庭」，下同。王先謙說「廷」字誤。按景祐本亦誤。

二六五三頁一〇行　蓄矛戟幢（也）麾，鞬弩。　宋祁說別本、浙本無「也」字。王先謙說無「也」字是。

二六五四頁五行　（謬）〔繆〕者，妄也。　景祐、殿本都作「繆」。

二六五四頁一〇行　（陳）〔臣〕瓚曰：　景祐、殿、局本都作「臣」，此誤。

二六五四頁一三行　大官私官並供（具）〔其〕第，　景祐、殿、局本都作「其」，此誤。

二六五五頁一三行　輒亡入放（弟）〔第〕，　王先謙說殿本作「第」是。

漢書卷六十

杜周傳第三十

杜周，南陽杜衍人也。義縱爲南陽太守，以周爲爪牙，薦之張湯，爲廷尉史。使案邊失亡，〔一〕所論殺甚多。奏事中意，任用，〔二〕與減宣更爲中丞者十餘歲。〔三〕

〔一〕文穎曰：「邊卒多亡也。或曰，郡縣主守有所亡失也。」師古曰：「此說皆非也。謂因虜入爲寇，而失人畜甲兵倉廩者也。」

〔二〕師古曰：「以奏事當天子之意旨，故被任用也。中音竹仲反。」

〔三〕師古曰：「更，互也，音工衡反。」

周少言重遲，〔一〕而內深次骨。〔二〕宣爲左內史，周爲廷尉，其治大抵放張湯，〔三〕而善候司。〔四〕上所欲擠者，因而陷之；〔五〕上所欲釋，久繫待問而微見其冤狀。〔六〕客有謂周曰：「君爲天下決平，不循三尺法，〔七〕專以人主意指爲獄，獄者固如是乎？」〔八〕周曰：「三尺安出哉？〔九〕前主所是著爲律，後主所是疏爲令；〔一〇〕當時爲是，何古之法乎！」〔一一〕

〔一〕師古曰：「遲謂性非敏速也。」
〔二〕李奇曰：「其用法深刻至骨。」
〔三〕師古曰：「大抵，大歸也。放，依也，音甫往反。」
〔四〕師古曰：「觀望天子意。」
〔五〕孟康曰：「擠音躋。」師古曰：「擠，墜也。」
〔六〕師古曰：「見，顯也。」
〔七〕孟康曰：「以三尺竹簡書法律也。」師古曰：「循，因也，順也。」
〔八〕師古曰：「言不當然也。」
〔九〕師古曰：「安猶焉也。」
〔10〕師古曰：「著謂明表也。疏謂分條也。」
〔11〕師古曰：「各當其時而為是也。」

至周為廷尉，詔獄亦益多矣。二千石繫者新故相因，不減百餘人。郡吏大府舉之廷尉，〔一〕一歲至千餘章。章大者連逮證案數百，小者數十人；遠者數千里，近者數百里。會獄，〔二〕吏因責如章告劾，〔三〕不服，以掠笞定之。〔四〕於是聞有逮證，皆亡匿。獄久者至更數赦十餘歲而相告言，〔五〕大氐盡詆以不道，〔六〕以上廷尉及中都官，詔獄逮至六七萬人，〔七〕吏所增加十有餘萬。〔八〕

〔一〕如淳曰：「郡吏，太守也。」文穎曰：「大府，公府也。」孟康曰：「舉之廷尉，以章劾付廷尉治之也。」師古曰：「孟說非也。舉，皆也。言郡吏大府獄事皆歸廷尉也。大府，丞相、御史之府也。」

〔二〕師古曰：「往赴對也。」

〔三〕師古曰：「皆令服罪如所告劾之本章。」

〔四〕師古曰：「定其辭，令服也。」

〔五〕師古曰：「更，歷也。其罪或非赦例，故不得除，而久逃亡不出至於十餘歲，猶相告言，由周用法深刻故也。更音工衡反。」

〔六〕師古曰：「氐讀與抵同。抵，歸也。詆，誣也。並音丁禮反。」

〔七〕師古曰：「中都官，凡京師諸官府也。獄辭所及，追考問者六七萬人也。」

〔八〕師古曰：「吏又於此外以文致之，更增加也。」

周中廢，後爲執金吾，逐捕桑弘羊、衞皇后昆弟子刻深，上以爲盡力無私，遷爲御史大夫。

始周爲廷史，有一馬，〔一〕及久任事，列三公，而兩子夾河爲郡守，家訾累巨萬矣。〔二〕治皆酷暴，唯少子延年行寬厚云。

〔一〕師古曰：「廷史，即廷尉史也。」

〔二〕師古曰：「訾與貲同。」

延年字幼公，亦明法律。昭帝初立，大將軍霍光秉政，以延年三公子，吏材有餘，補軍司空。〔一〕始元四年，益州蠻夷反，延年以校尉將南陽士擊益州，還，爲諫大夫。左將軍上官桀父子與蓋主、燕王謀爲逆亂，假稻田使者燕倉知其謀，以告大司農楊敞。敞惶懼，移病，〔二〕以語延年。延年以聞，桀等伏辜。延年封爲建平侯。

〔一〕蘇林曰：「主獄官也。」如淳曰：「律，營軍司空、軍中司空各二人。」

〔二〕師古曰：「移病，謂移書言病也。一曰，以病而移居。」

延年本大將軍霍光吏，首發大姦，〔一〕有忠節，由是擢爲太僕右曹給事中。光持刑罰嚴，延年輔之以寬。治燕王獄時，御史大夫桑弘羊子遷亡，過父故吏侯史吳。〔二〕後遷捕得，伏法。會赦，侯史吳自出繫獄，廷尉王平與少府徐仁雜治反事，〔三〕皆以爲桑遷坐父謀反而侯史吳臧之，非匿反者，乃匿爲隨者也。〔四〕即以赦令除吳罪。後侍御史治實，〔五〕以桑遷通經術，知父謀反而不諫爭，與反者身無異；侯史吳故三百石吏，首匿遷，〔六〕不與庶人匿隨從者等，吳不得赦。奏請覆治，劾廷尉、少府縱反者。〔七〕少府徐仁即丞相車千秋女壻也，故千秋數爲侯史吳言。恐光不聽，千秋即召中二千石、博士會公車門，議問吳法。〔八〕議者知大將軍指，皆執吳爲不道。明日，千秋封上衆議，光於是以千秋擅召中二千石以下，外內異言，〔九〕遂下廷尉平、少府仁獄。朝廷皆恐丞相坐之。延年乃奏記光爭，以爲「吏縱罪人，有常法，今更詆吳爲不道，恐於法深。〔一〇〕又丞相素無所守持，而爲好言於下，盡其素行也。〔一一〕至擅召中二千石，甚無狀。〔一二〕延年愚，以爲丞相久故，及先帝用事，〔一三〕非有大故，不可棄也。間者民頗言獄深，吏爲峻詆，〔一四〕今丞相所議，又獄事也，如是以及丞相，恐不合衆心。羣下讙譁，庶人私議，流言四布，延年竊重將軍失此名於天下也！」〔一五〕光以廷尉、少府弄法輕重，皆論棄市，而不以及丞相，終與相竟。〔一六〕延年論議持平，合和朝廷，皆此類也。

〔一〕師古曰：「首謂初首先發之。」

〔二〕師古曰：「姓侯史，名吳。」

〔三〕師古曰：「交雜同共治之也。」

〔四〕孟康曰：「言桑遷但隨坐耳，非自反也。」

〔五〕師古曰：「重覈其事也。」

〔六〕師古曰：「首匿者，言身爲謀首而藏匿人也。他皆類此。」

〔七〕師古曰：「縱，放也。」

〔八〕師古曰：「(言)〔于〕法律之中吳當得何罪。」

〔九〕張晏曰：「外則去疾欲盡，內則爲其壻也。」師古曰：「此說非也。外內，謂外朝及內朝也。」

〔一〇〕師古曰：「詆，誣也。次下亦同。」

〔一一〕師古曰：「言非故有所執持，但其素行好與在下人言議耳。」

〔一二〕師古曰：「無善狀。」

〔一三〕師古曰：「言在位已久，是爲故舊，又嘗及仕先帝而任事也。」

〔一四〕師古曰：「峻謂峭刻也。」

〔一五〕師古曰：「重猶難也。以此爲重事也。」

〔一六〕師古曰：「謂終丞相之身無貶黜也。」

見國家承武帝奢侈師旅之後，數爲大將軍光言：「年歲比不登，流民未盡還，〔一〕宜修孝文時政，示以儉約寬和，順天心，說民意，年歲宜應。」〔二〕光納其言，舉賢良，議罷酒榷鹽鐵，皆自延年發之。吏民上書言便宜，有異，輒下延年平處復奏。〔三〕言可官試者，至爲縣令，或丞相、御史除用，滿歲以狀聞，或抵其罪法，〔四〕常與兩府及廷尉分章。〔五〕

〔一〕師古曰：「比，頻也。」

〔二〕師古曰：「言儉約寬和，則豐年當應也。說讀曰悅。」

〔三〕師古曰：「先平處其可否，然後奏言。處音昌汝反。」

〔四〕師古曰：「抵，至也。言事之人有姦妄者，則(特)致之於罪法。」

〔五〕如淳曰：「兩府，丞相、御史府也。諸章有所疑，使延年決之。」師古曰：「此說非也。上書言事者，其章或下丞相、御史，或付延年，故云分章耳，非令決疑也。」

昭帝末，寢疾，徵天下名醫，延年典領方藥。帝崩，昌邑王卽位，廢，大將軍光、車騎將軍張安世與大臣議所立。時宣帝養於掖廷，號皇曾孫，與延年中子佗相愛善，延年知曾孫德美，勸光、安世立焉。宣帝卽位，褒賞大臣，延年以定策安宗廟，益戶二千三百，與始封所食邑凡四千三百戶。詔有司論定策功，大司馬大將軍光功德過太尉絳侯周勃，車騎將軍安世、丞相楊敞功比丞相陳平，前將軍韓增、御史大夫蔡誼功比潁陰侯灌嬰，太僕杜延年功比朱虛侯劉章，後將軍趙充國、大司農田延年、少府史樂成功比典客劉揭，〔一〕皆封侯益土。

〔一〕師古曰：「據如此傳，樂成姓史，而霍光傳云使樂成小家子，則又似姓使，功臣侯表乃云便樂成，三者不同。尋史、使一也，故當姓史，或作使字，而表遂誤爲便耳。」

延年爲人安和，備於諸事，〔一〕久典朝政，上任信之，出卽奉駕，入給事中，居九卿位十餘年，賞賜賂遺，訾數千萬。

〔一〕師古曰：「言皆明習也。」

霍光薨後，子禹與宗族謀反，誅。上以延年霍氏舊人，欲退之，而丞相魏相奏延年素貴用事，官職多姦。遣吏考案，但得苑馬多死，官奴婢乏衣食，〔一〕延年坐免官，削戶二千。後數月，復召拜爲北地太守。延年以故九卿外爲邊吏，治郡不進，〔二〕上以璽書讓延年。〔三〕延年乃選用良吏，捕(繫)〔擊〕豪强，郡中清靜。居歲餘，上使謁者賜延年璽書，黃金二十斤，徙爲西河太守，治甚有名。五鳳中，徵入爲御史大夫。延年居父官府，不敢當舊位，坐臥皆易其處。是時四夷和，海內平，延年視事三歲，以老病乞骸骨，天子優之，使光祿大夫持節賜延年黃金百斤、(牛)酒，加致醫藥。延年遂稱(疾)〔病〕篤。賜安車駟馬，罷就第。〔四〕後數月薨，謚曰敬侯，子緩嗣。

〔一〕師古曰：「傳言延年身不犯法，但丞相致之於罪耳。」
〔二〕師古曰：「比於諸郡，不爲最也。」
〔三〕師古曰：「讓，責也。」
〔四〕師古曰：「安車，坐乘之車也。後漢輿服志云『公列侯安車，朱斑輪，倚鹿較，伏熊軾，皁蓋』。倚鹿較者，畫立鹿於車之前兩藩外也。伏熊軾者，車前橫軾爲伏熊之形也。」

緩少爲郎，本始中以校尉從蒲類將軍擊匈奴，〔一〕還爲諫大夫，遷上谷都尉，雁門太守。父延年薨，徵視喪事，拜爲太常，治諸陵縣，每冬月封具獄日，常去酒省食，〔二〕官屬稱其有恩。元帝初即位，穀貴民流，永光中西羌反，緩輒上書入錢穀以助用，前後數百萬。

〔一〕文穎曰：「趙充國也。」臣瓚曰：「征蒲類海，故以爲名。」
〔二〕師古曰：「獄案已具，當論決之，故封上。」

緩六弟，五人至大官，少弟熊歷五郡二千石，三州牧刺史，有能名，唯中弟欽官不至而最知名。

欽字子夏，少好經書，家富而目偏盲，〔一〕故不好爲吏。茂陵杜鄴與欽同姓字，〔二〕俱以材能稱京師，故衣冠謂欽爲「盲杜子夏」以相別。〔三〕欽惡以疾見詆，〔四〕乃爲小冠，高廣財二寸，〔五〕由是京師更謂欽爲「小冠杜子夏」，而鄴爲「大冠杜子夏」云。

〔一〕師古曰：「盲，目無見也。偏盲者，患一目也。今俗乃以兩目無見者始爲盲，語移轉也。」
〔二〕師古曰：「並字子夏。」
〔三〕師古曰：「衣冠謂士大夫也。」
〔四〕師古曰：「詆，毀也，音丁禮反。」
〔五〕師古曰：「財與纔同，古通用字。」

時帝舅大將軍王鳳以外戚輔政，求賢知自助。鳳父頃侯禁與欽兄緩相善，故鳳深知欽能，奏請欽爲大將軍軍武庫令。職閒無事，欽所好也。〔一〕

〔一〕師古曰：「閒讀曰閑。」

欽爲人深博有謀。自上爲太子時，以好色聞，及卽位，皇太后詔采良家女。欽因是說大將軍鳳曰：「禮壹娶九女，所以極陽數，廣嗣重祖也；〔一〕必鄉舉求窈窕，不問華色，〔二〕所以助德理內也；娣姪雖缺不復補，所以養壽塞爭也。〔三〕故后妃有貞淑之行，則胤嗣有賢聖之君；制度有威儀之節，則人君有壽考之福。廢而不由，則女德不厭；〔四〕女德不厭，則壽命不究於高年。〔五〕書云『或四三年』，〔六〕言失欲之生害也。〔七〕男子五十，好色未衰；婦人四十，容貌改前。以改前之容侍於未衰之年，而不以禮爲制，則其原不可救而後徠異態；後徠異態，則正后自疑而支庶有間適之心。〔八〕是以晉獻被納讒之謗，申生蒙無罪之辜。〔九〕今聖主富於春秋，未有適嗣，方鄉術入學，〔一〇〕未親后妃之議。將軍輔政，宜因始初之隆，建九女之制，詳擇有行義之家，求淑女之質，毋必有(聲色)〔色聲〕音技能，爲萬世大法。〔一一〕夫少，戒之在色，〔一二〕小卞之作，可爲寒心。〔一三〕唯將軍常以爲憂。」

〔一〕張晏曰：「陽數一三五七九，九，數之極也。」臣瓚曰：「天子一娶九女，夏殷之制也，欽故舉前代之約以刺今之奢也。」

〔二〕師古曰：「鄉舉者，博問鄉里而舉之也。窈窕，幽閑也。窈音一了反。窕音徒了反。」

〔三〕師古曰：「媵女之內，兄弟之女則謂之姪，己之女弟則謂之娣。塞，絕也。」

〔四〕師古曰：「由，用也，從也。女德不厭，言好色之甚也。」

〔五〕師古曰：「究，竟也。」

〔六〕師古曰：「周書亡逸篇曰『惟湛樂之從，罔或克壽，或十年，或七八年，或五六年，或四三年』，謂逸欲過度則損壽也。」

〔七〕師古曰：「失讀曰佚。佚與逸同。」

〔八〕師古曰：「間，代也，音居莧反。適讀曰嫡。次下亦同。」

〔九〕師古曰：「蒙亦被也。」

〔一〇〕師古曰：「鄉讀曰嚮。」

〔一一〕師古曰：「惟求淑質，無論美色及音聲技能，如此，則可爲萬代法也。」

〔一二〕師古曰：「論語孔子曰：『君子有三戒，少之時血氣未定，戒之在色。』言好色無節則致損敗，故戒之也。」

〔一三〕張晏曰：「刺幽王廢申后而立襃姒，黜太子宜咎而立伯服也。」臣瓚曰：「小卞之詩，太子之傅作也，哀太子之放逐，愍周室之大壞也。」師古曰：「詩小雅也。二說皆是。卞音盤。」

鳳白之太后，太后以爲故事無有。欽復重言：〔一〕「詩云『殷監不遠，在夏后氏之世』。〔二〕刺戒者至迫近，而省聽者常怠忽，〔三〕可不愼哉！前言九女，略陳其禍福，甚可悼懼，竊恐將軍不深留意。后妃之制，夭壽治亂存亡之端也。迹三代之季世，覽宗、宣之饗國，察近屬之符驗，〔四〕禍敗曷常不由女德？是以佩玉晏鳴，關雎歎之，〔五〕知好色之伐性短年，離制度之生無厭，天下將蒙化，陵夷而成俗也。〔六〕故詠淑女，幾以配上，〔七〕忠孝之篤，仁厚之作也。〔八〕夫君親壽尊，國家治安，誠臣子之至願，所當勉之也。易曰：『正其本，萬物理。』〔九〕凡事論有疑未可立行者，求之往古則典刑無，考之來今則吉凶同，卒搖易之則民心惑，〔一〇〕若是者誠難施也。今九女之制，合於往古，無害於今，不逆於民心，至易行也，行之至有福也，將軍輔政而不蚤定，〔一一〕非天下之所望也。唯將軍信臣子之願，念關雎之思，〔一二〕逮委政之隆，及始初清明，〔一三〕爲漢家建無窮之基，誠難以忽，不可以遴。」〔一四〕鳳不能自立法度，循故事而已。會皇太后女弟司馬君力〔一五〕與欽兄子私通，事上聞，欽懼，乞骸骨去。

〔一〕師古曰：「重音直用反。」

〔二〕師古曰：「大雅蕩之詩也。言殷之所監見，其事不遠，近在夏后氏之時。」

〔三〕師古曰：「忽，忘也。」

〔四〕韋昭曰：「宗，殷高宗也。宣，周宣王也。皆饗國長久。」師古曰：「宗、宣之義，韋說是也。近屬者，謂漢家之事耳。屬猶言甫爾也，音之欲反。」

〔五〕李奇曰：「后夫人雞鳴佩玉去君所，周康王后不然，故詩人歎而傷之。」臣瓚曰：「此魯詩也。」

〔六〕師古曰：「蒙，被也。」

〔七〕師古曰：「關雎之詩云『窈窕淑女，君子好仇』，故云然也。淑，善也。幾讀曰冀。」

〔八〕師古曰：「作謂作詩也。」

〔九〕師古曰：「今易無此文。」

〔一〇〕鄭（玄）〔氏〕曰：「卒，急也。」師古曰：「卒音（子）〔千〕忽反。」

〔一〕師古曰：「蚤，古早字。」
〔二〕師古曰：「信讀曰申。」
〔三〕師古曰：「委政之隆，言天子委屬政事，權寵隆盛也。始初清明，天子新即位，宜立法制。」
〔四〕李奇曰：「遴，難也。」師古曰：「遴與吝同。」
〔五〕蘇林曰：「字君力，爲司馬氏婦。」

後有日蝕地震之變，詔舉賢良方正能直言士，合陽侯梁放舉欽。欽上對曰：「陛下畏天命，悼變異，延見公卿，舉直言之士，將以求天心，迹得失也。〔一〕臣欽愚戇，經術淺薄，不足以奉大對。〔二〕臣聞日蝕地震，陽微陰盛也。臣者，君之陰也；子者，父之陰也；妻者，夫之陰也；夷狄者，中國之陰也。春秋日蝕三十六，地震五，〔三〕或夷狄侵中國，或政權在臣下，或婦乘夫，〔四〕或臣子背君父，事雖不同，其類一也。臣竊觀人事以考變異，則本朝大臣無不自安之人，外戚親屬無乖刺之心，〔五〕關東諸侯無彊大之國，三垂蠻夷無逆理之節；〔六〕殆爲後宮。〔七〕何以言之？日以戊申蝕，時加未。戊(夫)〔未〕，土也。土者，中宮之部也。其夜地震未央宮殿中，此必適妾將有爭寵相害而爲患者，〔八〕唯陛下深戒之。變感以類相應，人事失於下，變象見於上。能應之以德，則異咎消亡；不能應之以善，則禍敗至。高宗遭雊雉之戒，飭己正事，享百年之壽，殷道復興，〔九〕要在所以應之。應之非誠不立，非信不行。宋景公小國之諸侯耳，有不忍移禍之誠，出人君之言三，熒惑爲之退舍。〔一〇〕以陛下聖明，內推至誠，深思天變，何應而不感？何搖而不動？孔子曰：『仁遠乎哉！』〔一一〕唯陛下正后妾，抑女寵，防奢泰，去佚游，躬節儉，親萬事，數御安車，由輦道，〔一二〕親二宮之饔膳，〔一三〕致晨昏之定省。如此，即堯舜不足與比隆，咎異何足消滅！如不留聽於庶事，不論材而授位，殫天下之財以奉淫侈，匱萬姓之力以從耳目，〔一四〕近諂諛之人而遠公方，〔一五〕信讒賊之臣以誅忠良，賢俊失在巖穴，大臣怨於不以，〔一六〕雖無變異，社稷之憂也。天下至大，萬事至衆，祖業至重，誠不可以佚豫爲，不可以奢泰持也。〔一七〕唯陛下忍無益之欲，以全衆庶之命。臣欽愚戇，言不足采。」

〔一〕師古曰：「觀得失之蹤迹也。」
〔二〕師古曰：「大對謂對大問也。」
〔三〕師古曰：「解在劉向傳。」
〔四〕師古曰：「乘，陵也。」
〔五〕師古曰：「剌，戾也，音來曷反。」
〔六〕師古曰：「三垂謂東南西也。」
〔七〕師古曰：「殆，近也。」
〔八〕師古曰：「適讀曰嫡。嫡謂正后也。」

〔九〕師古曰：「解在五行志。」

〔一〇〕張晏曰：「宋景公熒惑守心，太史子韋請移之於大臣及國人與歲，公皆不聽。天感其誠，熒惑爲之退舍，景公享延期之祚也。」

〔一一〕師古曰：「論語載孔子之言也。言仁道不遠，求之而至也。」

〔一二〕師古曰：「由，從也。」

〔一三〕韋昭曰：「二宮即成太后與成帝母也。」師古曰：「熟食曰饔，具食曰膳。膳之言善也。」

〔一四〕師古曰：「殫、匱皆盡也。從讀曰縱。」

〔一五〕師古曰：「方，正也。」

〔一六〕師古曰：「失在巖穴，謂隱處巖穴，朝廷失之也。論語稱周公謂魯公『不使大臣怨乎不以』。以，用也。不見用而怨也。」

〔一七〕師古曰：「爲，治也。」

其夏，上盡召直言之士詣白虎殿對策，〔一〕策曰：「天地之道何貴？王者之法何如？六經之義何上？人之行何先？取人之術何以？〔二〕當世之治何務？各以經對。」〔三〕

〔一〕師古曰：「此殿在未央宮也。」

〔二〕師古曰：「以，用也。」

〔三〕師古曰：「據經義以對。」

欽對曰：「臣聞天道貴信，地道貴貞；〔一〕不信不貞，萬物不生。生，天地之所貴也。王者承天地之所生，理而成之，昆蟲草木靡不得其所。王者法天地，非仁無以廣施，非義無以正身；克己就義，恕以及人，〔二〕六經之所上也。不孝，則事君不忠，涖官不敬，〔三〕戰陳無勇，朋友不信。孔子曰：『孝無終始，而患不及者，未之有也。』〔四〕孝，人行之所先也。觀本行於鄉黨，考功能於官職，達觀其所舉，富觀其所予，窮觀其所不爲，乏觀其所不取，近觀其所爲〔主〕，遠觀其所主。〔五〕孔子曰：『視其所以，觀其所由，察其所安，人焉廋哉？』〔六〕取人之術也。殷因於夏尚質，周因於殷尚文，今漢家承周秦之敝，宜抑文尚質，廢奢長儉，表實去僞。〔七〕孔子曰『惡紫之奪朱』，〔八〕當世治之所務也。臣竊有所憂，言之則拂心逆指，〔九〕不言則漸日長，爲禍不細，然小臣不敢廢道而求從，違忠而耦意。〔一〇〕臣聞玩色無厭，必生好憎之心；好憎之心生，則愛寵偏於一人；愛寵偏於一人，則繼嗣之路不廣，而嫉妒之心興矣。如此，則匹婦之說，不可勝也。〔一一〕唯陛下純德普施，無欲是從，〔一二〕此則衆庶咸說，〔一三〕繼嗣日廣，而海內長安。萬事之是非何足備言！」〔一四〕

〔一〕師古曰：「貞，正也。」
〔二〕師古曰：「恕，仁也。言以仁愛爲心，內省己志施之於人也。」
〔三〕師古曰：「涖，臨也。」

〔四〕師古曰：「孝經載孔子之言也。言人能終始行孝，而患不及於道者，未之有也。一說行孝終始不備，而患禍不及者，無此事也。」

〔五〕師古曰：「所爲主，謂託人以爲援而自進也。其所主，爲人之援而進也。」

〔六〕師古曰：「論語載孔子之言也。廋，匿也。此言視人之所用，觀人之所從，察人之所樂，則可知其善惡，無所匿其情也。」

〔七〕師古曰：「長謂崇貴之也。表，明也。」

〔八〕師古曰：「論語載孔子之言也。朱，正色也。紫，間色之好者也。惡其邪好而奪正色，以喻利口之人，多言少實，傾惑者也。」

〔九〕師古曰：「拂謂違戾也，音佛。」

〔10〕師古曰：「從，順也。耦，合也。」

〔11〕師古曰：「匹婦，一婦人也。」

〔12〕師古曰：「從讀曰縱。不縱心於所欲也。」

〔13〕師古曰：「說讀曰悅。」

〔14〕師古曰：「如此，則細故萬端不足憂也。」

欽以前事病，賜帛罷，後爲議郞，復以病免。

徵詣大將軍莫府，國家政謀，鳳常與欽慮之。〔一〕數稱達名士王駿、韋安世、王延世等，〔二〕救解馮野王、王尊、胡常之罪過，及繼功臣絕世，填撫四夷，〔三〕當世善政，多出於欽者。見鳳專政泰重，戒之曰：「昔周公身有至聖之德，屬有叔父之親，而成王有獨見之明，無信讒之聽，然管蔡流言而周公懼。穰侯，昭王之舅也，〔四〕權重於秦，威震鄰敵，有旦莫偃伏之愛，〔五〕心不介然有間，然范雎起徒步，由異國，無雅信，〔六〕開一朝之說，而穰侯就封。〔七〕及近者武安侯之見退，〔八〕三事之跡，相去各數百歲，若合符節，甚不可不察。願將軍由周公之謙懼，〔九〕損穰侯之威，放武安之欲，毋使范雎之徒得間其說。」〔一〇〕

〔一〕師古曰：「慮，計也。」

〔二〕師古曰：「王駿，王陽子也。韋安世，韋賢之孫，方山之子也。王延世即成帝時塞河隄者也。」

〔三〕師古曰：「填音竹刃反。」

〔四〕文穎曰：「穰侯，魏冉也。」

〔五〕師古曰：「言昭王幼少，且夕偃伏戲弄於舅之旁側也。」

〔六〕師古曰：「雅信，謂素相任信。」

〔七〕（師古）〔文穎〕曰：「范雎為丞相，穰侯就國。」

〔八〕師古曰：「武安侯謂田蚡也。退謂請考工地益宅，上怒乃退之也。」

〔九〕師古曰：「由，從也，用也。」

〔一〇〕師古曰：「間音居莧反。」

頃之，復日蝕，京兆尹王章上封事求見，果言鳳專權蔽主之過，宜廢勿用，以應天變。於是天子感悟，召見章，與議，欲退鳳。鳳甚憂懼，欽令鳳上疏謝罪，乞骸骨，文指甚哀。太后涕泣為不食。上少而親倚鳳，亦不忍廢，〔一〕復起鳳就位。鳳心慙，稱病篤，欲遂退。欽復說之曰：「將軍深悼輔政十年，變異不已，故乞骸骨，歸咎於身，刻己自責，至誠動衆，愚知莫不感傷。雖然，是無屬之臣，執進退之分，絜其去就之節者耳，〔二〕非主上所以待將軍，非將軍所以報主上也。昔周公雖老，猶在京師，明不離成周，示不忘王室也。仲山父異姓之臣，無親於宣，就封於齊，〔三〕猶歎息永懷，宿夜徘徊，不忍遠去，況將軍之於主上，主上之與將軍哉！夫欲天下治安變異之意，莫有將軍，〔四〕主上照然知之，故攀援不遣，〔五〕書稱『公毋困我！』〔六〕唯將軍不為四國流言自疑於成王，以固至忠。」鳳復起視事。上令尚書劾奏京兆尹章，章死詔獄。語在元后傳。

〔一〕師古曰：「倚音於綺反。」

〔二〕師古曰：「無屬，無親屬於上也。分音扶問反，字或作介。介，隔也，其義兩通。」

〔三〕鄧展曰：「詩言仲山甫徂齊者，言銜命往治齊城郭也，而韓詩以為封於齊，此誤耳。」晉灼曰：「韓詩誤而欽引之，阿附權貴求容媚也。」師古曰：「韓詩既有明文，而欽引以為喻，則是其義非繆，而與今說詩者不同。鄧、晉諸人雖曰涉學，未得專非杜氏，追咎韓詩也。」

〔四〕師古曰：「言衆人之意皆不如也。」

〔五〕師古曰：「援，引也，音爰。」

〔六〕師古曰：「此周書洛誥成王告周公詞也。言公必須留此，毋得遂去，而令我困。蓋成帝與鳳詔書引此言之。」

章既死，衆庶冤之，以譏朝廷。欽欲救其過，復說鳳曰：「京兆尹章所坐事密，吏民見章素好言事，以爲不坐官職，疑其以日蝕見對有所言也。假令章內有所犯，雖陷正法，事不暴揚，自京師不曉，況於遠方。恐天下不知章實有罪，而以爲坐言事也。如是，塞爭引之原，損寬明之德。〔一〕欽愚以爲宜因章事舉直言極諫，並見郎從官展盡其意，加於往前，以明示四方，使天下咸知主上聖明，不以言罪下也。若此，則流言消釋，疑惑著明。」鳳白行其策。欽之補過將美，皆此類也。〔二〕

〔一〕師古曰：「爭引謂引事類以諫爭也。一曰，下有諫爭之言，上引而納之也。」

〔二〕師古曰：「將，助也。」

優游不仕，以壽終。欽子及昆弟支屬至二千石者且十人。欽兄緩前免太常，以列侯奉朝請，成帝時乃薨，子業嗣。

業有材能，以列侯選，復爲太常。數言得失，不事權貴，與丞相翟方進、衞尉定陵侯淳于長不平。後業坐法免官，復爲函谷關都尉。會定陵侯長有罪，當就國，長舅紅陽侯立與業書曰：「誠哀老姊垂白，隨無狀子出關，〔一〕願勿復用前事相侵。」定陵侯旣出關，伏罪復發，〔二〕下雒陽獄。丞相史搜得紅陽侯書，奏業聽請，不敬，〔三〕坐免就國。

〔一〕師古曰：「垂白者，言白髮下垂也。無狀猶言不肖。」

〔二〕蘇林曰：「長與許后書也。語在外戚傳。」

〔三〕服虔曰：「受立屬請爲不敬。」

其春，丞相方進薨，業上書言：「方進本與長深結厚，更相稱薦，〔一〕長陷大惡，獨得不坐，苟欲障塞前過，不爲陛下廣持平例，〔二〕又無恐懼之心，反因時信其邪辟，〔三〕報睚眦怨。〔四〕故事，大逆朋友坐免官，無歸故郡者，今（在）〔坐〕長者歸故郡，已深一等；紅陽侯立坐子受長貨賂故就國耳，非大逆也，而方進復奏立黨友後將軍朱博、鉅鹿太守孫宏、故少府陳咸，皆免官，歸咸故郡。刑罰無平，在方進之筆端，衆庶莫不疑惑，皆言孫宏不與紅陽侯相愛。宏前爲中丞時，方進爲御史大夫，舉掾隆可侍御史，〔五〕宏奏隆前奉使欺謾，〔六〕不宜執法近侍，方進以此怨宏。又方進爲京兆尹時，陳咸爲少府，在九卿高弟，陛下所自知也。方進素與司直師丹相善，臨御史大夫缺，使丹奏咸爲姦利，請案驗，卒不能有所得，而方進果自得御史大夫。爲丞相，卽時詆欺，奏免咸，〔七〕復因紅陽侯事歸咸故郡。衆人皆言國家假方進權太甚。案師丹行能無異，及光祿勳許商被病殘人，〔八〕皆但以附從方進，嘗獲尊官。

丹前親(屬)〔厲〕邑子丞相史能使巫下神，爲國求福，幾獲大利。〔九〕幸賴陛下至明，遣使者毛莫如先考驗，卒得其姦，皆坐死。假令丹知而白之，此誣罔罪也；不知而白之，是背經術惑左道也：〔一〇〕二者皆在大辟，重於朱博、孫宏、陳咸所坐。方進終不舉白，專作威福，阿黨所厚，排擠英俊，〔一一〕託公報私，橫厲無所畏忌，〔一二〕欲以熏轑天下。〔一三〕天下莫不望風而靡，〔一四〕自尚書近臣皆結舌杜口，〔一五〕骨肉親屬莫不股栗。〔一六〕威權泰盛而不忠信，非所以安國家也。今聞方進卒病死，〔一七〕不以尉示天下，反復賞賜厚葬，唯陛下深思往事，以戒來今。」

〔一〕師古曰：「更音工衡反。」

〔二〕師古曰：「俱與長厚善，而方進獨不坐，是不平也。」

〔三〕師古曰：「信讀曰伸。辟讀曰僻。」

〔四〕師古曰：「睚音厓。睚，舉眼也。眦即眥字，謂目匡也。言舉目相忤者，即報之也。一說睚音五懈反。眦音仕懈反。睚眦，瞋目貌也。兩義並通。他皆類此。」

〔五〕師古曰：「御史大夫之掾也，名隆。」

〔六〕師古曰：「謾，誑也，音慢，又音莫連反。」

〔七〕師古曰：「詆，誣也。」

〔八〕服虔曰：「殘，瘢也。」

〔九〕師古曰：「幾讀曰冀。」

〔一〇〕師古曰：「左道，不正之道也。」

〔一一〕師古曰：「擠，墜也，音子詣反。」

〔一二〕師古曰：「縱橫陵厲也。」

〔一三〕師古曰：「熏言熏灼之。轑讀曰燎。假借用字。」

〔一四〕師古曰：「靡猶弭。」

〔一五〕師古曰：「杜，塞也。」

〔一六〕師古曰：「言懼之甚，故股戰慄也。」

〔一七〕師古曰：「卒讀曰猝。」

會成帝崩，哀帝卽位，業復上書言：「王氏世權日久，朝無骨骾之臣，〔一〕宗室諸侯微弱，與繫囚無異，自佐史以上至於大吏皆權臣之黨。曲陽侯根前爲三公輔政，知趙昭儀殺皇子，不輒白奏，反與趙氏比周，恣意妄行，〔二〕譖愬故許后，被加以非罪，〔三〕誅破諸許族，敗元帝外家。內嫉妒同產兄姊紅陽侯立及淳于氏，〔四〕皆老被放棄。新喋血京師，威權可畏。高陽侯薛宣有不養母之名，安昌侯張禹姦人之雄，惑亂朝廷，使先帝負謗於海內，尤不可不慎。陛下初卽位，謙讓未皇，〔五〕孤獨特立，莫可據杖，權臣易世，意若探湯。〔六〕宜蚤以義割恩，安百姓心。竊見朱博忠信勇猛，材略不世出，〔七〕誠國家雄俊之寶臣也，宜徵博置左右，以塡天下。〔八〕此人在朝，則陛下可高枕而臥矣。昔諸呂欲危劉氏，賴有高祖遺臣周勃、陳平尚存，不者，幾爲姦臣笑。」〔九〕

〔一〕師古曰：「鞕亦鞭字。」
〔二〕師古曰：「比音頻寐反。」
〔三〕師古曰：「被音皮義反。」
〔四〕師古曰：「兄，紅陽侯立也。姊，淳于長母也。」
〔五〕師古曰：「皇，暇也。」
〔六〕師古曰：「言重難之，若以手探熱湯也。」
〔七〕師古曰：「言其希有也。」
〔八〕師古曰：「塡音竹刃反。」
〔九〕師古曰：「幾音鉅依反。」

業又言宜爲恭王立廟京師，以章孝道。時高昌侯董宏亦言宜尊帝母定陶王丁后爲帝太后。大司空師丹等劾宏誤朝不道，坐免爲庶人，業復上書訟宏。前後所言皆合指施行，朱博果見拔用。業由是徵，復爲太常。歲餘，左遷上黨都尉。會司隸奏業爲太常選舉不實，業坐免官，復就國。

哀帝崩，王莽秉政，諸前議立廟尊號者皆免，徙合浦。業以前罷黜，故見闊略，〔一〕憂恐，發病死。業成帝初尚帝妹潁邑公主，主無子，薨，業家上書求還京師與主合葬，不許，而賜謚曰荒侯，傳子至孫絕。初，杜周武帝時徙茂陵，至延年徙杜陵云。

〔一〕師古曰：「闊略，謂寬縱不問也。」

贊曰：張湯、杜周並起文墨小吏，致位三公，列於酷吏。而俱有良子，德器自過，〔一〕爵位尊顯，繼世立朝，相與提衡，〔二〕至於建武，杜氏爵乃獨絕。〔三〕迹其福祚，元功儒林之後莫能及也。〔四〕自謂唐杜苗裔，豈其然乎？〔五〕及欽浮沈當世，好謀而成，以建始之初深陳女戒，終如其言，庶幾乎關雎之見微，〔六〕非夫浮華博習之徒所能規也。業因勢而抵陒，〔七〕稱朱博，毀師丹，愛憎之議可不畏哉！

〔一〕師古曰：「言其子德器各過二人之身。」

〔二〕如淳曰：「提衡猶言相提攜也。」臣瓚曰：「衡，平也，言二人齊也。」師古曰：「瓚說是也。」

〔三〕師古曰：「建武之後，張氏尚有張純爲侯，故言杜氏獨絕也。」

〔四〕師古曰：「元功，蕭、曹、張、陳之屬也。儒林，貢、薛、韋、匡之輩。」

〔五〕師古曰：「謂在周爲唐杜氏也。」

〔六〕師古曰：「關雎，國風之始，言夫婦之際政化所由，故云見微。微謂微妙也。」

〔七〕服虔曰：「抵音紙。陒音羲。謂罪敗而復抨彈之，蘇秦書有此法。」師古曰：「抵，擊也。陒，毀也。言因事形勢而擊毀之也。陒音詭。一說陒讀與戲同，音許宜反。戲亦險也，言擊其危險之處，鬼谷有抵戲篇也。」

校勘記

二六六〇頁一五行　大氐盡詆以不道，〔六〕以上　注〔六〕原在「以上」下。王先謙說索隱「以上」屬下讀，似當從之。

二六六三頁一五行　(言)〔于〕法律之中，吳當得何罪。景祐、殿本都作「于」。

二六六四頁一〇行　輒下延年平處復奏。〔三〕言可官試者，至爲縣令，　注〔三〕原在「言」字下。王先謙說「言」字當下屬。

二六六四頁一五行　言事之人有姦妄者，則(特)致之於辠法。殿本「特」作「持」。景祐本無「特」字。

二六六六頁一行　延年乃選用良吏，捕(繫)〔擊〕豪強。劉奉世說「繫」當作「擊」，字之誤也。按景祐本作「擊」。

二六六六頁四行　賜延年黃金百斤，(牛)酒，加致醫藥。延年遂稱(疾)〔病〕篤。宋祁說浙本「酒」字上有「牛」字。按景祐、殿本都無「牛」字。錢大昭說「疾」南監本、閩本作「病」。按景祐、殿本都作「病」。

二六六八頁八行　毋必有(聲色)〔色聲〕音技能，　王先謙說，據顏注，明後人傳寫誤倒「色聲」作「聲色」。

二六七〇頁一六行　鄭(玄)〔氏〕曰：　景祐、殿本都作「鄭氏」，「玄」字誤。

二六七〇頁一六行　卒音(于)〔千〕忽反。　景祐、殿本都作「千」，此誤。

二六七二頁一三行　戊(夫)〔未〕，土也。　錢大昭說「夫」當作「未」。按景祐、殿、局本都作「未」。

二六七四頁五行　近觀其所爲〔主〕，　宋祁說「爲」字下南本、浙本並有「主」字。王先謙、楊樹達都說當有。

二六七六頁一三行　(師古)〔文穎〕曰：　景祐、殿本都作「文穎」。

二六七九頁八行　今(在)〔坐〕長者歸故郡，　錢大昭說「在」當作「坐」。按景祐、殿、局本都作「坐」。

二六八〇頁一行　丹前親(屬)〔薦〕邑子丞相史能使巫下神，　景祐、殿本都作「薦」。王先謙說作「薦」是。

漢書卷六十一

張騫李廣利傳第三十一

張騫，漢中人也，〔一〕建元中爲郎。時匈奴降者言匈奴破月氏王，〔二〕以其頭爲飲器，〔三〕月氏遁而怨匈奴，無與共擊之。〔四〕漢方欲事滅胡，聞此言，欲通使，道必更匈奴中，〔五〕乃募能使者。騫以郎應募，使月氏，與堂邑氏奴甘父〔六〕俱出隴西。徑匈奴，〔七〕匈奴得之，傳詣單于。單于曰：「月氏在吾北，漢何以得往使？吾欲使越，漢肯聽我乎？」留騫十餘歲，予妻，有子，然騫持漢節不失。

〔一〕師古曰：「陳壽益部耆舊傳云騫漢中成固人也。」

〔二〕師古曰：「月氏，西域胡國也。氏音支。」

〔三〕韋昭曰：「飲器，椑榼也。」晉灼曰：「飲器，虎子屬也，或曰飲酒之器也。」師古曰：「匈奴傳云『以所破月氏王頭共飲血盟』，然則飲酒之器是也。韋云椑榼，晉云獸子，皆非也。椑榼，卽今之偏榼，所以盛酒耳，非用飲者也。獸子褻器，所以溲便者也。椑音鼙。」

〔四〕師古曰：「無人援助也。」

〔五〕師古曰：「更，過也，音工衡反。」

〔六〕服虔曰：「堂邑，姓也，漢人，其奴名甘父。」師古曰：「堂邑氏之奴，本胡人，名甘父。下云堂邑父者，蓋取主之姓以爲氏，而單稱其名曰父。」

〔七〕師古曰：「道由匈奴過。」

居匈奴西，騫因與其屬亡鄉月氏，〔一〕西走數十日〔二〕至大宛。大宛聞漢之饒財，欲通不得，見騫，喜，問欲何之。騫曰：「爲漢使月氏而爲匈奴所閉道，今亡，唯王使人道送我。〔三〕誠得至，反漢，漢之賂遺王財物不可勝言。」大宛以爲然，遣騫，爲發譯道，抵康居。〔四〕康居傳致大月氏。大月氏王已爲胡所殺，立其夫人爲王。既臣大夏而君之，〔五〕地肥饒，少寇，志安樂，又自以遠遠漢，殊無報胡之心。〔六〕騫從月氏至大夏，竟不能得月氏要領。〔七〕

〔一〕師古曰：「屬謂同使之官屬。鄉讀曰嚮。」

〔二〕師古曰：「走，趨也。不指知其道里多少，故以日數言之。走音奏。一曰走謂奔走也，讀如本字。」

〔三〕師古曰：「道讀曰導。」

〔四〕師古曰：「抵，至也。道讀曰導。」

〔五〕師古曰：「以大夏爲臣，爲之作君也。」

〔六〕師古曰：「下遠音（千）〔于〕萬反。」

〔七〕李奇曰：「要領，要契也。」師古曰：「李說非也。要，衣要也。領，衣領也。凡持衣者則執要與領。言騫不能得月氏意趣，無以持歸於漢，故以要領爲喻。要音一遙反。」

留歲餘，還，並南山，欲從羌中歸，〔一〕復爲匈奴所得。留歲餘，單于死，國內亂，騫與胡妻及堂邑父俱亡歸漢。拜騫太中大夫，堂邑父爲奉使君。

〔一〕師古曰：「並音步浪反。」

騫爲人彊力，寬大信人，〔一〕蠻夷愛之。堂邑父胡人，善射，窮急射禽獸給食。〔二〕初，騫行時百餘人，去十三歲，唯二人得還。

〔一〕師古曰：「彊力，言堅忍於事。」

〔二〕師古曰：「給，供也。」

騫身所至者，大宛、大月氏、大夏、康居，而傳聞其旁大國五六，具爲天子言其地形，所有。〔一〕語皆在西域傳。

〔一〕師古曰：「土地之形及所生之物也。」

騫曰：「臣在大夏時，見邛竹杖、蜀布，〔一〕問安得此，大夏國人曰：『吾賈人往市之身毒國。〔二〕身毒國在大夏東南可數千里。其俗土著，〔三〕與大夏同，而卑溼暑熱。其民乘象以戰。〔四〕其國臨大水焉。』以騫度之，〔五〕大夏去漢萬二千里，居西南。今身毒又居大夏東南數千里，有蜀物，此其去蜀不遠矣。今使大夏，從羌中，險，羌人惡之；少北，則爲匈奴所得；從蜀，宜徑，又無寇。」〔六〕天子既聞大宛及大夏、安息之屬皆大國，多奇物，土著，頗與中國同俗，而兵弱，貴漢財物；其北則大月氏、康居之屬，兵彊，可以賂遺設利朝也。〔七〕誠得而以義屬之，〔八〕則廣地萬里，重九譯，致殊俗，威德徧於四海。天子欣欣以騫言爲然。乃令因蜀犍爲發間使，四道並出：〔九〕出駹，出莋，出徙、邛，出僰，〔一〇〕皆各行一二千里。其北方閉氐、莋，〔一一〕南方閉巂、昆明。〔一二〕昆明之屬無君長，善寇盜，輒殺略漢使，終莫得通。然聞其西可千餘里，有乘象國，名滇越，〔一三〕而蜀賈間出物者或至焉，〔一四〕於是漢以求大夏道始通滇國。初，漢欲通西南夷，費多，罷之。及騫言可以通大夏，乃復事西南夷。〔一五〕

〔一〕臣瓚曰：「邛，山名。生此竹，高節，可作杖。」服虔曰：「布，細布也。」師古曰：「邛竹杖，人皆識之，無假多釋。而蘇林乃言節間合而體離，誤後學矣。」

〔二〕鄧展曰：「毒音篤。」李奇曰：「一名天篤，則浮屠胡是也。」師古曰：「即敬佛道者。」

〔三〕師古曰：「土著者，謂有城郭常居，不隨畜牧移徙也。著音直略反。其下亦同。」

〔四〕師古曰：「象，大獸，垂鼻長牙。」

〔五〕師古曰：「度，計也。」

〔六〕師古曰：「徑，直也。宜猶當也。從蜀向大夏，其道當直。」

〔七〕師古曰：「設，施也。施之以利，誘令入朝。」

〔八〕師古曰：「謂不以兵革。」

〔九〕師古曰：「間使者，求間隙而行。」

〔10〕師古曰：「皆夷種名。駹音尨。莋音材各反。徙音斯。僰音蒲（此）〔北〕反。」

〔11〕服虔曰：「漢使見閉於夷也。」師古曰：「氐與莋二種也。」

〔12〕師古曰：「巂、昆明，亦皆夷種名也。巂音先蘂反。」

〔13〕服虔曰：「滇音顛。滇（烏）〔馬〕出其國。」

〔14〕師古曰：「間出物，謂私往市者。」

〔15〕師古曰：「事謂經略通之，專以爲事也。」

騫以校尉從大將軍擊匈奴，知水草處，軍得以不乏，乃封騫爲博望侯。〔一〕是歲元朔六年也。後二年，騫爲衞尉，與李廣俱出右北平擊匈奴。匈奴圍李將軍，軍失亡多，而騫後期當斬，贖爲庶人。是歲驃騎將軍破匈奴西邊，殺數萬人，至祁連山。其秋，渾邪王率衆降漢，而金城、河西（西）並南山至鹽澤，空無匈奴。〔二〕匈奴時有候者到，而希矣。後二年，漢擊走單于於幕北。

〔一〕師古曰：「取其能廣博瞻望。」

〔二〕師古曰：「並音步浪反。」

天子數問騫大夏之屬。騫既失侯，因曰：「臣居匈奴中，聞烏孫王號昆莫。昆莫父難兜靡本與大月氏俱在祁連、焞煌間，小國也。〔一〕大月氏攻殺難兜靡，奪其地，人民亡走匈奴。子昆莫新生，傅父布就翎侯抱亡置草中，〔二〕爲求食，還，見狼乳之，〔三〕又烏銜肉翔其旁，以爲神，遂持歸匈奴，單于愛養之。及壯，以其父民衆與昆莫，使將兵，數有功。時，月氏已爲匈奴所破，西擊塞王。〔四〕塞王南走遠徙，月氏居其地。昆莫既健，自請單于報父怨，遂西攻破大月氏。大月氏復西走，徙大夏地。昆莫略其衆，因留居，兵稍彊，會單于死，不肯復朝事匈奴。匈奴遣兵擊之，不勝，益以爲神而遠之。〔五〕今單于新困於漢，而昆莫地空。蠻夷戀故地，又貪漢物，誠以此時厚賂烏孫，招以東居故地，漢遣公主爲夫人，結昆弟，其勢宜聽，〔六〕則是斷匈奴右臂也。既連烏孫，自其西大夏之屬皆可招來而爲外臣。」天子以爲然，拜騫爲中郎將，將三百人，馬各二匹，牛羊以萬數，齎金幣帛直數千鉅萬，多持節副使，〔七〕道可便遣之旁國。騫既至烏孫，致賜諭指，〔八〕未能得其決。語在西域傳。騫卽分遣副使使大宛、康居、月氏、大夏。烏孫發譯道送騫，〔九〕與烏孫使數十人，馬數十匹，報謝，〔一〇〕因令窺漢，知其廣大。

〔一〕師古曰：「祁連山以東，焞煌以西。」

〔二〕服虔曰：「傅父，如傅母也。」李奇曰：「布就，字也。翎侯，烏孫官名也。爲昆莫作傅父也。」師古曰：「翎侯，烏孫大臣官號，其數非一，亦猶漢之將軍耳。而布就者，又翎侯之中別號，猶右將軍、左將軍耳，非其人之字。翎與翕同。」

〔三〕師古曰：「以乳飲之。」

〔四〕師古曰：「塞音先得反，西域國名，即佛經所謂釋種者。塞、釋聲相近，本一姓耳。」

〔五〕師古曰：「遠，離也，音于萬反。」

〔六〕師古曰：「言事事聽從於漢。」

〔七〕師古曰：「爲騫之副，而各令持節。」

〔八〕師古曰：「以天子意指曉告之。」

〔九〕師古曰：「道讀曰導。」

〔一〇〕師古曰：「與騫相隨而來，報謝天子。」

騫還，拜爲大行。歲餘，騫卒。後歲餘，其所遣副使通大夏之屬者皆頗與其人俱來，〔一〕於是西北國始通於漢矣。然騫鑿空，〔二〕諸後使往者皆稱博望侯，以爲質於外國，〔三〕外國由是信之。其後，烏孫竟與漢結婚。

〔一〕晉灼曰：「其國人。」

〔二〕蘇林曰：「鑿，開也。空，通也。騫始開通西域道也。」師古曰：「空，孔也。猶言始鑿其孔穴也。故此下言『當空道』，而西域傳謂『孔道』也。」

〔三〕李奇曰：「質，信也。」

初，天子發書易，〔一〕曰「神馬當從西北來」。得烏孫馬好，名曰「天馬」。及得宛汗血馬，益壯，更名烏孫馬曰「西極馬」，宛馬曰「天馬」云。而漢始築令居以西，〔二〕初置酒泉郡，以通西北國。因益發使抵安息、奄蔡、犛靬、條支、身毒國。〔三〕而天子好宛馬，使者相望於道，一輩大者數百，少者百餘人，所齎操，大放博望侯時。〔四〕其後益習而衰少焉。〔五〕漢率一歲中使者多者十餘，少者五六輩，遠者八九歲，近者數歲而反。〔六〕

〔一〕鄧展曰：「發易書以卜。」

〔二〕臣瓚曰：「令居，縣名也，屬金城。築塞西至酒泉也。」師古曰：「令音零。」

〔三〕李奇曰：「靬音劇。」服虔曰：「犛靬，張掖縣名也。」師古曰：「抵，至也。自安息以下五國皆西域胡也。犛靬即大秦國也。張掖驪靬縣蓋取此國爲名耳。驪犛聲相近。靬讀與軒同。李奇音是也，服說非也。」

〔四〕師古曰：「操，持也。所齎持，謂節及幣也。放，依也，音甫往反。」

〔五〕師古曰：「以其串習，故不多發人。」

〔六〕師古曰：「道遠則還遲，近則來疾。」

是時，漢既滅越，蜀所通西南夷皆震，請吏。置牂柯、越巂、益州、沈黎、文山郡，欲地接以前通大夏。〔一〕乃遣使歲十餘輩，出此初郡，〔二〕皆復閉昆明，〔三〕爲所殺，奪幣物。於是漢發兵擊昆明，斬首數萬。後復遣使，竟不得通。語在西南夷傳。

〔一〕李奇曰：「欲地界相接至大夏也。」

〔二〕師古曰：「文山以上初置者。」

〔三〕如淳曰：「爲昆明所閉。」

自騫開外國道以尊貴，其吏士爭上書言外國奇怪利害，求使。天子爲其絕遠，非人所樂，聽其言，〔一〕予節，募吏民無問所從來，〔二〕爲具備人衆遣之，以廣其道。來還不能無侵盜幣物，及使失指，〔三〕天子爲其習之，輒覆按致重罪，〔四〕以激怒令贖，〔五〕復求使。使端無窮，而輕犯法。其吏卒亦輒復盛推外國所有，言大者予節，言小者爲副，故妄言無行之徒皆爭相效。其使皆私縣官齎物，〔六〕欲賤市以私其利。〔七〕外國亦厭漢使人人有言輕重，〔八〕度漢兵遠，不能至，〔九〕而禁其食物，以苦漢使。〔一〇〕漢使乏絕，責怨，至相攻擊。樓蘭、姑師小國，當空道，〔一一〕攻劫漢使王恢等尤甚。而匈奴奇兵又時時遮擊之。使者爭言外國利害，〔一二〕皆有城邑，兵弱易擊。於是天子遣從票侯破奴〔一三〕將屬國騎及郡兵數萬以擊胡，胡皆去。明年，擊破姑師，虜樓蘭王。酒泉列亭鄣至玉門矣。〔一四〕

〔一〕師古曰：「凡人皆不樂去，故有自請爲使者，即聽而遣之。」

〔二〕師古曰：「不爲限禁遠近，雖家人私隸並許應募。」

〔三〕師古曰：「乖天子指意。」

〔四〕師古曰：「言其串習，不以爲難，必當更求充使也。」

〔五〕師古曰：「令立功以贖罪。」

〔六〕師古曰：「言所齎官物，竊自用之，同於私有。」

〔七〕師古曰：「所市之物，得利多者，不盡入官也。」

〔八〕服虔曰：「漢使言於外國，人人輕重不實。」

〔九〕師古曰：「度，計也。」

〔一〇〕師古曰：「令其困苦也。」

〔一一〕師古曰：「空即孔也。」

〔一二〕師古曰：「言服之則利，不討則爲害。」

〔一三〕師古曰：「趙破奴。」

〔一四〕韋昭曰：「玉門關在龍勒界。」

而大宛諸國發使隨漢使來，觀漢廣大，以大鳥卵及犛軒眩人獻於漢，〔一〕天子大說。〔二〕而漢使窮河源，其山多玉石，采來，〔三〕天子案古圖書，名河所出山曰昆侖云。

〔一〕應劭曰：「卵大如一二石甕也。眩，相詐惑也。鄧太后時，西夷檀國來朝賀，詔令爲之。而諫大夫陳禪以爲夷狄僞道不可施行。後數日，尚書陳忠案漢舊書，乃知世宗時犛靬獻見幻人，天子大悅，與俱巡狩，乃知古有此事。」師古曰：「鳥卵如汲水之甕耳，無一二石也。應說失之。眩讀與幻同。即今吞刀吐火，植瓜種樹，屠人截馬之術皆是也。本從西域來。甕音瓮。」

〔二〕師古曰：「說讀曰悅。」

〔三〕臣瓚曰：「漢使采取持來至漢。」

是時，上方數巡狩海上，乃悉從外國客，大都多人則過之，散財帛賞賜，厚具饒給之，以覽視漢富厚焉。〔一〕大角氐，〔二〕出奇戲諸怪物，多聚觀者，〔三〕行賞賜，酒池肉林，令外國客徧觀各倉庫府臧之積，欲以見漢廣大，傾駭之。〔四〕及加其眩者之工，而角氐奇戲歲增變，其益興，自此始。而外國使更來更去。〔五〕大宛以西皆自恃遠，尚驕恣，未可詘以禮羈縻而使也。

〔一〕師古曰：「視讀曰示。言示之令其觀覽。」

〔二〕師古曰：「氐音丁禮反。解在武紀。」

〔三〕師古曰：「聚都邑人，令觀看，以誇示之。觀音工喚反。」

〔四〕師古曰：「見，顯示。」

〔五〕師古曰：「遞互來去，前後不絕。更音工衡反。」

漢使往既多，其少從率進孰於天子，〔一〕言大宛有善馬在貳師城，匿不肯示漢使。天子既好宛馬，聞之甘心，〔二〕使壯士車令等持千金及金馬以請宛王貳師城善馬。宛國饒漢物，〔三〕相與謀曰：「漢去我遠，而鹽水中數有敗，〔四〕出其北有胡寇，出其南乏水草，又且往往而絕邑，〔五〕乏食者多。漢使數百人爲輩來，常乏食，死者過半，是安能致大軍乎？且貳師馬，宛寶馬也。」遂不肯予漢使。漢使怒，妄言，椎金馬而去。〔六〕宛中貴人怒曰：〔七〕「漢使至輕我！」遣漢使去，令其東邊郁成王遮攻，殺漢使，取其財物。天子大怒。諸嘗使宛姚定漢等言：「宛兵弱，誠以漢兵不過三千人，強弩射之，卽破宛矣。」天子以嘗使浞野侯攻樓蘭，以七百騎先至，虜其王，以定漢等言為然，而欲侯寵姬李氏，〔八〕乃以李廣利為將軍，伐宛。

〔一〕孟康曰：「少從，不如計也。或曰，少者，少年從行之微者也。進孰，美語如成孰也。」晉灼曰：「多進虛美之言必成之計於天子，而卒不果也。」師古曰：「漢時謂隨使而出外國者為少從，總言其少年而從使也。從音材用反。事見班固與弟仲升書。進孰者，但空進成孰之言。」

〔二〕師古曰：「志懷美悅，專事求之。」

〔三〕師古曰：「素有漢地財物，故不貪金馬之幣。」

〔四〕服虔曰：「水名，道從水中行。」師古曰：「沙磧之中不生草木，水又鹹苦，卽今敦煌西北惡磧者也。數有敗，言每自死亡也。」

〔五〕師古曰：「言近道之處無城郭之居也。」

〔六〕如淳曰：「罵詈也。」師古曰：「椎破金馬也。椎音直追反，其字從木。」

〔七〕師古曰：「中貴人，中臣之貴者。」

〔八〕師古曰：「欲封其兄弟。」

騫孫猛，字子游，有俊才，元帝時為光祿大夫，使匈奴，給事中，為石顯所譖，自殺。

李廣利，女弟李夫人有寵於上，產昌邑哀王。太初元年，以廣利爲貳師將軍，發屬國六千騎及郡國惡少年數萬人以往，〔一〕期至貳師城取善馬，故號「貳師將軍」。故浩侯王恢使道軍。既西過鹽水，當道小國各堅城守，不肯給食，攻之不能下。下者得食，不下者數日則去。比至郁成，士財有數千，〔二〕皆飢罷。〔三〕攻郁成城，郁成距之，所殺傷甚衆。貳師將軍與左右計：「至郁成尚不能舉，況至其王都乎？」引而還。往來二歲，至敦煌，士不過什一二。〔四〕使使上書言：「道遠，多乏食，且士卒不患戰而患飢。人少，不足以拔宛。願且罷兵，益發而復往。」〔五〕天子聞之，大怒，使使遮玉門關，曰：「軍有敢入，斬之。」貳師恐，因留屯敦煌。

〔一〕師古曰：「惡少年謂無行義者。」

〔二〕師古曰：「比音必寐反。財與才同。」

〔三〕師古曰：「罷讀曰疲。」

〔四〕師古曰：「十人之中，一二人得還。」

〔五〕師古曰：「益，多也。」

其夏，漢亡浞野之兵二萬餘於匈奴，〔一〕公卿議者皆願罷宛軍，專力攻胡。天子業出兵誅宛，宛小國而不能下，則大夏之屬漸輕漢，而宛善馬絕不來，烏孫、輪臺易苦漢使，〔二〕爲外國笑。乃案言伐宛尤不便者鄧光等。〔三〕赦囚徒扞寇盜，〔四〕發惡少年及邊騎，歲餘而出敦煌六萬人，〔五〕負私從者不與。〔六〕牛十萬，馬三萬匹，驢橐駝以萬數齎糧，兵弩甚設。〔七〕天下騷動，轉相奉伐宛，五十餘校尉。宛城中無井，汲城外流水，於是遣水工徙其城下水空以穴其城。〔八〕益發戍甲卒十八萬酒泉、張掖北，置居延、休屠以衞酒泉。〔九〕而發天下七科適，〔一〇〕及載糒給貳師，〔一一〕轉車人徒相連屬至敦煌。〔一二〕而拜習馬者二人爲執驅馬校尉，〔一三〕備破宛擇取其善馬云。

〔一〕師古曰：「趙破奴後封浞野侯。浞音士角反。」

〔二〕晉灼曰：「易，輕也。」師古曰：「輪臺亦國名。」

〔三〕師古曰：「案其罪而行罰。」

〔四〕如淳曰：「放囚(徙)〔徒〕使其扞御寇盜。」師古曰：「使從軍爲斥候。」

〔五〕師古曰：「興發部署，歲餘乃得行。」

〔六〕師古曰：「負私糧食及私從者，不在六萬人數中也。與讀曰豫。」

〔七〕師古曰：「施張甚具也。」

〔八〕師古曰：「空，孔也。徙其城下水者，令從他道流，不迫其城也。空以穴其城者，圍而攻之，令作孔使穿穴也。下云『決其水原移之』，又云『圍其城攻之』，皆再敍其事也。一曰，既徙其水，不令於城下流，而因其舊引水入城之孔，攻而穴之。」

〔九〕如淳曰：「立二縣以衞邊也。或曰置二部都尉。」

〔10〕師古曰：「適讀曰謫。七科，解在武紀。」

〔11〕師古曰：「糒，乾飯，音備。」

〔12〕師古曰：「屬音之欲反。」

〔13〕師古曰：「習猶便也。一人爲執馬校尉，一人爲驅馬校尉。」

於是貳師後復行，兵多，所至小國莫不迎，出食給軍。至輪臺，輪臺不下，攻數日，屠之。自此而西，平行至宛城，〔一〕兵到者三萬。宛兵迎擊漢兵，漢兵射敗之，宛兵走入保其城。貳師欲攻郁成城，恐留行而令宛益生詐，〔二〕乃先至宛，決其水原，移之，則宛固已憂困。圍其城，攻之四十餘日。宛貴人謀曰：「王毋寡匿善馬，殺漢使。〔三〕今殺王而出善馬，漢兵宜解；即不，乃力戰而死，未晚也。」宛貴人皆以爲然，共殺王。其外城壞，虜宛貴人勇將煎靡。〔四〕宛大恐，走入中城，相與謀曰：「漢所爲攻宛，以王毋寡。」持其頭，遣人使貳師，約曰：「漢無攻我，我盡出善馬，恣所取，而給漢軍食。即不聽我，我盡殺善馬，康居之救又且至。至，我居內，康居居外，與漢軍戰。孰計之，何從？」〔五〕是時，康居候視漢兵尙盛，不敢進。貳師聞宛城中新得漢人知穿井，而其內食尙多。計以爲來誅首惡者毋寡，毋寡頭已至，如此不許，則堅守，而康居候漢兵罷來救宛，破漢軍必矣。〔六〕軍吏皆以爲然，許宛之約。宛乃出其馬，令漢自擇之，而多出食食漢軍。〔七〕漢軍取其善馬數十匹，中馬以下牝牡三千餘匹，而立宛貴人之故時遇漢善者名昧蔡爲宛王，〔八〕與盟而罷兵。終不得入中城，罷而引歸。

〔一〕師古曰：「平行，言無寇難。」
〔二〕師古曰：「留行謂留止軍廢其行。」
〔三〕師古曰：「毋寡，宛王名。」
〔四〕師古曰：「宛之貴人爲將而勇者名煎靡也。煎音子延反。」
〔五〕師古曰：「令貳師執計之，而欲攻戰乎？欲不攻而取馬乎？」
〔六〕師古曰：「罷讀曰疲。」
〔七〕師古曰：「下食讀曰飤。」
〔八〕服虔曰：「蔡音楚言蔡。」師古曰：「昧音本末之末。蔡音千曷反。」

初，貳師起敦煌西，爲人多，道上國不能食，〔一〕分爲數軍，從南北道。校尉王申生、故鴻臚壺充國等千餘人別至郁成，城守不肯給食。申生去大軍二百里，負而輕之，〔二〕攻郁成急。郁成窺知申生軍少，晨用三千人攻殺申生等，數人脫亡，走貳師。〔三〕貳師令搜粟都尉上官桀往攻破郁成，郁成降。其王亡走康居，桀追至康居。康居聞漢已破宛，出郁成王與桀。桀令四騎士縛守詣大將軍。〔四〕四人相謂：「郁成，漢所毒，〔五〕今生將，卒失大事。」〔六〕

欲殺，莫適先擊。〔七〕上邽騎士趙弟拔劍擊斬郁成王。桀等遂追及大將軍。

〔一〕師古曰：「起，發也。道上國，近道諸國也。食讀曰飤。」

〔二〕師古曰：「負，恃也，恃大軍之威而輕敵人。」

〔三〕師古曰：「走音奏。」

〔四〕如淳曰：「時多別將，故謂貳師爲大將軍。」

〔五〕師古曰：「言毒恨。」

〔六〕師古曰：「卒讀曰猝。」

〔七〕師古曰：「適，主也。無有主意先擊者也。音丁歷反。」

初，貳師後行，天子使使告烏孫大發兵擊宛。烏孫發二千騎往，持兩端，不肯前。貳師將軍之東，〔一〕諸所過小國聞宛破，皆使其子弟從入貢獻，見天子，因爲質焉。軍還，入玉門者萬餘人，馬千餘匹。後行，非乏食，戰死不甚多，而將吏貪，不愛卒，侵牟之，以此物故者衆。〔二〕天子爲萬里而伐，不錄其過，乃下詔曰：「匈奴爲害久矣，今雖徙幕北，與旁國謀共要絕大月氏使，遮殺中郎將江、故雁門守攘。危須以西及大宛皆合約殺期門車令、〔三〕中郎將朝及身毒國使，隔東西道。貳師將軍廣利征討厥罪，伐勝大宛。賴天之靈，從泝河山，涉流沙，通西海，山雪不積，〔四〕士大夫徑度，〔五〕獲王首虜，珍怪之物畢陳於闕。其封廣利爲海西侯，食邑八千戶。」又封斬郁成王者趙弟爲新畤侯；軍正趙始成功最多，爲光祿大夫；

上官桀敢深入，爲少府；李哆有計謀，爲上黨太守。〔六〕軍官吏爲九卿者三人，諸侯相、郡守、二千石百餘人，千石以下千餘人。奮行者官過其望，〔七〕以適過行者皆黜其勞。〔八〕士卒賜直四萬錢。〔九〕伐宛再反，〔一〇〕凡四歲而得罷焉。

〔一〕師古曰：「東，旋軍東出。」

〔二〕師古曰：「侵牟，言如牟賊之食苗也。物故，謂死也。解具在景紀及蘇武傳。」

〔三〕服虔曰：「危須，國名也。」文穎曰：「漢使期門郎也，車令，姓名也。」

〔四〕張晏曰：「是歲雪少，故得往還，喜得天人之應也。」師古曰：「從，由也。泝，逆流而上也。言路由山險，又泝河也。泝音素。」

〔五〕師古曰：「言無屯難也。」

〔六〕師古曰：「哆音昌野反。」

〔七〕孟康曰：「奮，迅也。自樂而行者。」

〔八〕師古曰：「適讀曰謫。言以罪謫而行者，免其所犯，不敘功勞。」

〔九〕師古曰：「或以他財物充之，故云直。」

〔一〇〕師古曰：「再反猶今言兩迴。」

後十一歲，征和三年，貳師復將七萬騎出五原，擊匈奴，度郅居水。〔一〕兵敗，降匈奴，爲單于所殺。語在匈奴傳。

〔一〕師古曰：「郅音質。」

贊曰：「禹本紀言河出昆侖，昆侖高二千五百里餘，日月所相避隱爲光明也。自張騫使大夏之後，窮河原，惡睹所謂昆侖者乎？〔一〕故言九州山川，尚書近之矣。至禹本紀、山經所有，放哉！〔二〕

〔一〕鄧展曰：「漢以窮河原，於何見昆侖乎？尚書曰『道河積石』，是謂河原出於積石。積石在金城河關，不言出昆侖也。」師古曰：「惡音烏。」

〔二〕如淳曰：「放蕩迂闊，不可信也。」師古曰：「如說是也。荀悅誤以放爲效字，因解爲不效，蓋失之矣。」

校勘記

二六八八頁一六行　下遠音（千）〔于〕萬反。　景祐、殿、局本都作「于」，此誤。

二六九一頁三行　僰音蒲（此）〔北〕反。　景祐、殿、局本都作「北」，此誤。

二六九一頁六行　滇（烏）〔馬〕出其國。　景祐、殿本都作「馬」。王先謙說作「馬」是。

二六九一頁一三行　而金城、河西（西）並南山至鹽澤，　景祐、殿本都無下「西」字，史記大宛傳有。

二七〇〇頁一〇行　放囚（徙）〔徒〕使其扞御寇盜。　景祐、殿本都作「徒」，此誤。

漢書卷六十二

司馬遷傳第三十二

昔在顓頊，命南正重司天，火正黎司地。〔一〕唐虞之際，紹重黎之後，使復典之，至于夏商，故重黎氏世序天地。其在周，程伯休甫其後也。〔二〕當宣王時，官失其守而爲司馬氏。〔三〕司馬氏世典周史。惠襄之間，司馬氏適晉。〔四〕晉中軍隨會奔魏，〔五〕而司馬氏入少梁。〔六〕

〔一〕張晏曰：「南方，陽也。火，水配也。水爲陰，故命南正重主天，火正黎兼地職也。」臣瓚曰：「重、黎，司天地之官也。唐虞謂之羲和，則司地者宜曰北正。古文作北正。」師古曰：「瓚說非也。據班氏幽通賦云『黎淳耀於高辛』，則此爲火正是也。」

〔二〕應劭曰：「封爲程國伯。休甫，字也。」

〔三〕師古曰：「失其〔所〕守之職也。」

〔四〕張晏曰：「周惠王、襄王有子穨、叔帶之難，故司馬氏奔晉也。」

〔五〕如淳曰：「左氏傳晉僞使魏壽餘誘士會於秦，謀而還時也。」師古曰：「犇，古奔字也。據春秋，隨會奔秦，其後自秦入魏而還晉。今此言隨會奔魏，司馬氏因入少梁，則似謂自晉出奔魏耳。但魏國在獻公時已滅爲邑，封畢萬矣。既非別國，不得言奔。未詳遷之所說。」

〔六〕師古曰：「少梁，本梁國也，爲秦所滅，號爲少梁。」

自司馬氏去周適晉，分散，或在衞，或在趙，或在秦。其在衞者，相中山。〔一〕在趙者，以傳劍論顯，〔二〕蒯聵其後也。〔三〕在秦者錯，與張儀爭論，〔四〕於是惠王使錯將兵伐蜀，遂拔，因而守之。〔五〕錯孫蘄，〔六〕事武安君白起。而少梁更名夏陽。蘄與武安君阬趙長平軍，〔七〕還而與之俱賜死杜郵，〔八〕葬於華池。〔九〕蘄孫昌，爲秦王鐵官。當始皇之時，蒯聵玄孫卬爲武信君將而徇朝歌。〔一〇〕諸侯之相王，王卬於殷。〔一一〕漢之伐楚，卬歸漢，以其地爲河內郡。昌生毋懌，〔一二〕毋懌爲漢市長。毋懌生喜，喜爲五大夫，卒，皆葬高門。〔一三〕喜生談，談爲太史公。〔一四〕

〔一〕張晏曰：「司馬喜爲中山相。」

〔二〕服虔曰：「世善劍也。」師古曰：「劍論，劍術之論也。論，來頓反。」

〔三〕如淳曰：「刺客傳之蒯聵也。」師古曰：「蒯，苦怪反。聵，五怪反。」

〔四〕應劭曰：「秦惠王欲伐蜀，張儀曰不如伐韓，司馬錯以當先伐蜀。惠王從之，起兵伐蜀取之。」師古曰：「錯音千(古)〔各〕反。」

〔五〕蘇林曰：「爲郡守。」

〔六〕師古曰：「音祈。」

〔七〕文穎曰：「趙孝成王時，趙括爲將。」

〔八〕李奇曰：「地名，在咸陽西十里。」師古曰：「郵音尤。」

〔九〕晉灼曰：「池名也，在鄠縣。」師古曰：「晉說非也。華池在左馮翊界，近夏陽，非鄠縣。」

〔一〇〕師古曰：「武信君卽武臣也，未爲趙王之前號武信君。項籍傳曰『趙將司馬卬』，是知爲武臣之將也。」

〔一一〕師古曰：「項羽封卬爲殷王。」

〔一二〕師古曰：「懌，弋赤反。」

〔一三〕蘇林曰：「長安北門也。」師古曰：「蘇說非也。高門，地名，在夏陽西北，而東去華池三里。」

〔一四〕如淳曰：「漢儀注太史公，武帝置，位在丞相上。天下計書先上太史公，副上丞相，序事如古春秋。遷死後，宣帝以其官爲令，行太史公文書而已。」晉灼曰：「百官表無太史公在丞相上。又衞宏所說多不實，未可以爲正。」師古曰：「談爲太史令耳，遷尊其父，故謂之爲公。如說非也。」

太史公學天官於唐都，〔一〕受易於楊何，〔二〕習道論於黃子。〔三〕太史公仕於建元、元封之間，愍學者不達其意而師誖，〔四〕乃論六家之要指曰：

〔一〕師古曰：「卽律曆志所云方士唐都者。」

〔二〕師古曰：「何字叔元，菑川人，見儒林傳。」

〔三〕師古曰：「景帝時人也，儒林傳謂之黃生，與轅固爭論於上前，謂湯武非受命，乃殺也。」

〔四〕師古曰：「誖，惑也。各習師法，惑於所見。誖音布內反。」

易大傳曰：「天下一致而百慮，同歸而殊塗。」〔一〕夫陰陽、儒、墨、名、法、道德，此務爲治者也，直所從言之異路，有省不省耳。〔二〕嘗竊觀陰陽之術，大詳而衆忌諱，使人拘而多畏，〔三〕然其序四時之大順，不可失也。儒者博而寡要，勞而少功，是以其事難盡從，然其敍君臣父子之禮，列夫婦長幼之別，不可易也。〔四〕墨者儉而難遵，是以其事不可徧循，〔五〕然其彊本節用，不可廢也。法家嚴而少恩，然其正君臣上下之分，不可改也。名家使人儉而善失眞，〔六〕然其正名實，不可不察也。道家使人精神專一，動合無形，澹足萬物，〔七〕其爲術也，因陰陽之大順，采儒墨之善，撮名法之要，〔八〕與時遷徙，應物變化，立俗施事，無所不宜，指約而易操，事少而功多。〔九〕儒者則不然，以爲人主天下之儀表也，君唱臣和，主先臣隨。如此，則主勞而臣佚。〔一〇〕至於大道之要，去健羨，〔一一〕黜聰明，〔一二〕釋此而任術。夫神大用則竭，形大勞則敝；神形蚤衰，〔一三〕欲與天地長久，非所聞也。

〔一〕張晏曰：「大傳謂易繫辭。」

〔二〕師古曰：「言發迹雖殊，同歸於治，但學者不能省察，昧其端緒耳。直猶但也。」

〔三〕李奇曰：「陰陽之術，月令星官，是其枝葉也。」師古曰：「拘，曲礙也。」

〔四〕師古曰：「易，變也。」

〔五〕師古曰：「言難盡用。」

〔六〕師古曰：「劉向別錄云名家者流出於禮官。古者名位不同，禮亦異數。孔子曰『必也正名乎』。」

〔七〕師古曰：「濬，古贍字。」

〔八〕師古曰：「撮，總取也，音千活反。」

〔九〕師古曰：「操，執持也，音千高反。」

〔一〇〕師古曰：「佚，樂也，字與逸同。」

〔一一〕服虔曰：「門戶健壯也。」如淳曰：「知雄守雌，是去健也。不見可欲，使心不亂，是去羨也。」晉灼曰：「老子曰『善閉者無關楗』。嚴君平曰『拆關破楗，使姦者自止』。服說是也。」師古曰：「二義並通。楗，其偃反，然今書本字皆作健字也。」

〔一二〕如淳曰：「不尙賢，絕聖棄知也。」晉灼曰：「嚴君平曰『黜聰弃明，倚依太素，反本歸眞，則理得而海內鈞也。』」師古曰：「黜，廢也。」

〔一三〕師古曰：「蚤，古早字。」

夫陰陽，四時、八位、十二度、二十四節各有敎令，〔一〕曰順之者昌，逆之者亡，未必然也，故曰「使人拘而多畏」。夫春生夏長，秋收冬臧，此天道之大經也，〔二〕弗順則無以爲天下紀綱，故曰「四時之大順，不可失也」。

〔一〕張晏曰：「八位，八卦位也。十二度，十二次也。二十四節，就中氣也。各有禁，謂月令也。」
〔二〕師古曰：「經，常法。」

夫儒者，以六藝爲法，六藝經傳以千萬數，累世不能通其學，當年不能究其禮，〔一〕故曰「博而寡要，勞而少功」。若夫列君臣父子之禮，序夫婦長幼之別，雖百家弗能易也。

〔一〕師古曰：「究，盡也。」

墨者亦上堯舜，言其德行曰：「堂高三尺，土階三等，茅茨不翦，採椽不斲；〔一〕飯土簋，歠土刑，〔二〕糲粱之食，〔三〕藜藿之羹；〔四〕夏日葛衣，冬日鹿裘。」其送死，桐棺三寸，舉音不盡其哀。教喪禮，必以此爲萬民率。故天下共若此，則尊卑無別也。夫世異時移，事業不必同，故曰「儉而難遵」也。要曰彊本節用，則人給家足之道也。〔五〕此墨子之所長，雖百家不能廢也。

〔一〕師古曰：「屋蓋曰茨。茅茨，以茅覆屋也。採，柞木也。茨音疾茲反。採音采，又音菜。」
〔二〕師古曰：「簋所以盛飯也，刑以盛羹也。土謂燒土爲之，即瓦器也。飯，扶晚反。簋音軌。歠，尺悅反。」
〔三〕服虔曰：「糲，粗米也。」張晏曰：「一斛粟七斗米爲糲，音賴。」師古曰：「食，飯也。」
〔四〕師古曰：「藜，草似蓬也。藿，豆葉也。」
〔五〕師古曰：「給亦足也。人人家家皆得足也。」

法家不別親疏，不殊貴賤，壹斷於法，則親親尊尊之恩絕矣，可以行一時之計，而不可長用也，故曰「嚴而少恩」。若尊主卑臣，明分職不得相踰越，雖百家不能改也。〔一〕

〔一〕師古曰：「分，扶問反。」

名家苛察繳繞，〔一〕使人不得反其意，剸決於名，時失人情，〔二〕故曰「使人儉而善失眞」。若夫控名責實，參伍不失，〔三〕此不可不察也。

〔一〕如淳曰：「繳繞猶纏繞也。」師古曰：「繳，公鳥反。」

〔二〕師古曰：「剸讀與專同，又音章兗反。」

〔三〕晉灼曰：「引名責實，參錯交互，明知事情也。」

道家無爲，又曰無不爲，〔一〕其實易行，其辭難知。〔二〕其術以虛無爲本，以因循爲用。〔三〕無成勢，無常形，故能究萬物之情。不爲物先後，故能爲萬物主。有法無法，因時爲業；有度無度，因物興舍。〔四〕故曰「聖人不巧，時變是守」。〔五〕虛者道之常也，因者君之綱也。〔六〕羣臣並至，使各自明也。其實中其聲者謂之端，實不中其聲者謂之款。〔七〕款言不聽，姦乃不生，賢不肖自分，白黑乃形。〔八〕在所欲用耳，何事不成！乃合大道，混混冥冥。〔九〕光燿天下，復反無名。〔一〇〕凡人所生者神也，所託者形也。神大用則竭，形大勞則敝，形神離則死。死者不可復生，離者不可復合，故聖人重之。

由此觀之，神者生之本，形者生之具。不先定其神形，而曰「我有以治天下」，何由哉？〔一〕

〔一〕師古曰：「無爲者，守靜一也。無不爲者，功利大也。」
〔二〕師古曰：「言指趣幽遠。」
〔三〕師古曰：「任自然也。」
〔四〕師古曰：「興，起也。舍，廢也。」
〔五〕師古曰：「無機巧之心，但順時也。」
〔六〕師古曰：「言因百姓之心以爲教，但執其綱而已。」
〔七〕服虔曰：「款，空也。」李奇曰：「聲則名也。」師古曰：「中，當也，充也，音竹仲反。」
〔八〕師古曰：「形，見也。」
〔九〕師古曰：「元氣之貌也。混音胡本反。」
〔一〇〕師古曰：「反，還也。」
〔一一〕師古曰：「凡此皆言道家之教爲長也。」

太史公既掌天官，不治民。有子曰遷。

遷生龍門，〔一〕耕牧河山之陽。〔二〕年十歲則誦古文。二十而南游江淮，上會稽，探禹穴，闚九疑，〔三〕浮沅湘。〔四〕北涉汶泗，〔五〕講業齊魯之都，觀夫子遺風，鄉射鄒嶧；〔六〕阸困蕃、薛、彭城，〔七〕過梁楚以歸。於是遷仕爲郎中，奉使西征巴蜀以南，略邛、筰、昆明，〔八〕還報命。

〔一〕蘇林曰：「禹所鑿龍門也。」師古曰：「龍門山，其東則在今秦州龍門縣北，其西則在今同州韓城縣北，而河從其中下流。」

〔二〕師古曰：「河之北，山之南也。」

〔三〕張晏曰：「禹巡狩至會稽而崩，因葬焉。上有孔穴，民間云禹入此穴。九疑，舜葬在焉。」師古曰：「會稽，山名，本茅山也，禹於此會諸侯之計，因名曰會稽。九疑山有九峯，解在司馬相如傳。」

〔四〕師古曰：「沅水出牂柯，湘水出零陵，二水皆入江。」

〔五〕師古曰：「汶、泗兩水名在地理志。汶音問。」

〔六〕師古曰：「鄒，縣名也。嶧，山名也，近曲阜地也。於此行鄉射之禮，嶧音懌。」

〔七〕師古曰：「蕃，縣名也，音皮。」

〔八〕師古曰：「筰，才各反。」

是歲，天子始建漢家之封，而太史公留滯周南，〔一〕不得與從事，〔二〕發憤且卒。而子遷適反，見父於河雒之間。太史公執遷手而泣曰：「予先，周室之太史也。自上世嘗顯功名虞夏，典天官事。後世中衰，絕於予乎？汝復爲太史，則續吾祖矣。今天子接千歲之統，封泰山，而予不得從行，是命也夫！命也夫！予死，爾必爲太史；爲太史，毋忘吾所欲論著矣。

且夫孝，始於事親，中於事君，終於立身；揚名於後世，以顯父母，此孝之大也。〔三〕夫天下稱周公，言其能論歌文武之德，宣周召之風，〔四〕達大王王季思慮，爰及公劉，以尊后稷也。〔五〕幽厲之後，王道缺，禮樂衰，孔子脩舊起廢，論詩書，作春秋，則學者至今則之。自獲麟以來四百有餘歲，而諸侯相兼，史記放絕。今漢興，海內壹統，明主賢君，忠臣義士，予爲太史而不論載，廢天下之文，予甚懼焉，爾其念哉！」遷俯首流涕曰：「小子不敏，請悉論先人所次舊聞，不敢闕。」卒三歲，而遷爲太史令，紬史記石室金鐀之書。〔六〕五年而當太初元年，〔七〕十一月甲子朔旦冬至，天曆始改，建於明堂，諸神受記。〔八〕

〔一〕如淳曰：「周南，洛陽也。」張晏曰：「洛陽而謂周南者，自陝以東皆周南之地也。」

〔二〕師古曰：「與讀曰豫。」

〔三〕師古曰：「此孔子說孝經之辭也。」

〔四〕師古曰：「召讀曰邵。」

〔五〕師古曰：「爰，曰也，發語辭也。一曰，爰，於也。」

〔六〕如淳曰：「紬徹舊書故事而次述之。」師古曰：「此說非也。紬謂綴集之，音胄。鐀與匱同。」

〔七〕李奇曰：「遷爲太史後五年適當武帝太初元年，時述史記也。」

〔八〕張晏曰：「以元新改，立明堂，朝諸侯及郡守受正朔，各有山川之祀，故曰諸神受記。」孟康曰：「明堂班十二月之政，曆紀四時，故改建於明堂。諸神受記，若勾芒祝融之屬皆受瑞記。遷因此而作。」師古曰：「張說是矣。」

太史公曰：「先人有言：『自周公卒五百歲而有孔子，孔子至於今五百歲，有能紹而明之，正易傳，繼春秋，本詩書禮樂之際。』意在斯乎！意在斯乎！小子何敢攘焉！」〔一〕

〔一〕師古曰：「攘，古讓字。言當述成先人之業，何敢自謙，當五百歲而讓之也。」

上大夫壺遂曰：「昔孔子爲何作春秋哉？」太史公曰：「余聞之董生：〔一〕『周道廢，孔子爲魯司寇，諸侯害之，大夫壅之。孔子知時之不用，道之不行也，是非二百四十二年之中，〔二〕以爲天下儀表，貶諸侯，討大夫，以達王事而已矣。』〔三〕子曰：『我欲載之空言，不如見之於行事之深切著明也。』春秋上明三王之道，下辨人事之經紀，別嫌疑，明是非，定猶與，〔四〕善善惡惡，賢賢賤不肖，存亡國，繼絕世，補弊起廢，王道之大者也。易著天地陰陽四時五行，故長於變；〔五〕禮綱紀人倫，故長於行；書記先王之事，故長於政；詩記山川谿谷禽獸草木牝牡雌雄，故長於風；樂樂所以立，故長於和；春秋辯是非，故長於治人。是故禮以節人，樂以發和，書以道事，詩以達意，易以道化，春秋以道義。〔六〕撥亂世反之正，莫近於春秋。春秋文成數萬，其指數千。〔七〕萬物之散聚皆在春秋。春秋之中，弒君三十六，亡國五十二，諸侯奔走不得保社稷者不可勝數。〔八〕察其所以，皆失其本已。〔九〕故易曰『差以豪氂，謬以千里』。〔一〇〕故『臣弒君，子弒父，非一朝一夕之故，其漸久矣』。〔一一〕有國者不可以不知春秋，前有讒而不見，後有賊而不知。爲人臣者不可以不知春秋，守經事而不知其宜，遭變事而不知其權。〔三〕為人君父者而不通於春秋之義者，必蒙首惡之名。〔三〕為人臣子不通於春秋之義者，必陷篡弒誅死之罪。其實皆以善為之，而不知其義，〔四〕被之空言不敢辭。〔五〕夫不通禮義之指，至於君不君，臣不臣，父不父，子不子。夫君不君則犯，〔六〕臣不臣則誅，父不父則無道，子不子則不孝。此四行者，天下之大過也。以天下大過予之，受而不敢辭。故春秋者，禮義之大宗也。夫禮禁未然之前，法施已然之後；法之所為用者易見，而禮之所為禁者難知。」

〔一〕服虔曰：「仲舒也。」

〔二〕師古曰：「是非謂本其得失。」

〔三〕師古曰：「時諸侯僭侈，大夫擅權，故貶討之也。貶，退也。討，治也。」

〔四〕師古曰：「與讀曰豫。」

〔五〕師古曰：「以變化之道為長也。長讀如本字。一曰長謂崇長之也，音竹兩反。下皆類此。」

〔六〕師古曰：「道，言也。」

〔七〕張晏曰：「春秋萬八千字，當言減，而云成，字誤也。」師古曰：「張說非也。一萬之外即以萬言之，故云數萬，何乃忽言減乎？學者又為曲解，云公羊經傳凡四萬四千餘字，尤疏謬矣。史遷豈謂公羊之傳為春秋乎？」

〔八〕師古曰：「解並在劉向傳。」

〔九〕師古曰：「已，語終之辭。」

〔一〇〕師古曰：「今之易經及彖象繫辭，並無此語。所稱易緯者，則有之焉。斯蓋易家之別說者也。」

〔一一〕師古曰：「易坤卦文言之辭。」

〔一二〕師古曰：「經，常也。」

〔一三〕師古曰：「蒙猶被也。」

〔一四〕師古曰：「其心雖善，以不知義理之故，則陷於惡也。」

〔一五〕蘇林曰：「趙盾不知討賊，而不敢辭弒君之罪。」

〔一六〕師古曰：「爲臣下所干犯也。〔一〕曰違犯禮義也。」

壺遂曰：「孔子之時，上無明君，下不得任用，故作春秋，垂空文以斷禮義，〔一〕當一王之法。今夫子上遇明天子，下得守職，萬事既具，咸各序其宜，夫子所論，欲以何明？」太史公曰：「唯唯，否否，〔二〕不然。余聞之先人曰：『虙戲至純厚，作易八卦。〔三〕堯舜之盛，尚書載之，禮樂作焉。湯武之隆，詩人歌之。春秋采善貶惡，推三代之德，褒周室，非獨刺譏而已也。』漢興已來，至明天子，獲符瑞，封禪，改正朔，易服色，受命於穆清，〔四〕澤流罔極，〔五〕海外殊俗重譯款塞，〔六〕請來獻見者，不可勝道。〔七〕臣下百官力誦聖德，猶不能宣盡其意。〔八〕且士賢能矣，而不用，有國者恥也；主上明聖，德不布聞，有司之過也。且余掌其官，廢明聖盛德不載，滅功臣賢大夫之業不述，墮先人所言，〔九〕罪莫大焉。余所謂述故事，整齊其世傳，非所謂作也，而君比之春秋，謬矣。」

〔一〕師古曰：「斷，決也，決之於禮義也。」
〔二〕晉灼曰：「唯唯，謙應也。否否，不通也。」師古曰：「唯，弋癸反。」
〔三〕師古曰：「虙讀與伏同。」
〔四〕師古曰：「於，歎辭也。穆，美也。言天子有美德而政化淸也。於讀曰烏。」
〔五〕師古曰：「罔，無也。極，止也。」
〔六〕師古曰：「款，叩也。」
〔七〕師古曰：「道，言也。」
〔八〕師古曰：「力，勤也。」
〔九〕師古曰：「墮，毁也，謂不修之也。音火規反。」

於是論次其文。十年而遭李陵之禍，幽於纍紲。〔一〕乃喟然而歎曰：「是余之辠夫！〔二〕身虧不用矣。」退而深惟曰：〔三〕「夫詩書隱約者，欲遂其志之思也。」〔四〕卒述陶唐以來，至於麟止，〔五〕自黃帝始。〔六〕五帝本紀第一，夏本紀第二，殷本紀第三，周本紀第四，秦本紀第五，始皇本紀第六，項羽本紀第七，高祖本紀第八，呂后本紀第九，孝文本紀第十，孝景本紀第十一，今上本紀第十二。三代世表第一，十二諸侯年表第二，六國年表第三，秦楚之際月表第四，漢諸侯年表第五，高祖功臣年表第六，惠景間功臣年表第七，建元以來侯者年表第八，王子侯者年表第九，漢興以來將相名臣年表第十。禮書第一，樂書第二，律書第三，曆書第四，天官書第五，封禪書第六，河渠書第七，平準書第八。吳太伯世家第一，齊太公世家第二，魯周公世家第三，燕召公世家第四，〔七〕管蔡世家第五，陳杞世家第六，衞康叔世家第七，宋微子世家第八，晉世家第九，楚世家第十，越世家第十一，鄭世家第十二，趙世家第十三，魏世家第十四，韓世家第十五，田完世家第十六，孔子世家第十七，陳涉世家第十八，外戚世家第十九，楚元王世家第二十，荆燕王世家第二十一，齊悼惠王世家第二十二，蕭相國世家第二十三，曹相國世家第二十四，留侯世家第二十五，陳丞相世家第二十六，絳侯世家第二十七，梁孝王世家第二十八，五宗世家第二十九，〔八〕三王世家第三十。伯夷列傳第一，管晏列傳第二，老子韓非列傳第三，司馬穰苴列傳第四，〔九〕孫子吳起列傳第五，伍子胥列傳第六，仲尼弟子列傳第七，商君列傳第八，蘇秦列傳第九，張儀列傳第十，樗里甘茂列傳第十一，穰侯列傳第十二，白起王翦列傳第十三，孟子荀卿列傳第十四，平原虞卿列傳第十五，孟嘗君列傳第十六，魏公子列傳第十七，春申君列傳第十八，范睢蔡澤列傳第十九，樂毅列傳第二十，廉頗藺相如列傳第二十一，田單列傳第二十二，魯仲連列傳第二十三，屈原賈生列傳第二十四，呂不韋列傳第二十五，刺客列傳第二十六，李斯列傳第二十七，蒙恬列傳第二十八，張耳陳餘列傳第二十九，魏豹彭越列傳第三十，黥布列傳第三十一，淮陰侯韓信列傳第三十二，韓王信盧綰列傳第三十三，田儋列傳第三十四，樊酈滕灌列傳第三十五，張丞相倉列傳第三十六，酈生陸賈列傳第三十七，傅靳蒯成侯列傳第三十八，〔10〕劉敬叔孫通列傳第三十九，季布欒布列傳第四十，爰盎朝錯列傳第四十一，張釋之馮唐列傳第四十二，萬石張叔列傳第四十三，田叔列傳第四十四，扁鵲倉公列傳第四十五，吳王濞列傳第四十六，魏其武安列傳第四十七，韓長孺列傳第四十八，李將軍列傳第四十九，衞將軍驃騎列傳第五十，平津主父列傳第五十一，匈奴列傳第五十二，南越列傳第五十三，閩越列傳第五十四，朝鮮列傳第五十五，西南夷列傳第五十六，司馬相如列傳第五十七，淮南衡山列傳第五十八，循吏列傳第五十九，汲鄭列傳第六十，儒林列傳第六十一，酷吏列傳第六十二，大宛列傳第六十三，游俠列傳第六十四，佞幸列傳第六十五，滑稽列傳第六十六，日者列傳第六十七，龜策列傳第六十八，貨殖列傳第六十九。

〔一〕師古曰：「纍，係也。紲，長繩也。纍音力追反。紲音先列反。」

〔二〕師古曰：「喟然，歎息貌也。音邱位反。」

〔三〕師古曰：「惟，思也。」

〔四〕師古曰：「隱，憂也。約，屈也。」

〔五〕服虔曰：「武帝得白麟，而鑄金作麟足形。作史記止於此也。」張晏曰：「武帝獲麟，遷以爲述事之端，上記黃帝，下至麟止，猶春秋止於獲麟也。」師古曰：「遷序事盡太初，故言至麟而止。張說是也。」

〔六〕師古曰：「遷之書序衆篇各別有辭，班氏以其文多，故略而不載，但取最後一首，故此單目盡於六十九。至『惟漢繼五帝末流』之後，乃言第七十。讀者不詳其意，或於目中加云『敍傳第七十』，此大妄矣。」

〔七〕師古曰：「召讀曰邵。」

〔八〕師古曰：「景帝子凡十三人爲王，而母五人所生，還謂同母者爲一宗，故云五宗也。」

〔九〕師古曰：「苴音子閭反。」

〔一〇〕師古曰：「酈成侯，周緤也。酈音普肯反，又音陪。」

惟漢繼五帝末流，接三代絕業。周道既廢，秦撥去古文，焚滅詩書，故明堂石室金鐀玉版圖籍散亂。〔一〕漢興，蕭何次律令，韓信申軍法，張蒼爲章程，叔孫通定禮儀，則文學彬彬稍進，詩書往往間出。〔二〕自曹參薦蓋公言黃老，而賈誼、朝錯明申韓，公孫弘以儒顯，百年之間，天下遺文古事靡不畢集。太史公仍父子相繼纂其職，〔三〕曰：「於戲！〔四〕余維先人嘗掌斯事，顯於唐虞。至於周，復典之。故司馬氏世主天官，至於余乎，欽念哉！」〔五〕罔羅天下放失舊聞，王迹所興，原始察終，見盛觀衰，論考之行事，略三代，錄秦漢，上記軒轅，下至於茲，著十二本紀，既科條之矣。並時異世，年差不明，作十表。〔六〕禮樂損益，律曆改易，兵權山川鬼神，天人之際，承敝通變，作八書。二十八宿環北辰，三十輻共一轂，運行無窮，〔七〕輔弼股肱之臣配焉，忠信行道以奉主上，作三十世家。扶義俶儻，不令己失時，〔八〕立功名於天下，作七十列傳。凡百三十篇，五十二萬六千五百字，爲太史公書。序略，以拾遺補蓺，成一家言，〔九〕協六經異傳，齊百家雜語，臧之名山，副在京師，〔一〇〕以竢後聖君子。第七十，〔一一〕遷之自敘云爾。〔一二〕而十篇缺，有錄無書。〔一三〕

〔一〕如淳曰：「玉版，刻玉版畫爲文字也。」

〔二〕師古曰：「彬彬，文章貌。彬音邠。閒音居莧反。」

〔三〕師古曰：「纂讀與撰同。」

〔四〕師古曰：「於戲，歎聲也。於讀曰烏，戲讀曰呼。古字或作烏虖，今字或作烏呼，音義皆同耳。而俗之讀者，隨字而別，又曲爲解釋云有吉凶美惡之殊，是不通其大指也。義例具在詩及尚書，不可一一徧舉之。」

〔五〕師古曰：「欽，敬也。」

〔六〕師古曰：「並時則年曆差殊，異代則難以明辨，故作表也。」

〔七〕孟康曰：「象黃帝以下三十家也。老子言車三十輻運行無窮，以象王者如此也。」師古曰：「此說非也。言衆星共繞北辰，諸輻咸歸車轂，若文武之臣尊輔天子也。」

〔八〕師古曰：「俶儻，大節也。俶，吐歷反。」

〔九〕孟康曰：「蓺音褋。謂裳下壞褋。」李奇曰：「蓺，六蓺也。」師古曰：「李說是也。蓺，古藝字。」

〔一〇〕師古曰：「臧於山者，備亡失也。其副貳本乃留京師也。」

〔一一〕師古曰：「竢，古俟字。」

〔一二〕師古曰：「自此以前，皆其自敘之辭也。自此以後，乃班氏作傳語耳。」

〔一三〕張晏曰：「遷沒之後，亡景紀、武紀、禮書、樂書、兵書、漢興以來將相年表、日者列傳、三王世家、龜策列傳、傅靳列傳。元、成之間褚先生補缺，作武帝紀、三王世家、龜策、日者傳，言辭鄙陋，非遷本意也。」師古曰：「序目本無兵書，張云亡失，此說非也。」

遷既被刑之後，爲中書令，尊寵任職。故人益州刺史任安〔一〕予遷書，責以古賢臣之義。遷報之曰：

〔一〕師古曰：「故人者，言其舊交也。」

少卿足下：〔一〕曩者辱賜書，教以慎於接物，推賢進士爲務，意氣勤勤懇懇，〔二〕若望僕不相師用，〔三〕而流俗人之言。〔四〕僕非敢如是也。雖罷駑，亦嘗側聞長者遺風矣。〔五〕顧自以爲身殘處穢，動而見尤，〔六〕欲益反損，是以抑鬱而無誰語。〔七〕諺曰：「誰爲爲之？孰令聽之？」〔八〕蓋鍾子期死，伯牙終身不復鼓琴。〔九〕何則？士爲知己用，女爲說己容。〔一〇〕若僕大質已虧缺，雖材懷隨和，行若由夷，〔一一〕終不可以爲榮，適足以發笑而自點耳。〔一二〕

〔一〕如淳曰：「少卿，任安字。」

〔二〕師古曰：「懇懇，至誠也。音墾。」

〔三〕師古曰：「望，怨也。」

〔四〕師古曰：「謂隨俗人之言，而流移其志。」

〔五〕師古曰：「罷讀曰疲。」

〔六〕師古曰：「顧，思念也。尤，過也。」

〔七〕師古曰：「無誰語者，言無相知心之人，誰可告語？」

〔八〕師古曰：「言無知己者，設欲修名節，立言行，誰可爲作之，又令誰聽之？上爲音于僞反。」

〔九〕師古曰：「伯牙、鍾子期皆楚人也。伯牙鼓琴，子期聽之。方鼓琴而志在泰山，子期曰：『巍巍乎若泰山。』既而志在流水，子期又曰：『湯湯乎若流水。』及子期死，伯牙破琴絕弦，終身不復鼓琴，以時人無足復爲鼓琴耳。」

〔一〇〕師古曰：「說讀曰悅。」

〔一一〕應劭曰：「由，夷，許由、伯夷也。」師古曰：「隨，隨侯珠也。和，和氏璧。」

〔一二〕師古曰：「點，汙也。」

書辭宜答，〔一〕會東從上來，〔二〕又迫賤事，〔三〕相見日淺，卒卒無須臾之間得竭指意。〔四〕今少卿抱不測之罪，〔五〕涉旬月，迫季冬，僕又薄從上上雍，〔六〕恐卒然不可諱。〔七〕是僕終已不得舒憤懣以曉左右，〔八〕則長逝者魂魄私恨無窮。〔九〕請略陳固陋。闕然不報，幸勿過。〔一〇〕

〔一〕師古曰：「宜早答。」

〔二〕服虔曰：「從武帝還也。」

〔三〕孟康曰：「卑賤之事，苦煩務也。」晉灼曰：「賤事，家之私事賤小者也。」師古曰：「謂所供職事也。孟說是也。」

〔四〕文穎曰：「卒言倉卒。」師古曰：「卒卒，促遽之意也。間，隙也。卒音千忽反。」

〔五〕如淳曰：「平居時，遷不肯報其書。今有罪在獄，故報往日書，欲使其恕以度己也。」師古曰：「不測謂深也。」

〔六〕李奇曰：「薄，迫也。迫當從行也。」如淳曰：「遷時從上在鹵簿中也。」師古曰：「李說是也。」

〔七〕師古曰：「卒讀曰猝。不可諱謂安死也。」

〔八〕師古曰：「懣，煩悶也。曉，告喻也。懣音滿。」

〔九〕師古曰：「謂任安恨不見報。」

〔一〇〕師古曰：「謂中間久不報也。」

僕聞之，修身者智之府也，〔一〕愛施者仁之端也，取予者義之符也，〔二〕恥辱者勇之決也，立名者行之極也。士有此五者，然後可以託於世，列於君子之林矣。故禍莫憯於欲利，〔三〕悲莫痛於傷心，行莫醜於辱先，而詬莫大於宮刑。〔四〕刑餘之人，無所比數，非一世也，所從來遠矣。昔衞靈公與雍渠載，孔子適陳；〔五〕商鞅因景監見，趙良寒心；〔六〕同子參乘，爰絲變色：〔七〕自古而恥之。夫中材之人，事關於宦豎，莫不傷氣，況忼慨之士乎！〔八〕如今朝雖乏人，柰何令刀鋸之餘薦天下豪儁哉！僕賴先人緒業，得待罪輦轂下，二十餘年矣。〔九〕所以自惟：〔一〇〕上之，不能納忠效信，〔一一〕有奇策材力之譽，自結明主；次之，又不能拾遺補闕，招賢進能，顯巖穴之士；外之，不能備行伍，攻城（戰野）〔野戰〕，有斬將搴旗之功；〔一二〕下之，不能累日積勞，取尊官厚祿，以為宗族交遊光寵。四者無一遂，苟合取容，無所短長之效，可見於此矣。鄉者，僕亦嘗厠下大夫之列，〔一三〕陪外廷末議。不以此時引維綱，盡思慮，今已虧形為埽除之隸，在闒茸之中，〔一四〕乃欲卬首信眉，論列是非，〔一五〕不亦輕朝廷，羞當世之士邪！〔一六〕嗟乎！嗟乎！如僕，尚何言哉！尚何言哉！

〔一〕師古曰：「府者，所聚之處也。」
〔二〕師古曰：「符，信也。」
〔三〕師古曰：「憯亦痛也。音千敢反。」
〔四〕師古曰：「詬，恥也，音垢。」
〔五〕應劭曰：「雍渠，奄人也，靈公近之。」
〔六〕應劭曰：「景監，秦嬖人也。」服虔曰：「趙良，賢者。」
〔七〕蘇林曰：「趙談也。與遷父同諱，故曰同子。」
〔八〕師古曰：「忼音口朗反。」
〔九〕師古曰：「言侍從天子之車輿。」
〔一〇〕師古曰：「惟，思也。」
〔一一〕師古曰：「效，致也。」
〔一二〕師古曰：「搴，拔也，拔取敵人之旗也。搴音騫。」
〔一三〕韋昭曰：「周官太史位下大夫也。」臣瓚曰：「漢太史令千石，故比下大夫。」師古曰：「鄉讀曰嚮。嚮，曩昔時也。」
〔一四〕師古曰：「闒茸，猥賤也。闒，下也。茸，細毛也。言非豪桀也。闒，吐合反。茸，人勇反。」

〔一五〕師古曰：「卬讀曰仰。信讀曰伸。列，陳也。」

〔一六〕師古曰：「羞，辱也。」

且事本末未易明也。僕少負不羈之才，長無鄉曲之譽，〔一〕主上幸以先人之故，使得奉薄技，出入周衞之中。〔二〕僕以爲戴盆何以望天，〔三〕故絶賓客之知，忘室家之業，日夜思竭其不肖之材力，務壹心營職，以求親媚於主上。而事乃有大謬不然者。夫僕與李陵俱居門下，素非相善也，趣舍異路，〔四〕未嘗銜盃酒接殷勤之歡。然僕觀其爲人自奇士，事親孝，與士信，臨財廉，取予義，分別有讓，恭儉下人，〔五〕常思奮不顧身以徇國家之急。〔六〕其素所畜積也，〔七〕僕以爲有國士之風。夫人臣出萬死不顧一生之計，赴公家之難，斯已奇矣。今舉事壹不當，而全軀保妻子之臣隨而媒孽其短，〔八〕僕誠私心痛之。且李陵提步卒不滿五千，深踐戎馬之地，足歷王庭，垂餌虎口，横挑彊胡，〔九〕卬億萬之師，〔一〇〕與單于連戰十餘日，所殺過當。〔一一〕虜救死扶傷不給，〔一二〕旃裘之君長咸震怖，乃悉徵左右賢王，舉引弓之民，〔一三〕一國共攻而圍之。轉鬬千里，矢盡道窮，救兵不至，士卒死傷如積。然李陵一呼勞軍，〔一四〕士無不起，躬流涕，沬血飲泣，張空弮，冒白刃，北首爭死敵。〔一五〕陵未沒時，使有來報，漢公卿王侯皆奉觴上壽。後數日，陵敗書聞，主上爲之食不甘味，聽朝不怡。大臣憂懼，不知所出。僕竊不自料其卑賤，〔六〕見主上慘悽怛悼，誠欲効其款款之愚。以爲李陵素與士大夫絕甘分少，〔七〕能得人之死力，雖古名將不過也。身雖陷敗，彼觀其意，且欲得其當而報漢。〔八〕事已無可柰何，其所摧敗，功亦足以暴於天下。〔九〕僕懷欲陳之，而未有路。適會召問，即以此指推言陵功，〔一〇〕欲以廣主上之意，塞睚眦之辭。未能盡明，〔一一〕明主不深曉，以爲僕沮貳師，而爲李陵游說，〔一二〕遂下於理。拳拳之忠，終不能自列，〔一三〕因爲誣上，卒從吏議。〔一四〕家貧，財賂不足以自贖，交遊莫救，左右親近不爲壹言。身非木石，獨與法吏爲伍，深幽囹圄之中，誰可告愬者！此正少卿所親見，僕行事豈不然邪？李陵既生降，隤其家聲，〔一五〕而僕又茸以蠶室，〔一六〕重爲天下觀笑。〔一七〕悲夫！悲夫！

〔一〕師古曰：「不羈，言其材質高遠，不可羈繫也。負者，亦言無此事也。」

〔二〕服虔曰：「薄技，薄材也。」師古曰：「周衞，言宿衞周密也。」

〔三〕如淳曰：「頭戴盆則不得望天，望天則不得戴盆，事不可兼施。言已方有所造，不暇修人事也。」師古曰：「言營職務耳，未論造書也。如說失之。」

〔四〕師古曰：「趣，所嚮也。舍，所廢也。」

〔五〕師古曰：「下音胡亞反。」

〔六〕師古曰：「徇，從也，營也。」

〔七〕師古曰：「畜讀曰蓄。」

〔八〕臣瓚曰：「媒謂遘合會之，孽謂為生其罪釁也。」師古曰：「媒如媒娉之媒，孽如麴孽之孽。一曰齊人謂麴餅為媒也。」

〔九〕李奇曰：「挑音（銚）〔誂〕。」師古曰：「音徒了反。」

〔一〇〕師古曰：「卬讀曰仰。漢軍北向，匈奴南下，北方地高，故云然。」

〔一一〕師古曰：「率計戰士，殺敵數多，故云過當也。」

〔一二〕師古曰：「給猶供也。」

〔一三〕師古曰：「能引弓者皆發之。」

〔一四〕師古曰：「呼音火故反。」

〔一五〕孟康曰：「沬音頮。」李奇曰：「弮，弩弓也。」師古曰：「沬，古頮字。頮，洒面也。言流血在面如盥頮。冒，犯也。首，嚮也。沬音呼內反，字從午未之未。弮音丘權反。又音眷。冒音莫克反。首音式救反。讀者乃以拳擧之拳，大謬矣。拳則屈指，不當言張。陵時矢盡，故張弩之空弓，非是手拳也。」

〔一六〕師古曰：「料，量也，音聊。」

〔一七〕師古曰：「自絕旨甘，而與衆人分之，共同其少多也。」

〔一八〕師古曰：「欲於匈奴立功而歸，以（其當）〔當其〕破敗之罪。」

〔一九〕師古曰：「謂摧破匈奴之兵也。」

〔二〇〕師古曰：「指，意也。」

〔二一〕師古曰：「睚眦，擧目眥也，猶言顧瞻之頃也。睚音厓。眦音才賜反。」

〔二二〕師古曰：「沮，毀壞也。音才汝反。」
〔二三〕師古曰：「拳拳，忠謹之貌。劉向傳作惓惓字，音義同耳。列，陳也。」
〔二四〕師古曰：「卒，終也。」
〔二五〕孟康曰：「家世爲將有名聲，陵降而隤之也。」師古曰：「隤，墜也，音頹。」
〔二六〕蘇林曰：「茸，次也，若人相俾次。」師古曰：「此說非也。茸音人勇反，推也。蠶室，初腐刑所居溫密之室也。謂推致蠶室之中也。」
〔二七〕師古曰：「觀視之而笑也。」

事未易一二爲俗人言也。僕之先人非有剖符丹書之功，文史星曆近乎卜祝之間，固主上所戲弄，倡優畜之，流俗之所輕也。假令僕伏法受誅，若九牛亡一毛，與螻螘何異？〔一〕而世又不與能死節者比，〔二〕特以爲智窮罪極，不能自免，卒就死耳。何也？素所自樹立使然。人固有一死，死有重於泰山，或輕於鴻毛，用之所趨異也。〔三〕太上不辱先，其次不辱身，其次不辱理色，其次不辱辭令，其次詘體受辱，其次易服受辱，其次關木索被箠楚受辱，〔四〕其次鬄毛髮嬰金鐵受辱，〔五〕其次毀肌膚斷支體受辱，最下腐刑，極矣。〔六〕傳曰「刑不上大夫」，此言士節不可不厲也。猛虎處深山，百獸震恐，及其在穽檻之中，搖尾而求食，〔七〕積威約之漸也。故士有畫地爲牢勢不入，削木爲吏議不對，定計於鮮也。〔八〕今交手足，受木索，暴肌膚，受榜箠，〔九〕幽於圜牆之中，〔一〇〕

當此之時，見獄吏則頭槍地，〔二一〕視徒隸則心惕息。〔二二〕何者？積威約之勢也。及已至此，言不辱者，所謂彊顏耳，曷足貴乎！〔二三〕且西伯，伯也，拘牖里；李斯，相也，具五刑；〔二四〕淮陰，王也，受械於陳；〔二五〕彭越、張敖南鄉稱孤，繫獄具罪；〔二六〕絳侯誅諸呂，權傾五伯，囚於請室；〔二七〕魏其，大將也，衣赭關三木；〔二八〕季布爲朱家鉗奴；灌夫受辱居室。此人皆身至王侯將相，聲聞鄰國，及罪至罔加，不能引決自財。〔二九〕在塵埃之中，古今一體，安在其不辱也！由此言之，勇怯，勢也；彊弱，形也。審矣，曷足怪乎！且人不能蚤自財繩墨之外，已稍陵夷至於鞭箠之間，乃欲引節，斯不亦遠乎！古人所以重施刑於大夫者，殆爲此也。〔三〇〕夫人情莫不貪生惡死，念親戚，顧妻子，至激於義理者不然，〔三一〕乃有不得已也。今僕不幸，蚤失二親，無兄弟之親，獨身孤立，少卿視僕於妻子何如哉？且勇者不必死節，怯夫慕義，何處不勉焉！〔三二〕僕雖怯耎欲苟活，〔三三〕亦頗識去就之分矣，何至自湛溺累紲之辱哉！〔三四〕且夫臧獲婢妾猶能引決，〔三五〕況若僕之不得已乎！所以隱忍苟活，函糞土之中而不辭者，恨私心有所不盡，鄙沒世而文采不表於後也。

〔一〕師古曰：「螻，螻蛄也。螘，蚍蜉也。皆蟲之微小者。螻音樓。」

〔二〕師古曰：「與，許也。不許其能死節。」

〔三〕師古曰：「趨讀曰趣。趣，鄉也。」

〔四〕師古曰：「箠，杖也，音止蘂反。」

〔五〕師古曰：「嬰，繞也。鬄音吐計反。」

〔六〕師古曰：「腐刑，解在景紀。」

〔七〕師古曰：「穽，掘地以陷獸也，音才性反。」

〔八〕文穎曰：「未遇刑自殺，爲鮮明也。」

〔九〕師古曰：「榜音彭。」

〔一〇〕師古曰：「圜牆，獄也，周禮謂之圜土。」

〔一一〕師古曰：「槍，千羊反。」

〔一二〕師古曰：「惕，懼也。息，喘息也。」

〔一三〕師古曰：「强音其兩反。」

〔一四〕師古曰：「說在刑法志。」

〔一五〕師古曰：「高祖僞遊雲夢，而信至陳上謁，(助)〔即〕見囚執。械謂桎梏之。」

〔一六〕師古曰：「或繫於獄，或至大罪也。鄉讀曰嚮。」

〔一七〕師古曰：「伯讀曰霸。」

〔一八〕師古曰：「三木，在頸及手足。」

〔一九〕師古曰：「財與裁同，古通用字。」

〔一〇〕師古曰：「重，難也。」

〔一一〕師古曰：「言激於義理者，則不顧念親戚妻子。」

〔一二〕師古曰：「勇敢之人闇於分理，未必能死名節。怯懦之夫心知慕義，則處處皆能勉勵也。」

〔一三〕師古曰：「耎，柔弱也，音人阮反。」

〔一四〕師古曰：「湛讀曰沈。絫音力追反。」

〔一五〕應劭曰：「揚雄方言云：『海岱之間，罵奴曰臧，罵婢曰獲。燕之北郊，民而聓婢謂之臧，女而婦奴謂之獲。』」晉灼曰：「臧獲，敗敵所被虜獲爲奴隸者。」師古曰：「應說是也。」

古者富貴而名摩滅，不可勝記，唯俶儻非常之人稱焉。蓋西伯拘而演周易；仲尼戹而作春秋；屈原放逐，乃賦離騷；左丘失明，厥有國語；孫子臏脚，兵法修列；〔一〕不韋遷蜀，世傳呂覽；〔二〕韓非囚秦，說難、孤憤。〔三〕詩三百篇，大氐賢聖發憤之所爲作也。〔四〕此人皆意有所鬱結，不得通其道，故述往事，思來者。〔五〕及如左丘明無目，孫子斷足，終不可用，退論書策以舒其憤，思垂空文以自見。〔六〕僕竊不遜，近自託於無能之辭，網羅天下放失舊聞，考之行事，稽其成敗〔七〕興壞之理，凡百三十篇，亦欲以究天人之際，通古今之變，成一家之言。草創未就，適會此禍，惜其不成，是以就極刑而無慍色。僕誠已著此書，藏之名山，傳之其人通邑大都，〔八〕則僕償前辱之責，雖萬被戮，豈有悔哉！然此可爲智者道，難爲俗人言也。

〔一〕文穎曰：「孫子與龐涓學，而爲龐涓所斷足。」師古曰：「臏音頻忍反。」
〔二〕蘇林曰：「呂氏春秋篇名八覽、六論。」
〔三〕師古曰：「說難、孤憤，韓子之篇名。」
〔四〕師古曰：「氐，歸也，音丁禮反。」
〔五〕師古曰：「令將來之人，見己志也。」
〔六〕師古曰：「見，胡電反。」
〔七〕師古曰：「稽，計也。」
〔八〕師古曰：「其人謂能行其書者。」

且負下未易居，下流多謗議。僕以口語遇遭此禍，重爲鄉黨戮笑，汙辱先人，亦何面目復上父母之丘墓乎？雖累百世，垢彌甚耳！是以腸一日而九回，居則忽忽若有所亡，出則不知所如往。〔一〕每念斯恥，汗未嘗不發背霑衣也。身直爲閨閤之臣，寧得自引深臧於巖穴邪！故且從俗浮湛，與時俯仰，〔二〕以通其狂惑。今少卿乃教以推賢進士，無乃與僕之私指謬乎。〔三〕今雖欲自彫瑑，〔四〕曼辭以自解，〔五〕無益，於俗不信，祇取辱耳。〔六〕要之死日，然後是非乃定。書不能盡意，故略陳固陋。

〔一〕師古曰：「如亦往也。」
〔二〕師古曰：「湛讀曰沉。」

〔三〕師古曰：「指，意也。」

〔四〕師古曰：「瑑，刻也，音篆。」

〔五〕如淳曰：「曼，美也。」師古曰：「曼音萬。」

〔六〕師古曰：「祇，適也。」

遷既死後，其書稍出。宣帝時，遷外孫平通侯楊惲祖述其書，遂宣布焉。至王莽時，求封遷後，爲史通子。〔一〕

〔一〕應劭曰：「以遷世爲史(宜)〔官〕，通於古今也。」李奇曰：「史通國子爵也。」

贊曰：自古書契之作而有史官，其載籍博矣。至孔氏篹之，〔一〕上(繼)〔斷〕唐堯，下訖秦繆。唐虞以前雖有遺文，其語不經，〔二〕故言黃帝、顓頊之事未可明也。及孔子因魯史記而作春秋，而左丘明論輯其本事以爲之傳，〔三〕又篹異同爲國語。又有世本，錄黃帝以來至春秋時帝王公侯卿大夫祖世所出。春秋之後，七國並爭，〔四〕秦兼諸侯，有戰國策。漢興伐秦定天下，有楚漢春秋。故司馬遷據左氏、國語，采世本、戰國策，述楚漢春秋，接其後事，訖于(大)〔天〕漢。其言秦漢，詳矣。至於采經摭傳，〔五〕分散數家之事，甚多疏略，或有抵梧。〔六〕亦其涉獵者廣博，貫穿經傳，馳騁古今，上下數千載間，斯以勤矣。又其是非頗繆於聖人，〔七〕論大道則先黃老而後六經，序遊俠則退處士而進姦雄，述貨殖則崇勢利而羞賤貧，此其所蔽也。然自劉向、揚雄博極羣書，皆稱遷有良史之材，服其善序事理，辨而不華，質而不俚，〔八〕其文直，其事核，〔九〕不虛美，不隱惡，故謂之實錄。〔一〇〕烏呼！以遷之博物洽聞，而不能以知自全，既陷極刑，幽而發憤，書亦信矣。〔一一〕迹其所以自傷悼，小雅巷伯之倫。〔一二〕夫唯大雅「既明且哲，能保其身」，難矣哉！〔一三〕

〔一〕師古曰：「籑與撰同。」

〔二〕師古曰：「非經典所說。」

〔三〕師古曰：「輯與集同。」

〔四〕服虔曰：「關東六國，與秦七國。」

〔五〕師古曰：「摭，拾也，音之亦反。」

〔六〕如淳曰：「梧讀曰迕，相觸迕也。」師古曰：「抵，觸也。梧，相支柱不安也。梧音悟。」

〔七〕師古曰：「頗，普我反。」

〔八〕劉德曰：「俚，鄙也。」如淳曰：「言雖質，猶不如閭里之鄙言也。」師古曰：「劉說是也。俚音里。」

〔九〕師古曰：「核，堅實也。」

〔一〇〕應劭曰：「言其錄事實。」

〔一一〕師古曰：「言其報任安書，自陳己志，信不謬。」

〔一二〕師古曰：「巷伯，奄官也，遇讒而作詩，列在小雅。其詩曰『萋兮菲兮，成是貝錦』是也。」

〔一三〕師古曰：「尹吉甫作烝民之詩，美宣王而論仲山甫之德，曰『既明且哲，以保其身』。其詩列於大雅，故贊云然。」

校勘記

二七〇七頁一一行　失其〔所〕守之職也。　景祐、殿本都有「所」字。

二七〇八頁一六行　錯音千（古）〔各〕反。　景祐、殿本都作「各」。王先謙說作「各」是。

二七一九頁七行　〔一〕曰違犯禮義也。　景祐、殿本都有「一」字。王先謙說此奪。

二七二〇頁一〇行　是余之辠夫！〔二〕身虧不用矣。　注〔二〕原在「辠」字下，王先謙說殿本在「夫」字下，是。

二七二七頁一五行　攻城（戰野）〔野戰〕，　景祐、殿本都作「野戰」。

二七三二頁三行　挑音（銚）〔誂〕。　景祐、殿本都作「誂」。

二七三二頁一四行　以（其當）〔當其〕破敗之辠。　殿本作「當其」。王先謙說殿本是。

二七三四頁一三行　（助）〔即〕見囚執。　景祐、殿本都作「即」。王先謙說作「即」是。

二七三七頁七行　以遷世爲史（宜）〔官〕，　景祐、殿本都作「官」，此誤。

二七三七頁八行　上（繼）〔斷〕唐堯，下訖秦繆。　吳承仕說，「繼」字無義，字當爲「斷」。藝文志「斷自堯典」，儒林傳「上斷唐虞」，並其證。按藝文志作「上斷于堯」。

二七三七頁一三行　接其後事，訖于（大）〔天〕漢。　楊樹達說，「大漢」無義，當作「天漢」。天漢，武帝年號。

漢書卷六十三

武五子傳第三十三

師古曰：「諸帝子傳皆言王，而此獨云子者，以戾太子在其中也。」

孝武皇帝六男。衞皇后生戾太子，趙婕妤生孝昭帝，王夫人生齊懷王閎，〔一〕李姬生燕剌王旦、廣陵厲王胥，〔二〕李夫人生昌邑哀王髆。〔三〕

〔一〕師古曰：「閎音宏。」

〔二〕師古曰：「不知官秩，故云李姬。諡法『暴戾無親曰剌』。剌音來葛反。」

〔三〕師古曰：「髆音博。」

戾太子據，元狩元年立為皇太子，年七歲矣。初，上年二十九乃得太子，甚喜，為立禖，〔一〕使東方朔、枚臯作禖祝。〔二〕少壯，詔受公羊春秋，〔三〕又從瑕丘江公受穀梁。及冠就宮，上為立博望苑，〔四〕使通賓客，從其所好，故多以異端進者。元鼎四年，納史良娣，〔五〕

產子男進，號曰史皇孫。〔六〕

〔一〕師古曰：「禖，求子之神也，解在枚皋傳。」
〔二〕師古曰：「祝，禖之祝辭。」
〔三〕師古曰：「少壯者，言漸長大也。少讀如本字。」
〔四〕師古曰：「取其廣博觀望也。」
〔五〕章昭曰：「良娣，太子之內官也。太子有妃，有良娣，有孺子，凡三等。」師古曰：「娣音弟。」
〔六〕張晏曰：「皆以舅氏姓爲氏，以相別也。」師古曰：「進者，皇孫名。」

武帝末，衞后寵衰，江充用事。充與太子及衞氏有隙，〔一〕恐上晏駕後爲太子所誅，會巫蠱事起，充因此爲姦。是時，上春秋高，意多所惡，以爲左右皆爲蠱道祝詛，窮治其事。丞相公孫賀父子，陽石、諸邑公主，〔二〕及皇后弟子長平侯衞伉皆坐誅。〔三〕語在公孫賀、江充傳。

〔一〕師古曰：「充爲直指使者，劾太子家車行馳道上，沒入車馬，太子求充，充不聽也。」
〔二〕師古曰：「兩公主。」
〔三〕師古曰：「伉音抗，又音剛。」

充典治巫蠱，既知上意，白言宮中有蠱氣，入宮至省中，壞御座掘地。上使按道侯韓說、御史章贛、黃門蘇文等助充。〔一〕充遂至太子宮掘蠱，得桐木人。時上疾，辟暑甘泉宮，〔二〕獨皇后、太子在。〔三〕太子召問少傅石德，〔四〕德懼為師傅并誅，因謂太子曰：「前丞相父子、兩公主及衞氏皆坐此，今巫與使者掘地得徵驗，不知巫置之邪，將實有也，無以自明，可矯以節收捕充等繫獄，〔五〕窮治其姦詐。且上疾在甘泉，皇后及家吏請問皆不報，〔六〕上存亡未可知，而姦臣如此，太子將不念秦扶蘇事耶？」〔七〕太子急，然德言。

〔一〕師古曰：「說讀曰悅。贛音貢。」
〔二〕師古曰：「辟讀曰避。」
〔三〕師古曰：「在京師。」
〔四〕師古曰：「石慶子。」
〔五〕師古曰：「矯，託也，託詔命也。」
〔六〕蘇林曰：「家吏，皇后吏也。」臣瓚曰：「太子稱家，家吏是太子吏也。」師古曰：「既言皇后及家吏，此為皇后吏及太子吏耳。瓚說是也。」
〔七〕韋昭曰：「始皇死，趙高詐殺扶蘇而立胡亥也。」

征和二年七月壬午，乃使客為使者收捕充等。按道侯說疑使者有（詔）〔詐〕，不肯受詔，客格殺說。御史章贛被創突亡，自歸甘泉。太子使舍人無且〔一〕持節夜入未央宮殿長秋門，因長御倚華〔二〕具白皇后，發中廄車載射士，〔三〕出武庫兵，發長樂宮衞，告令百官曰江充反。乃斬充以徇，炙胡巫上林中。〔四〕遂部賓客為將率，與丞相劉屈氂等戰。長安中擾

亂，言太子反，以故衆不肯附。太子兵敗，亡，不得。〔五〕

〔一〕師古曰：「且音子閭反。」

〔二〕鄭氏曰：「長音長者。」如淳曰：「漢儀注女長御比侍中，皇后見娙娥以下，長御稱謝。倚華，字也。」師古曰：「倚音於綺反。」

〔三〕師古曰：「中廄，皇后車馬所在也。」

〔四〕服虔曰：「作巫蠱之胡人也。炙，燒也。」師古曰：「胡巫受充意指，妄作蠱狀，太子特忿，且欲得其情實，故以火炙之，令毒痛耳。」

〔五〕師古曰：「太子出亡，而吏追捕不得也。」

上怒甚，羣下憂懼，不知所出。〔一〕壺關三老茂上書曰：〔二〕「臣聞父者猶天，母者猶地，子猶萬物也。故天平地安，陰陽和調，物乃茂成；父慈母愛，室家之中，子乃孝順。陰陽不和則萬物夭傷，父子不和則室家（散）〔喪〕亡。故父不父則子不子，君不君則臣不臣，雖有粟，吾豈得而食諸！〔三〕昔者虞舜，孝之至也，而不中於瞽叟；〔四〕孝己被謗，伯奇放流，〔五〕骨肉至親，父子相疑。何者？積毀之所生也。由是觀之，子無不孝，而父有不察。（令）〔今〕皇太子爲漢適嗣，〔六〕承萬世之業，體祖宗之重，親則皇帝之宗子也。江充，布衣之人，閭閻之隸臣耳，〔七〕陛下顯而用之，銜至尊之命以迫蹵皇太子，〔八〕造飾姦詐，羣邪錯謬，是以親戚之路鬲塞而不通。〔九〕太子進則不得上見，退則困於亂臣，獨冤結而亡告，不忍忿忿之心，起而殺充，恐懼逋逃，〔一〇〕子盜父兵以救難自免耳，臣竊以爲無邪心。詩云：『營營青蠅，止于藩；愷悌君子，無信讒言；讒言罔極，交亂四國。』〔一一〕往者江充讒殺趙太子，天下莫不聞，其罪固宜。〔一二〕陛下不省察，深過太子，〔一三〕發盛怒，舉大兵而求之，三公自將，智者不敢言，辯士不敢說，臣竊痛之。臣聞子胥盡忠而忘其號，〔一四〕比干盡仁而遺其身，〔一五〕忠臣竭誠不顧鈇鉞之誅〔一六〕以陳其愚，志在匡君安社稷也。〔一七〕詩云：『取彼譖人，投畀豺虎。』〔一八〕唯陛下寬心慰意，少察所親，〔一九〕毋患太子之非，亟罷甲兵，無令太子久亡。〔二〇〕臣不勝惓惓，〔二一〕出一旦之命，待罪建章闕下。」書奏，天子感寤。

〔一〕師古曰：「計無所出。」

〔二〕師古曰：「壺關，上黨之縣也。荀悅漢紀云令狐茂，班史不載其姓，不知於何得也。」

〔三〕師古曰：「論語云齊景公問政於孔子，孔子對曰：『君君，臣臣，父父，子子。』公曰：『善哉！信如君不君，臣不臣，父不父，子不子，雖有粟，吾豈得而食諸！』言父子君臣之道不立，則國必危亡，倉廩雖多，吾不得食也。」

〔四〕師古曰：「中，當也。瞽叟，舜父也。言不當其意也。中音竹仲反。」

〔五〕師古曰：「孝已、伯奇並已解於上。」

〔六〕師古曰：「適讀曰嫡。」

〔七〕師古曰：「隸，賤也。」

〔八〕師古曰：「蹵音千六反。」

〔九〕師古曰：「鬲與隔同。」

〔一〇〕師古曰：「逋，亡也。」

〔一一〕師古曰：「小雅青蠅之詩也。營營，往來之貌也。藩，籬也。愷，樂；悌，易也。言青蠅來往，止於藩籬，變白作黑，讒人構毁，間親令疏，樂易之君子不當信用。若讒言無極，則四國亦以交亂，宜深察也。」

〔一二〕師古曰：「充宜得罪也。」

〔一三〕師古曰：「以太子爲罪過而深責之。」

〔一四〕師古曰：「忘，亡也。吳王殺之，被以惡名，失其善稱號。」

〔一五〕師古曰：「比干，殷之賢臣，以道諫紂，紂怒殺之，而剖其心也。」

〔一六〕師古曰：「鈇，所以斫人，如今莝刃也，音膚。」

〔一七〕師古曰：「匡，正也。正其失也。」

〔一八〕師古曰：「小雅巷伯之詩。言譖讒之人，誠可疾惡，願投與猛獸食之。畀音必寐反。」

〔一九〕師古曰：「父子之道，天性之親也。」

〔二〇〕師古曰：「亟，急也，音居力反。」

〔二一〕師古曰：「惓讀曰拳，解在劉向傳。」

太子之亡也，東至湖，〔一〕臧匿泉鳩里。〔二〕主人家貧，常賣屨以給太子。太子有故人在湖，聞其富贍，使人呼之〔三〕而發覺。吏圍捕太子，太子自度不得脫，〔四〕即入室距戶自經。山陽男子張富昌爲卒，足蹋開戶，新安令史李壽趨抱解太子，主人公遂格鬬死，皇孫二

人皆并遇害。上既傷太子，乃下詔曰：「蓋行疑賞，所以申信也。其封李壽爲邘侯，〔五〕張富昌爲題侯。」〔六〕

〔一〕師古曰：「湖，縣名，今虢州閿鄉、湖城二縣皆其地也。」

〔二〕師古曰：「泉鳩水今在閿鄉縣東南十五里，見有戾太子冢，冢在澗東也。」

〔三〕師古曰：「贍，足也。」

〔四〕師古曰：「度音大各反。」

〔五〕韋昭曰：「邘在河內。」師古曰：「爲其解救太子也。邘音于。」

〔六〕孟康曰：「縣名也。」晉灼曰：「地理志無也。功臣表食邑鉅鹿。」師古曰：「晉說是也。」

久之，巫蠱事多不信。上知太子惶恐無他意，而車千秋復訟太子冤，上遂擢千秋爲丞相，而族滅江充家，焚蘇文於橫橋上，〔一〕及泉鳩里加兵刃於太子者，初爲北地太守，後族。上憐太子無辜，乃作思子宮，爲歸來望思之臺於湖。〔二〕天下聞而悲之。

〔一〕（師古）〔孟康〕曰：「橫音光。」師古曰：「即橫門渭橋也。」

〔二〕師古曰：「言己望而思之，庶太子之魂來歸也。其臺在今湖城縣之西，閿鄉之東，基址猶存。」

初，太子有三男一女，女者平輿侯嗣子尚焉。及太子敗，皆同時遇害。衞（侯）〔后〕、史良娣葬長安城南。史皇孫、皇孫妃王夫人及皇女孫葬廣明。〔一〕皇孫二人隨太子者，與太子并葬湖。〔二〕

〔一〕蘇林曰：「苑名也。」

〔二〕師古曰：「今太子冢北有二冢相次，則二皇孫也。」

太子有遺孫一人，史皇孫子，王夫人男，年十八即尊位，是爲孝宣帝。帝初即位，(帝)〔下〕詔曰：「故皇太子在湖，未有號謚，歲時祠，其議謚，置園邑。」有司奏請：「禮『爲人後者，爲之子也』，故降其父母不得祭，〔一〕尊祖之義也。陛下爲孝昭帝後，承祖宗之祀，制禮不踰閑。〔二〕謹行視孝昭帝所爲故皇太子起位在湖，〔三〕史良娣冢在博望苑北，親史皇孫位在廣明郭北。〔四〕謚法曰『謚者，行之迹也』，愚以爲親謚宜曰悼(皇)，母曰悼后，比諸侯王園，置奉邑三百家。故皇太子謚曰戾，置奉邑二百家。史良娣曰戾夫人，置守冢三十家。園置長丞，周衞奉守如法。」以湖閿鄉邪里聚爲戾園，〔五〕長安白亭東爲戾后園，廣明成鄉爲悼園。皆改葬焉。

〔一〕師古曰：「謂本生之父母也。」

〔二〕師古曰：「閑猶限也。」

〔三〕文穎曰：「位，冢位也。」師古曰：「行音下更反。」

〔四〕如淳曰：「親謂父也。」

〔五〕(師古)〔孟康〕曰：「閿，古闅字，從門中𡕥。建安中正作(聞)〔閿〕。」師古曰：「𡕥，舉目使人也。𡕥音許密反。閿字本從𡕥，其後轉訛誤，遂作門中受耳。而郭璞乃音女授反，蓋失理遠耳。」

後八歲，有司復言：「禮『父爲士，子爲天子，祭以天子』。悼園宜稱尊號曰皇考，立廟，因園爲寢，以時薦享焉。益奉園民滿千六百家，以爲奉明縣。尊戾夫人曰戾后，置園奉邑，及益戾園各滿三百家。」

齊懷王閎與燕王旦、廣陵王胥同日立，皆賜策，各以國土風俗申戒焉，曰：「惟元狩六年四月乙巳，皇帝使御史大夫湯〔一〕廟立子閎爲齊王，〔二〕曰：烏呼！小子閎，受茲青社。〔三〕朕承天序，惟稽古，建爾國家，〔四〕封于東土，世爲漢藩輔。烏呼！念哉，共朕之詔。〔五〕惟命不于常，〔六〕人之好德，克明顯光；義之不圖，俾君子怠。〔七〕悉爾心，允執其中，天祿永終；〔八〕厥有愆不臧，乃凶于乃國，而害于爾躬。〔九〕嗚呼！保國乂民，可不敬與！王其戒之！」〔一〇〕閎母王夫人有寵，閎尤愛幸，立八年，薨，無子，國除。

〔一〕師古曰：「張湯。」

〔二〕師古曰：「於廟授策也。」

〔三〕張晏曰：「王者以五色土爲太社，封四方諸侯，各以其方色土與之，苴以白茅，歸以立社。」

〔四〕師古曰：「言考於古道而立子爲王。」

〔五〕師古曰：「共讀曰恭。言敬聽我詔。」

〔六〕師古曰：「言皇天無親，惟德是輔，善則得之，惡則失之。」

〔七〕師古曰：「言人若好德，則能明顯有光輝；若不圖於義，則君子懈怠，無歸附之者。圖，謀也。俾，使也。」

〔八〕師古曰：「能盡爾心，信執中和之（得）〔德〕，則能終天祿者也。」

〔九〕師古曰：「臧，善也。乃，汝也。」

〔一〇〕師古曰：「保，安也。乂，治也。與讀曰歟。」

燕剌王旦賜策曰：「嗚呼！小子旦，受茲玄社，建爾國家，封于北土，世為漢藩輔。嗚呼！葷鬻氏虐老獸心，以姦巧邊甿。〔一〕朕命將率，徂征厥罪。〔二〕萬夫長，千夫長，三十有二帥，〔三〕降旗奔師。〔四〕葷鬻徙域，〔五〕北州以妥。〔六〕悉爾心，毋作怨，毋作棐德，〔七〕毋乃廢備。〔八〕非教士不得從徵。〔九〕王其戒之！」

〔一〕服虔曰：「葷鬻，堯時匈奴號也。」孟康曰：「甿音萌。」師古曰：「虐老，謂貴少壯而食甘肥，賤耆老而與粗惡也。獸心，言貪暴而無仁義也。甿，庶人。葷音勳。鬻音育。」

〔二〕師古曰：「徂，往也。」

〔三〕張晏曰：「時所獲三十二帥也。」

〔四〕如淳曰：「昆邪王偃其旗鼓而來降也。」

〔五〕張晏曰：「匈奴徙東。」

〔六〕孟康曰：「古綏字也。」臣瓚曰：「妥，安也。」師古曰：「瓚說是也。妥音他果反。」

〔七〕服虔曰：「棐，薄也。」師古曰：「棐 古匪字也。匪，非也。」

〔八〕師古曰：「禦邊之備不可廢。」

〔九〕張晏曰：「士不素習不得應召。」

旦壯大就國，爲人辯略，博學經書雜說，好星曆數術倡優射獵之事，招致游士。及衞太子敗，齊懷王又薨，旦自以次第當立，上書求入宿衞。上怒，下其使獄。後坐臧匿亡命，削良鄉、安次、文安三縣。武帝由是惡旦，後遂立少子爲太子。

帝崩，太子立，是爲孝昭帝，賜諸侯王璽書。旦得書，不肯哭，曰：「璽書封小。〔一〕京師疑有變。」遣幸臣壽西長、孫縱之、王孺等之長安，〔二〕以問禮儀爲名。王孺見執金吾廣（義）〔意〕，〔三〕問帝崩所病，〔四〕立者誰子，年幾歲。廣意言待詔五莋宮，〔五〕宮中讙言帝崩，諸將軍共立太子爲帝，年八九歲，葬時不出臨。〔六〕歸以報王。王曰：「上棄羣臣，無語言，蓋主又不得見，甚可怪也。」復遣中大夫至京師上書言：「竊見孝武皇帝躬聖道，孝宗廟，慈愛骨肉，和集兆民，德配天地，明並日月，威武洋溢，〔七〕遠方執寶而朝，增郡數十，斥地且倍，〔八〕封泰山，禪梁父，巡狩天下，遠方珍物陳于太廟，德甚休盛，〔九〕請立廟郡國。」奏報聞。時大將軍霍光秉政，褒賜燕王錢三千萬，益封萬三千戶。旦怒曰：「我當爲帝，何賜

也！」遂與宗室中山哀王子劉長、齊孝王孫劉澤等結謀，詐言以武帝時受詔，得職吏事，修武備，備非常。〔一〇〕

〔一〕張晏曰：「文少則封小。」
〔二〕師古曰：「之，往也。」
〔三〕師古曰：「郭廣（義）〔意〕。」
〔四〕師古曰：「因何病而崩。」
〔五〕師古曰：「葄讀與柞同。」
〔六〕師古曰：「臨音力禁反。」
〔七〕師古曰：「洋溢，言盛多也。洋音羊。」
〔八〕師古曰：「斥，開也。」
〔九〕師古曰：「休，美也。」
〔一〇〕如淳曰：「諸侯不得治民與職事，是以爲詐言受詔，得知職事，發兵爲備也。」

長於是爲旦命令羣臣曰：「寡人賴先帝休德，〔一〕獲奉北藩，親受明詔，職吏事，領庫兵，飭武備，〔二〕任重職大，夙夜兢兢，子大夫將何以規佐寡人？且燕國雖小，成周之建國也，〔三〕上自召公，下及昭、襄，〔四〕于今千載，豈可謂無賢哉？寡人束帶聽朝三十餘年，曾無聞焉。其者寡人之不及與？〔五〕意亦子大夫之思有所不至乎？其咎安在？方今寡人欲撟邪防非，章聞揚和，〔六〕 撫慰百姓，移風易俗，厥路何由？子大夫其各悉心以對，寡人將察焉。」

〔一〕師古曰：「休，美也。」
〔二〕師古曰：「飭讀與勑同。飭，整也。」
〔三〕師古曰：「自周以來即爲燕國，言以久遠。」
〔四〕師古曰：「召公，謂召公奭也。昭、襄，六國時燕之二王也。召讀曰邵。」
〔五〕師古曰：「與讀曰歟。」
〔六〕師古曰：「撟，正也。章，表也。撟與矯同，其字從手也。」

羣臣皆免冠謝。郎中成軫謂旦曰：「大王失職，獨可起而索，不可坐而得也。〔一〕大王壹起，國中雖女子皆奮臂隨大王。」旦曰：「前高后時，僞立子弘爲皇帝，諸侯交手事之八年。〔二〕呂太后崩，大臣誅諸呂，迎立文帝，天下乃知非孝惠子也。我親武帝長子，反不得立，上書請立廟，又不聽。立者疑非劉氏。」

〔一〕師古曰：「失職，謂當爲漢嗣而不被用也。索，求也。」
〔二〕師古曰：「交手，謂拱手也。」

即與劉澤謀爲姦書，言少帝非武帝子，大臣所共立，天下宜共伐之。使人傳行郡國，以搖動百姓。澤謀歸發兵臨淄，與燕王俱起。旦遂招來郡國姦人，賦斂銅鐵作甲兵，數閱其車騎材官卒，建旌旗鼓車，旄頭先敺，〔一〕郎中侍從者著貂羽，黄金附蟬，〔二〕皆號侍中。旦從相、中尉以下，勒車騎，發民會圍，大獵文安縣，以講士馬，須期日。〔三〕郎中韓義等數諫旦，旦殺義等凡十五人。會缾侯劉成知澤等謀，〔四〕告之青州刺史雋不疑，不疑收捕澤以聞。天子遣大鴻臚丞治，連引燕王。有詔弗治，而劉澤等皆伏誅。益封缾侯。

〔一〕師古曰：「敺與驅同。」

〔二〕晉灼曰：「以翠羽飾冠也。」師古曰：「貂羽，以貂尾爲冠之羽也。附蟬，（謂）〔爲〕金蟬以附冠前也。凡此旄頭先驅，皆天子之制。而貂羽附蟬，又天子侍中之飾，王僭爲之。」

〔三〕師古曰：「講，習也。須，待也。」

〔四〕師古曰：「缾侯，菑川靖王子也。缾音步丁反。」

久之，旦姊鄂邑蓋長公主、〔一〕左將軍上官桀父子與霍光爭權有隙，皆知旦怨光，即私與燕交通。旦遣孫縱之等前後十餘輩，多齎金寶走馬，〔二〕賂遺蓋主。上官桀及御史大夫桑弘羊等皆與交通，數記疏光過失與旦，令上書告之。桀欲從中下其章。〔三〕旦聞之，喜，上疏曰：「昔秦據南面之位，制一世之命，威服四夷，輕弱骨肉，顯重異族，廢道任刑，無恩宗室。其後尉佗入南夷，陳涉呼楚澤，〔四〕近狎作亂，内外俱發，〔五〕趙氏無炊火焉。〔六〕高皇帝覽蹤迹，觀得失，見秦建本非是，故改其路，規土連城，布王子孫，〔七〕是以支葉扶疏，異姓不得聞也。〔八〕今陛下承明繼成，〔九〕委任公卿，羣臣連與成朋，非毀宗室，〔一〇〕膚受之愬，日騁於廷，惡吏廢法立威，主恩不及下究。〔一一〕臣聞武帝使中郎將蘇武使匈奴，見留二十年不降，還亶爲典屬國。〔一二〕今大將軍長史敞無勞，爲搜粟都尉。〔一三〕又將軍都郎羽林，〔一四〕道上移蹕，〔一五〕太官先置。〔一六〕臣旦願歸符璽，入宿衞，察姦臣之變。」

〔一〕張晏曰：「食邑鄂，蓋侯王信妻也。」師古曰：「爲蓋侯妻是也，非王信。信者，武帝之舅耳，不取鄂邑主爲妻，當是信子頃侯充耳。」
〔二〕師古曰：「走馬，馬之善走者。」
〔三〕師古曰：「下音胡稼反。」
〔四〕師古曰：「呼音火故反。」
〔五〕師古曰：「狎，習也。近習之人，謂趙高也。」
〔六〕韋昭曰：「趙，秦之別氏。」師古曰：「無炊火，言絕祀也。」
〔七〕師古曰：「規，畫也。」
〔八〕師古曰：「間音工莧反。」
〔九〕師古曰：「承聖明之後，繼已成之業。」
〔一〇〕師古曰：「與謂黨與也。」
〔一一〕師古曰：「究，竟也。言不終竟於下。」

〔二〕師古曰：「亶音但。」

〔三〕師古曰：「楊敞也。」

〔四〕張晏曰：「都試郎、羽林也。」師古曰：「都，大也，謂大會試之。漢光祿挈令『諸當試者，不會都所，免之』。」

〔五〕如淳曰：「移猶傳也。」

〔六〕師古曰：「昭紀云『詐令人爲燕王旦上書』，又云上曰『朕知此書詐也。將軍都郎屬耳，燕王何以得知之？』而此傳乃云旦自上疏，此下又云帝覺有詐，遂親信光，參錯不同，疑此傳爲誤。」

是時昭帝年十四，覺其有詐，遂親信霍光，而疏上官桀等。桀等因謀共殺光，廢帝，迎立燕王爲天子。旦置驛書，往來相報，許立桀爲王，外連郡國豪桀以千數。旦以語相平，平曰：「大王前與劉澤結謀，事未成而發覺者，以劉澤素夸，好侵陵也。平聞左將軍素輕易，車騎將軍少而驕，臣恐其如劉澤時不能成，又恐既成，反大王也。」旦曰：「前日一男子詣闕，自謂故太子，長安中民趣鄉之，〔一〕正讙不可止，〔二〕大將軍恐，出兵陳之，以自備耳。我帝長子，天下所信，何憂見反？」後謂羣臣：「蓋主報言，獨患大將軍與右將軍王莽。〔三〕今右將軍物故，〔四〕丞相病，幸事必成，徵不久。」令羣臣皆裝。

〔一〕師古曰：「鄉讀曰嚮。」

〔二〕師古曰：「人衆既多，故讙譁也。」

〔三〕張晏曰：「天水人也，字稚叔。」

〔四〕師古曰：「謂死也。」

是時天雨，虹下屬宮中〔一〕飲井水，(水泉)〔井水〕竭。廁中豕羣出，壞大官竈。〔二〕烏鵲鬬死。鼠舞殿端門中。〔三〕殿上戶自閉，不可開。天火燒城門。大風壞宮城樓，折拔樹木。流星下墮。后姬以下皆恐。王驚病，使人祠葭水、台水。〔四〕王客呂廣等知星，爲王言「當有兵圍城，期在九月十月，漢當有大臣戮死者。」語具在五行志。

〔一〕師古曰：「屬猶注也，音之欲反。」

〔二〕師古曰：「廁，養豕圂也。圂音胡困反。」

〔三〕師古曰：「端門，正門也。」

〔四〕晉灼曰：「地理志葭水在廣平南和，台水在雁門。」師古曰：「葭音家。台音怡。」

王愈憂恐，謂廣等曰：「謀事不成，妖祥數見，兵氣且至，柰何？」會蓋主舍人父燕倉知其謀，告之，由是發覺。丞相賜璽書，部中二千石逐捕孫縱之及左將軍桀等，皆伏誅。旦聞之，召相平曰：「事敗，遂發兵乎？」平曰：「左將軍已死，百姓皆知之，不可發也。」王憂懣，〔一〕置酒萬載宮，會賓客羣臣妃妾坐飲。王自歌曰：「歸空城兮，狗不吠，雞不鳴，橫術何廣廣兮，固知國中之無人！」〔二〕華容夫人起舞曰：「髮紛紛兮寘渠，〔三〕骨籍籍兮亡居。〔四〕母求死子兮，妻求死夫。裴回兩渠間兮，君子獨安居！」〔五〕坐者皆泣。

〔一〕師古曰：「滇音滿，又音悶，解在司馬遷傳。」

〔二〕蘇林曰：「廣音曠。」臣瓚曰：「術，道路也。」師古曰：「廣讀如本字。此歌意，言身死之後，國當空也。」

〔三〕孟康曰：「寘音羃。髮歷羃挂岸也。」臣瓚曰：「寘塞溝渠。」師古曰：「瓚說是也。寘音徒（一）〔千〕反。」

〔四〕師古曰：「籍籍，從横貌也。居，處也。」

〔五〕師古曰：「置酒之宮，池沼所在，其間有渠，故即其所見以為歌辭也。」

有赦令到，王讀之，曰：「嗟乎！獨赦吏民，不赦我。」因迎后姬諸夫人之明光殿，王曰：「老虜曹為事當族！」〔一〕欲自殺。左右曰：「黨得削國，〔二〕幸不死。」后（妃）〔姬〕夫人共啼泣止王。會天子使使者賜燕王璽書曰：「昔高皇帝王天下，建立子弟以藩屏社稷。先日諸呂陰謀大逆，劉氏不絕若髮，賴絳侯等誅討賊亂，尊立孝文，以安宗廟，非以中外有人，表裏相應故邪？樊、酈、曹、灌，攜劍推鋒，〔三〕從高（皇）帝墾菑除害，耘鉏海內，〔四〕〔當此之時，頭如蓬葆〕，〔五〕勤苦至矣，然其賞不過（諸）〔封〕侯。今宗室子孫曾無暴衣露冠之勞，裂地而王之，分財而賜之，父死子繼，兄終弟及。今王骨肉至親，敵吾一體，〔六〕乃與他姓異族謀害社稷，親其所疏，疏其所親，有逆悖之心，無忠愛之義。如使古人有知，當何面目復（舉）〔奉〕齊酎見高祖之廟乎！」〔七〕

〔一〕師古曰：「曹，輩也。」

〔二〕師古曰：「黨音他朗反。」

〔三〕師古曰：「樊噲、酈商、曹參、灌嬰等。」
〔四〕師古曰：「菑，古災字。」
〔五〕〔服虔曰〕：〔「頭久不理，如蓬草羽葆也。」〕師古曰：「草叢生曰葆，音保。」
〔六〕師古曰：「言若四肢之一也。」
〔七〕師古曰：「古人謂先人。」

旦得書，以符璽屬醫工長，〔一〕謝相二千石：「奉事不謹，死矣。」即以綬自絞。后夫人隨旦自殺者二十餘人。天子加恩，赦王太子建爲庶人，賜旦謚曰剌王。旦立三十八年而誅，國除。

〔一〕師古曰：「屬，委也。醫工長，王官之〔主〕醫者也。屬音之欲反。」

後六年，宣帝即位，封旦兩子，慶爲新昌侯，賢爲（定安）〔安定〕侯，又立故太子建，是爲廣陽頃王，二十九年薨。子穆王舜嗣，二十一年薨。子思王璜嗣，二十年薨。子嘉嗣。王莽時，皆廢漢藩王爲家人，嘉獨以獻符命封扶美侯，賜姓王氏。

廣陵厲王胥賜策曰：「嗚呼！小子胥，受茲赤社，建爾國家，封于南土，世世爲漢藩輔。古人有言曰：『大江之南，五湖之間，其人輕心。揚州保疆，〔一〕三代要服，不及以正。』〔二〕

嗚呼！悉爾心，祗祗兢兢，乃惠乃順，〔三〕毋桐好逸，毋邇宵人，〔四〕惟法惟則！〔五〕書云『臣不作福，不作威』，〔六〕靡有後羞。王其戒之！」〔七〕

〔一〕李奇曰：「保，恃也。」

〔二〕師古曰：「要服，次荒服之內者也。正，政也。要音一遙反。」

〔三〕師古曰：「祗祗，敬也。兢兢，愼也。言當慈惠于下，忠順于上也。」

〔四〕應劭曰：「無好逸游之事，邇近小人也。」張晏曰：「桐音同。」師古曰：「桐音通。桐，輕脫之貌也。」

〔五〕師古曰：「言當依法則。」

〔六〕師古曰：「周書洪範云『臣無有作威作福也』。」

〔七〕師古曰：「言宜戒愼，勿令後有羞辱之事也。」

胥壯大，好倡樂逸游，力扛鼎，〔一〕空手搏熊彘猛獸。動作無法度，故終不得爲漢嗣。

〔一〕師古曰：「扛，舉也，音江。」

昭帝初立，益封胥萬三千戶，元鳳中入朝，復益萬戶，賜錢二千萬，黃金二千斤，安車駟馬寶劍。及宣帝即位，封胥四子聖、曾、寶、昌皆爲列侯，又立胥小子弘爲高密王。所以褒賞甚厚。

始，昭帝時，胥見上年少無子，有覬欲心。〔一〕而楚地巫鬼，〔二〕胥迎女巫李女須，使下神祝詛。〔三〕女須泣曰：「孝武帝下我。」左右皆(服)〔伏〕。〔四〕言「吾必令胥爲天子。」胥多賜女須錢，使禱巫山。〔五〕會昭帝崩，胥曰：「女須良巫也！」殺牛塞禱。〔六〕及昌邑王徵，復使巫祝詛之。後王廢，胥寖信女須等，〔七〕數賜予錢物。宣帝即位，胥曰：「太子孫何以反得立？」復令女須祝詛如前。又胥女爲楚王延壽后弟婦，數相餽遺，通私書。〔八〕後延壽坐謀反誅，辭連及胥。有詔勿治，賜胥黃金前後五千斤，它器物甚衆。胥又聞漢立太子，謂姬南等曰：「我終不得立矣。」乃止不詛。後胥子南利侯寶坐殺人奪爵，還歸廣陵，與胥姬左修姦。事發覺，繫獄，棄市。相勝之奏奪王射陂草田以賦貧民，〔九〕奏可。胥復使巫祝詛如前。

〔一〕師古曰：「覬音冀。」

〔二〕師古曰：「言其土俗尊尚巫鬼之事。」

〔三〕師古曰：「女須者，巫之名也。」

〔四〕師古曰：「見女須云武帝神下，故伏而聽之。」

〔五〕師古曰：「即楚地之巫山也。」

〔六〕師古曰：「以爲因禱祝詛而崩也。塞音先代反。」

〔七〕師古曰：「寖，古浸字也。寖，漸也，益也。」

〔八〕師古曰：「餽亦饋字。」

〔九〕張晏曰：「射水之陂，在射陽縣。」

胥宮園中棗樹生十餘莖，莖正赤，葉白如素。池水變赤，魚死。有鼠晝立舞王后廷中。胥謂姬南等曰：「棗水魚鼠之怪甚可惡也。」居數月，祝詛事發覺，有司按驗，胥惶恐，藥殺巫及宮人二十餘人以絕口。公卿請誅胥，天子遣廷尉、大鴻臚即訊。〔一〕胥謝曰：「罪死有餘，誠皆有之。〔二〕事久遠，請歸思念具對。」胥既見使者還，置酒顯陽殿，召太子霸及子女董訾、胡生等夜飲，〔三〕使所幸八子郭昭君、家人子趙左君等鼓瑟歌舞。〔四〕王自歌曰：「欲久生兮無終，長不樂兮安窮！〔五〕奉天期兮不得須臾，〔六〕千里馬兮駐待路。〔七〕黃泉下兮幽深，人生要死，何爲苦心！〔八〕何用爲樂心所喜，出入無悰爲樂亟。〔九〕蒿里召兮郭門閱，〔一〇〕死不得取代庸，身自逝。」〔一一〕左右悉更涕泣奏酒，〔一二〕至雞鳴時罷。胥謂太子霸曰：「上遇我厚，今負之甚。我死，骸骨當暴。幸而得葬，薄之，無厚也。」即以綬自絞死。及八子郭昭君等二人皆自殺。天子加恩，赦王諸子皆爲庶人，賜謚曰厲王。立六十四年而誅，國除。

〔一〕師古曰：「就問也。」

〔二〕師古曰：「誠，實也。」

〔三〕師古曰：「董訾、胡生，皆女名。」

〔四〕師古曰：「八子，姬妾之秩號也。家人子，無官秩者也。」

〔五〕師古曰：「人所以欲久生者，貴其安豫無有終極，而我在生，長不歡樂，焉用窮盡年壽也。」

〔六〕張晏曰：「奉天子期，當死，不得復延年。」

〔七〕張晏曰：「二卿亭驛待以答詔命。」

〔八〕師古曰：「言人生必當有死，無假勞心懷悲戚。」

〔九〕韋昭曰：「悰亦樂也，音裁宗反。亟，數，亦疾也，謂不久也。言人生以何爲樂，但以心志所喜好耳。今我出入皆無歡怡，不得久長也。喜音許吏反。亟音邱吏反。」

〔一〇〕師古曰：「蒿里，死人里。」

〔一一〕師古曰：「言死當自去，不如他傜役得顧庸自代也。逝，合韻音上列反。」

〔一二〕師古曰：「更，互也。奏，進也。更音工衡反。」

後七年，元帝復立胥太子霸，是爲孝王，十三年薨。子共王意嗣，〔一〕三年薨。子哀王護嗣，十六年薨，無子，絕。後六年，成帝復立孝王子守，是爲靖王，立二十年薨。子宏嗣，王莽時絕。

〔一〕師古曰：「共讀曰恭。」

初，高密哀王弘本始元年以廣陵王胥少子立，九年薨。子頃王章嗣，三十三年薨。子懷王寬嗣，十一年薨。子愼嗣，王莽時絕。

昌邑哀王髆天漢四年立，十一年薨，子賀嗣。立十三年，昭帝崩，無嗣，大將軍霍光徵王賀典喪。〔一〕璽書曰：「制詔昌邑王：〔二〕使行大鴻臚事少府樂成、〔三〕宗正德、光祿大夫吉、〔四〕中郎將利漢〔五〕徵王，乘七乘傳詣長安邸。」夜漏未盡一刻，以火發書。其日中，賀發，晡時至定陶，行百三十五里，侍從者馬死相望於道。郎中令龔遂諫王，令還郎謁者五十餘人。賀到濟陽，求長鳴雞，〔六〕道買積竹杖。〔七〕過弘農，使大奴善以衣車載女子。〔八〕至湖，〔九〕使者以讓相安樂。〔一〇〕安樂告遂，遂入問賀，賀曰：「無有。」遂曰：「即無有，何愛一善以毀行義！請收屬吏，〔一一〕以湔洒大王。」〔一二〕即捽善，屬衞士長行法。〔一三〕

〔一〕師古曰：「（令）〔令〕爲喪主。」

〔二〕師古曰：「太后璽書。」

〔三〕師古曰：「史樂成。」

〔四〕師古曰：「丙吉也。」

〔五〕師古曰：「不知姓。」

〔六〕師古曰：「鳴聲長者也。」

〔七〕文穎曰：「合竹作杖也。」

〔八〕師古曰：「凡言大奴者，謂奴之尤長大者也。」

〔九〕師古曰：「即湖縣。」

〔一〇〕張晏曰：「使者，長安使人也。」師古曰：「譲，責也。」

〔一一〕師古曰：「以善付吏也。屬音之欲反。其下亦同。」

〔一二〕師古曰：「湔，澣也。洒，濯也。湔音子顚反。洒音先禮反。」

〔一三〕師古曰：「捽，持頭也。衞士長，主衞之官。捽音材兀反。」

賀到霸上，大鴻臚郊迎，騶奉乘輿車。王使僕壽成御，郎中令遂參乘。旦至廣明東都門，遂曰：「禮，奔喪望見國都哭。此長安東郭門也。」賀曰：「我嗌痛，不能哭。」〔一〕至城門，遂復言，賀曰：「城門與郭門等耳。」且至未央宮東闕，遂曰：「昌邑帳在是闕外馳道北，〔二〕未至帳所，有南北行道，馬足未至數步，大王宜下車，鄉闕西面伏，哭盡哀止。」〔三〕王曰：「諾。」到，哭如儀。

〔一〕師古曰：「嗌，喉咽也，音益。」

〔二〕文穎曰：「弔哭帳也。」師古曰：「是謂此。」

〔三〕師古曰：「鄉讀曰嚮。」

王受皇帝璽綬，襲尊號。即位二十七日，行淫亂。大將軍光與羣臣議，白孝昭皇后，廢賀歸故國，賜湯沐邑二千戶，故王家財物皆與賀。及哀王女四人各賜湯沐邑千戶。語在霍光傳。國除，爲山陽郡。

初賀在國時，數有怪。嘗見白犬，高三尺，無頭，其頸以下似人，而冠方山冠。後見熊，左右皆莫見。又大鳥飛集宮中。王知，惡之，輒以問郎中令遂。遂爲言其故，語在五行志。王卬天歎曰：「不祥何爲數來！」〔一〕遂叩頭曰：「臣不敢隱忠，數言危亡之戒，大王不說。〔二〕夫國之存亡，豈在臣言哉？願王內自揆度。〔三〕大王誦詩三百五篇，人事浹，王道備，〔四〕王之所行中詩一篇何等也？〔五〕大王位爲諸侯王，行汙於庶人，〔六〕以存難，以亡易，宜深察之。」後又血汙王坐席，王問遂，遂叫然號曰：「宮空不久，祆祥數至。血者，陰憂象也。宜畏慎自省。」賀終不改節。居無何，徵。既卽位，後王夢青蠅之矢積西階東，可五六石，以屋版瓦覆，〔七〕發視之，青蠅矢也。以問遂，遂曰：「陛下之詩不云乎？〔八〕『營營青蠅，至于藩；愷悌君子，毋信讒言。』〔九〕陛下左側讒人衆多，如是青蠅惡矣。〔一〇〕宜進先帝大臣子孫親近以爲左右。如不忍昌邑故人，〔一一〕信用讒諛，必有凶咎。願詭禍爲福，皆放逐之。〔一二〕臣當先逐矣。」賀不用其言，卒至於廢。

〔一〕師古曰：「卬讀曰仰。」

〔二〕師古曰：「說讀曰悅。」

〔三〕師古曰：「度音徒各反。」

〔四〕師古曰：「浹，徹也，音子牒反。」

〔五〕師古曰：「言王所行，皆不合法度。王自謂當於何詩之文也。中音竹仲反。」

〔六〕師古曰：「汙，濁穢。」

〔七〕師古曰：「版瓦，大瓦也。」

〔八〕蘇林曰：「猶言陛下所讀之詩也。」

〔九〕師古曰：「已解於上。」

〔一〇〕師古曰：「惡即矢也。越王句踐爲吳王嘗惡，亦其義也。」

〔一一〕師古曰：「如，若也。不忍謂不能疏遠也。」

〔一二〕師古曰：「詭猶反。」

大將軍光更尊立武帝曾孫，是爲孝宣帝。即位，心內忌賀，元康二年遣使者賜山陽太守張敞璽書曰：「制詔山陽太守：其謹備盜賊，察往來過客。毋下所賜書！」〔一〕敞於是條奏賀居處，著其廢亡之效，〔二〕曰：「臣敞地節三年五月視事，故昌邑王居故宮，奴婢在中者百八十三人，閉大門，開小門，廉吏一人爲領錢物市買，朝內食物，〔三〕它不得出入。〔四〕督盜一人別主徼循，察往來者。以王家錢取卒，迾宮清中備盜賊。〔五〕臣敞數遣丞吏行察。〔六〕四年九月中，臣敞入視居處狀，故王年二十六七，爲人青黑色，小目，鼻末銳卑，少須眉，身體長大，疾痿，行步不便。〔七〕衣短衣大絝，冠惠文冠，〔八〕佩玉環，簪筆持牘趨謁。〔九〕臣敞與坐語中庭，閱妻子奴婢。臣敞欲動觀其意，即以惡鳥感之，曰：『昌邑多梟。』故王應曰：『然。

前賀西至長安，殊無梟。復來，東至濟陽，乃復聞梟聲。』臣敞閱至子女持轡，〔一〇〕故王跪曰：『持轡母，嚴長孫女也。』臣敞故知執金吾嚴延年字長孫，女羅紨，〔一一〕前爲故王妻。察故王衣服言語跪起，清狂不惠。〔一二〕妻十六人，子二十二人，其十一人男，十一人女。昧死奏名籍及奴婢財物簿。臣敞前書言：『昌邑哀王歌舞者張修等十人，無子，又非姬，但良人，無官名，王薨當罷歸。太傅豹等擅留，以爲哀王園中人，所不當得爲，〔一三〕請罷歸。』故王聞之曰：『中人守園，疾者當勿治，相殺傷者當勿法，欲令亟死，太守柰何而欲罷之？』〔一四〕其天資喜由亂亡，終不見仁義如此。〔一五〕後丞相御史以臣敞書聞，奏可。皆以遣。」上由此知賀不足忌。

〔一〕師古曰：「密令警察，不欲宣露也。」

〔二〕師古曰：「著，明也。」

〔三〕師古曰：「每旦一內之。」

〔四〕師古曰：「食物之外皆不得妄有出入。」

〔五〕李奇曰：「迾，遮也。」鄧展曰：「令其宮中清靖，不得妄有異人也。」師古曰：「以王家錢顧人爲卒也。」

〔六〕師古曰：「行音下更反。」

〔七〕師古曰：「痿，風痺疾也，音人佳反。」

〔八〕蘇林曰：「治獄法冠也。」孟康曰：「今侍中所著也。」服虔曰：「武冠也，或曰趙惠文王所服，故曰惠文。」晉灼曰：

「柱後惠文，法冠也。但言惠文，侍中冠。孟說是也。」

〔九〕師古曰：「簪筆，插筆於首也。牘，木簡也。」

〔一〇〕師古曰：「賀之子女名持轡。」

〔一一〕師古曰：「羅紨，其名也。紨音敷。」

〔一二〕蘇林曰：「凡狂者，陰陽脈盡濁。今此人不狂似狂者，故言清狂也。或曰，色理清徐而心不慧曰清狂。清狂，如今白癡也。」

〔一三〕師古曰：「於法不當然。」

〔一四〕師古曰：「亟，急也，音居力反。」

〔一五〕師古曰：「喜，好也。由，從也。喜音許吏反。」

其明年春，乃下詔曰：「蓋聞象有罪，舜封之，骨肉之親，析而不殊。〔一〕其封故昌邑王賀爲海昏侯，食邑四千戶。」〔二〕侍中衞尉金安上上書言：「賀天之所棄，陛下至仁，復封爲列侯。賀嚚頑放廢之人，不宜得奉宗廟朝聘之禮。」奏可。賀就國豫章。

〔一〕師古曰：「析，分也。殊，絕也。」

〔二〕師古曰：「海昏，豫章之縣。」

數年，揚州刺史柯奏賀〔一〕與故太守卒史孫萬世交通，萬世問賀：「前見廢時，何不堅守毋出宮，斬大將軍，而聽人奪璽綬乎？」賀曰：「然。失之。」萬世又以賀且王豫章，不久爲列侯。賀曰：「且然，〔三〕非所宜言。」有司案驗，請逮捕。制曰：「削戶三千。」後薨。

〔一〕師古曰：「柯者，刺史之名也。」

〔三〕師古曰：「謂亦將如此。」

豫章太守廖奏言：「舜封象於有鼻，〔一〕死不爲置後，以爲暴亂之人不宜爲太祖。〔二〕海昏侯賀死，上當爲後者子充國；〔三〕充國死，復上弟奉親；奉親復死，是天絕之也。陛下聖仁，於賀甚厚，雖舜於象無以加也。宜以禮絕賀，以奉天意。願下有司議。」議皆以爲不宜爲立嗣，國除。

〔一〕師古曰：「廖，太守名也。有鼻在零陵，今鼻亭是也。廖音聊。」

〔二〕師古曰：「謂一國之始祖。」

〔三〕師古曰：「上謂由上其名於有司。」

元帝卽位，復封賀子代宗爲海昏侯，傳子至孫，今見爲〔侯〕。

贊曰：巫蠱之禍，豈不哀哉！此不唯一江充之辜，亦有天時，非人力所致焉。建元六年，蚩尤之旗見，其長竟天。後遂命將出征，略取河南，建置朔方。其春，戾太子生。自是之後，師行三十年，兵所誅屠夷滅死者不可勝數。及巫蠱事起，京師流血，僵尸數萬，〔一〕

太子子父皆敗。故太子生長於兵，與之終始，何獨一變臣哉！秦始皇即位三十九年，內平六國，外攘四夷，死人如亂麻，暴骨長城之下，頭盧相屬於道，〔二〕不一日而無兵。由是山東之難興，四方潰而逆秦。秦將吏外畔，賊臣內發，亂作蕭牆，禍成二世。〔三〕故曰「兵猶火也，弗戢必自焚」，〔四〕信矣。是以倉頡作書，「止」「戈」爲「武」。〔五〕聖人以武禁暴整亂，止息干戈，非以爲殘而興縱之也。易曰：「天之所助者順也，人之所助者信也；君子履信思順，自天祐之，吉無不利也。」〔六〕故車千秋指明蠱情，章太子之冤。千秋材知未必能過人也，以其銷惡運，遏亂原，〔七〕因衰激極，道迎善氣，〔八〕傳得天人之祐助云。〔九〕

〔一〕師古曰：「僵，偃也，音居羊反。」

〔二〕師古曰：「盧，領骨也。屬，連也，音之欲反。」

〔三〕師古曰：「蕭牆謂屏牆也，解在五行志。」

〔四〕師古曰：「左傳隱四年衞有州吁之亂，公問於衆仲曰：『州吁其成乎？』對曰：『兵猶火也，不戢將自焚也。』言兵不可妄動，久而不戢，則自焚燒。戢，斂也。」

〔五〕師古曰：「武字從止，從戈，所謂會意。」

〔六〕師古曰：「易上繫辭也。」

〔七〕師古曰：「遏，止也，音一曷反。」

〔八〕師古曰：「激去至極之災，引致福善之氣也。道讀曰導。」

〔九〕師古曰：「傳，引也。」

校勘記

二七四三頁一三行　按道侯說疑使者有（詔）〔詐〕，不肯受詔，　錢大昭說「詔」當作「詐」。按景祐、殿本都作「詐」。

二七四四頁一一行　父子不和則室家（散）〔喪〕亡，　景祐、殿本都作「喪」。

二七四四頁一三行　（令）〔今〕皇太子爲漢適嗣，　錢大昭說「令」當作「今」。按景祐、殿、局本都作「今」。

二七四七頁一三行　（師古）〔孟康〕曰：　景祐、殿本都作「孟康」，此誤。

二七四七頁一四行　衞（倢）〔后〕、史良娣葬長安城南。　錢大昭說「倢」當作「后」。按景祐、殿、局本都作「后」。

二七四八頁三行　帝初卽位，（帝）〔下〕詔曰：　景祐、殿本都作「下」。王先謙說作「下」是。

二七四八頁七行　愚以爲親謚宜曰悼（皇），母曰悼后。　王念孫說景祐本無「皇」字是。

二七四八頁一五行　（師古）〔孟康〕曰：「閔，古閔字，從門中旻。　建安中正作（閔）閔」。　景祐、殿本「師古」作「孟康」，「閔」作「閔」，此誤。

二七五〇頁三行　信執中和之（得）〔德〕，　景祐、殿本都作「德」，此誤。

二七五一頁九行　王孺見執金吾廣（義）意，　景祐、殿本都作「廣意」，注同。按下文作「廣意」。

二七五四頁六行　(謂)〔爲〕金蟬以附冠前也。　景祐、殿本都作「爲」。

二七五七頁二行　飲井水，(水泉)〔井水〕竭。　景祐本作「井水」。　王念孫說景祐本是。

二七五八頁三行　寘音徒(二)〔千〕反。　景祐、殿本都作「千」。　王先謙說作「千」是。

二七五八頁七行　后(妃)〔姬〕夫人共啼泣止王。　景祐、汲古、殿、局本都作「姬」，此誤。

二七五八頁一〇行　從高〔皇〕帝墾菑除害，　景祐、殿本都有「皇」字。

二七五八頁一〇行　〔當此之時，頭如蓬葆〕，　景祐、殿本有此八字，此脫。

二七五八頁一一行　然其賞不過(諸)〔封〕侯。　景祐、殿本都作「封」。　王先謙說作「封」是。

二七五八頁一三行　當何面目復(舉)〔奉〕齊酎見高祖之廟乎！　景祐、殿本都作「奉」。王先謙說作「奉」是。

二七五九頁三行　〔服虔曰〕：　宋祁說，浙本注文「頭」字上有此三字。　又此注二十字，景祐、殿本有，此脫。

二七五九頁九行　王官之〔主〕醫者也。　景祐、殿本都有「主」字。　王先謙說有「主」字是。

二七五九頁一〇行　賢爲(定安)〔安定〕侯，　景祐、殿本都作「安定」。　王先謙說作「安定」是。

二七六一頁一行　左右皆(服)〔伏〕。　景祐、殿本都作「伏」。

二七六四頁八行　(今)〔令〕爲喪主。　景祐、殿本都作「令」，此誤。

二七七〇頁一一行　今見爲〔侯〕。　景祐、殿本都有「侯」字。

漢書卷六十四上

嚴朱吾丘主父徐嚴終王賈傳第三十四上

師古曰：「分嚴安以後爲下卷。」

嚴助，會稽吳人，嚴夫子子也，〔一〕或言族家子也。〔二〕郡舉賢良，對策百餘人，武帝善助對，繇是獨擢助爲中大夫。後得朱買臣、吾丘壽王、司馬相如、主父偃、徐樂、嚴安、東方朔、枚皋、膠倉、終軍、嚴葱奇等，並在左右。是時征伐四夷，開置邊郡，軍旅數發，內改制度，朝廷多事，婁舉賢良文學之士。〔三〕公孫弘起徒步，數年至丞相，開東閤，延賢人與謀議，朝覲奏事，因言國家便宜。上令助等與大臣辯論，中外相應以義理之文，〔四〕大臣數詘。〔五〕其尤親幸者，東方朔、枚皋、嚴助、吾丘壽王、司馬相如。相如常稱疾避事。朔、皋不根持論，上頗俳優畜之。〔六〕唯助與壽王見任用，而助最先進。

〔一〕張晏曰：「夫子，嚴忌也。」

〔二〕師古曰：「亦云夫子之族子也。」

〔三〕師古曰：「婁，古屢字。」

〔四〕師古曰：「中謂天子之賓客，若嚴助之輩也。外謂公卿大夫也。」

〔五〕師古曰：「謂計議不如助等，每詘服也，音丘勿反。」

〔六〕師古曰：「論議委隨，不能持正，如樹木之無根柢也。」

建元三年，閩越舉兵圍東甌，東甌告急於漢。時武帝年未二十，以問太尉田蚡。蚡以爲越人相攻擊，其常事，又數反覆，不足煩中國往救也，自秦時棄不屬。〔一〕於是助詰蚡曰：「特患力不能救，德不能覆，誠能，何故棄之？且秦舉咸陽而棄之，何但越也！〔二〕今小國以窮困來告急，天子不振，尚安所愬，〔三〕又何以子萬國乎？」〔四〕上曰：「太尉不足與計。吾新即位，不欲出虎符發兵郡國。」乃遣助以節發兵會稽。會稽守欲距法，不爲發。〔五〕助乃斬一司馬，諭意指，〔六〕遂發兵浮海救東甌。未至，閩越引兵罷。

〔一〕師古曰：「言不臣屬於中華。」

〔二〕師古曰：「舉，總也。言總天下乃至京師皆棄也。」

〔三〕師古曰：「振，舉也，起也。安，焉也。」

〔四〕師古曰：「子謂畜爲臣子也。」

〔五〕師古曰：「以法距之，爲無符驗也。」

〔六〕師古曰：「以天子意指曉告之。」

後三歲，閩越復興兵擊南越。南越守天子約，不敢擅發兵，而上書以聞。上多其義，〔一〕大爲發興，遣兩將軍將兵誅閩越。淮南王安上書諫曰：

〔一〕師古曰：「多猶重也。」

陛下臨天下，布德施惠，緩刑罰，薄賦斂，哀鰥寡，恤孤獨，養耆老，振匱乏，盛德上隆，和澤下洽，近者親附，遠者懷德，天下攝然，〔一〕人安其生，自以〔沒〕身不見兵革。今聞有司舉兵將以誅越，臣安竊爲陛下重之。〔二〕越，方外之地，劗髮文身之民也。〔三〕不可以冠帶之國法度理也。自三代之盛，胡越不與受正朔，〔四〕非彊弗能服，威弗能制也，以爲不居之地，不牧之民，不足以煩中國也。〔五〕故古者封內甸服，〔六〕封外侯服，〔七〕侯衞賓服，〔八〕蠻夷要服，〔九〕戎狄荒服，〔一〇〕遠近勢異也。自漢初定已來七十二年，吳越人相攻擊者不可勝數，然天子未嘗舉兵而入其地也。

〔一〕孟康曰：「攝，安也，音奴協反。」

〔二〕師古曰：「重，難也。」

〔三〕晉灼曰：「淮南云『越人劗髮』，張揖以爲古翦字也。」師古曰：「劗與翦同，〔晉〕〔張〕說是也。」

〔四〕師古曰：「與讀曰豫。」

〔五〕師古曰：「地不可居，而民不可牧養也。」

〔六〕師古曰：「封內謂封圻千里之內也。甸服，主治王田以供祭祀也。」
〔七〕師古曰：「封外，千里之外也。侯，候也，爲王者斥候。」
〔八〕服虔曰：「侯服之外，又有衞服。賓，賓見於王也。侯衞二服同爲賓也。」
〔九〕師古曰：「又在侯衞之外而居九州之(地)〔內〕也。要，言以文德要來之耳，音一遙反。」
〔10〕師古曰：「此在九州之外者也。荒，言其荒忽絕遠，來去無常也。」

臣聞越非有城郭邑里也，處谿谷之間，篁竹之中，〔一〕習於水鬭，便於用舟，地深昧而多水險，〔二〕中國之人不知其勢阻而入其地，雖百不當其一。得其地，不可郡縣也；攻之，不可暴取也。以地圖察其山川要塞，相去不過寸數，而間獨數百千里，〔三〕阻險林叢弗能盡著。〔四〕視之若易，行之甚難。天下賴宗廟之靈，方內大寧，戴白之老不見兵革，〔五〕民得夫婦相守，父子相保，陛下之德也。越人名爲藩臣，貢酎之奉，不輸大內，〔六〕一卒之用不給上事。〔七〕自相攻擊而陛下發兵救之，是反以中國而勞蠻夷也。〔八〕且越人愚戇輕薄，負約反覆，其不(可)用天子之法度，非一日之積也。〔九〕壹不奉詔，舉兵誅之，臣恐後兵革無時得息也。

〔一〕服虔曰：「竹叢也。音皇。」師古曰：「竹田曰篁。」
〔二〕師古曰：「昧，暗也。言多草木。」
〔三〕師古曰：「間，中間也。或八九百里，或千里也。」

〔四〕師古曰：「不可盡載於圖也。著音竹助反。」

〔五〕師古曰：「戴白，言白髮在首。」

〔六〕應劭曰：「越國僻遠，珍奇之貢，宗廟之祭皆不與也。大內，都內也，國家寶藏也。」師古曰：「百官公卿表云治粟屬官有都內令丞也。」

〔七〕師古曰：「給，供也。」

〔八〕師古曰：「疲勞中國之人於蠻夷之地。」

〔九〕師古曰：「積，久也。」

間者，數年歲比不登，民待賣爵贅子以接衣食，〔一〕賴陛下德澤振救之，得毋轉死溝壑。四年不登，五年復蝗，民生未復。〔二〕今發兵行數千里，資衣糧，入越地，〔三〕輿轎而隃領，〔四〕拕舟而入水，〔五〕行數百千里，夾以深林叢竹，水道上下擊石，〔六〕林中多蝮蛇猛獸，〔七〕夏月暑時，歐泄霍亂之病相隨屬也，〔八〕曾未施兵接刃，死傷者必衆矣。前時南海王反，陛下先臣使將軍間忌將兵擊之，〔九〕以其軍降，處之上淦。〔一〇〕後復反，會天暑多雨，樓船卒水居擊櫂，〔一一〕未戰而疾死者過半。親老涕泣，孤子謕號，〔一二〕破家散業，迎尸千里之外，裹骸骨而歸。悲哀之氣數年不息，長老至今以爲記。曾未入其地而禍已至此矣。

〔一〕如淳曰：「淮南俗賣子與人作奴婢，名爲贅子，三年不能贖，遂爲奴婢。」師古曰：「贅，質也。一說，云贅子者，謂令子出就婦家爲贅壻耳。贅壻解在賈誼傳。」

〔二〕師古曰：「生謂生業。復音（拱）〔扶〕目反。」

〔三〕師古曰：「資猶齎。」

〔四〕服虔曰：「轎音橋梁，謂隘道輿車也。」臣瓚曰：「今竹輿車也，江表作竹輿以行是也。」項昭曰：「陵絕水曰轎，音旗廟反。領，山領也。不通船車，運轉皆擔輿也。」師古曰：「服音、瓚說是也。項氏謬矣。此直言以轎過領耳，何云陵絕水乎！又旗廟之音無所依據。隃與踰同。」

〔五〕師古曰：「拕，曳也，音它。」

〔六〕師古曰：「謂船觸石，難以行也。」

〔七〕師古曰：「蝮，惡虵也，音敷福反，解在田儋傳。」

〔八〕師古曰：「泄，吐也，音弋制反。屬音之欲反。」

〔九〕文穎曰：「先臣，淮南厲王長也。間忌，人姓名。」師古曰：「淮南王傳作簡忌，此本作間，轉寫字誤省耳。」

〔一〇〕蘇林曰：「淦音耿弇之弇。」師古曰：「音工含反。」

〔一一〕師古曰：「言常居舟中水上，而又有擊櫂行舟之役，故多死也。櫂音直孝反。」

〔一二〕師古曰：「謕，古啼字。」

臣聞軍旅之後，必有凶年，言民之各以其愁苦之氣，薄陰陽之和，感天地之精，〔一〕而災氣爲之生也。陛下德配天地，明象日月，恩至禽獸，澤及草木，一人有飢寒不終其天年而死者，爲之悽愴於心。今方內無狗吠之警，〔二〕而使陛下甲卒死亡，暴露中原，霑

潰山谷，邊境之民爲之早閉晏開，〔三〕鼂不及夕，〔四〕臣安竊爲陛下重之。〔五〕

〔一〕師古曰：「薄，迫也。」

〔二〕師古曰：「方內，中國四方之內也。」

〔三〕師古曰：「晏，晚也。言有兵難，故邊城早閉而晚開也。」

〔四〕師古曰：「鼂，古朝字也。言憂危亡不自保也。」

〔五〕師古曰：「重，難也。」

不習南方地形者，多以越爲人衆兵彊，能難邊城。〔一〕淮南全國之時，多爲邊吏，〔二〕臣竊聞之，與中國異。〔三〕限以高山，人迹所絕，車道不通，天地所以隔外內也。其入中國必下領水，領水之山峭峻，漂石破舟，〔四〕不可以大船載食糧下也。越人欲爲變，必先田餘干界中，〔五〕積食糧，乃入伐材治船。邊城守候誠謹，越人有入伐材者，輒收捕，焚其積聚，雖百越，奈邊城何！且越人緜力薄材，〔六〕不能陸戰，又無車騎弓弩之用，然而不可入者，以保地險，而中國之人不能其水土也。〔七〕臣聞越甲卒不下數十萬，所以入之，五倍乃足，〔八〕輓車奉饟者，不在其中。〔九〕南方暑溼，近夏癉熱，〔一〇〕暴露水居，蝮蛇蠚生，〔一一〕疾癘多作，兵未血刃而病死者什二三，雖舉越國而虜之，不足以償所亡。〔一二〕

〔一〕服虔曰：「爲邊城作難也。」

〔二〕師古曰：「全國謂未分爲三之時也。淮南人於邊爲吏，與越接境，故知其地形也。」

〔三〕師古曰：「言其風土不同。」

〔四〕師古曰：「言水流湍急，石爲之漂轉，觸破舟船也。漂音匹遙反。」

〔五〕韋昭曰：「越邑，今鄱陽縣也。」

〔六〕孟康曰：「緜音滅，薄力也。」師古曰：「緜，弱也，言其柔弱如緜，讀如本字。孟說非也。」

〔七〕師古曰：「能，堪也。」

〔八〕師古曰：「不下，言不滅也。漢軍多之五倍，然後可入其地也。」

〔九〕師古曰：「輓，引也，音晚。饟亦餉字。」

〔一〇〕師古曰：「癉，黃病，音丁幹反。」

〔一一〕師古曰：「蠚，毒也，音壑。」

〔一二〕師古曰：「舉謂總取也。」

臣聞道路言，閩越王弟甲弒而殺之，〔一〕甲以誅死，其民未有所屬。陛下若欲來內，處之中國，使重臣臨存，〔二〕施德垂賞以招致之，此必攜幼扶老以歸聖德。若陛下無所用之，則繼其絕世，存其亡國，建其王侯，以爲畜越，〔三〕此必委質爲藩臣，世共貢職。〔四〕陛下以方寸之印，丈二之組，填撫方外，〔五〕不勞一卒，不頓一戟，〔六〕而威德並行。今以兵入其地，此必震恐，以有司爲欲屠滅之也，必雉兔逃入山林險阻。〔七〕背而去之，則復相羣聚；留而守之，歷歲經年，則士卒罷勌，食糧乏絶，〔八〕男子不得耕稼（種樹）〔樹種〕，婦人不得紡績織絍，〔九〕丁壯從軍，老弱轉餉，〔一〇〕居者無食，行者無糧。民苦兵事，亡逃者必衆，隨而誅之，不可勝盡，盜賊必起。

〔一〕師古曰：「甲者，閩王弟之名。」
〔二〕師古曰：「存謂省問之。」
〔三〕李奇曰：「如人畜養六畜也。」師古曰：「直謂畜養之耳，非六畜也。」
〔四〕師古曰：「共讀曰供。」
〔五〕師古曰：「組者，印之綬。」
〔六〕師古曰：「頓，壞也。一曰頓讀曰鈍。」
〔七〕師古曰：「如雉兔之逃竄而入山林險阻之中。」
〔八〕師古曰：「罷讀曰疲。勌亦倦字。」
〔九〕師古曰：「樹，植也。機縷曰絍。絍音人禁反。」
〔一〇〕師古曰：「餉亦饟字。」

臣聞長老言，秦之時嘗使尉屠睢擊越，〔一〕又使監祿鑿渠通道。〔二〕越人逃入深山林叢，不可得攻。留軍屯守空地，曠日（持）〔引〕久，士卒勞倦，越（乃）出擊之。秦兵大破，乃發適戍以備之。〔三〕當此之時，外內騷動，百姓靡敝，〔四〕行者不還，往者（莫）〔莫〕反，皆不聊生，亡逃相從，羣爲盜賊，於是山東之難始興。此老子所謂「師之所處，荆棘生之」者也。〔五〕兵者凶事，一方有急，四面皆從。臣恐變故之生，姦邪之作，由此始也。周易曰：「高宗伐鬼方，三年而克之。」〔六〕鬼方，小蠻夷；高宗，殷之盛天子也。以盛天子伐小蠻夷，三年而後克，言用兵之不可不重也。

〔一〕張晏曰：「郡都尉，姓屠名睢也。」

〔二〕張晏曰：「監郡御史也，名祿。」

〔三〕師古曰：「適讀曰謫。」

〔四〕師古曰：「靡，散也，音糜。」

〔五〕師古曰：「老子道經之言也。師旅行，必殺傷士衆，侵暴田畝，故致荒殘而生荆棘也。」

〔六〕師古曰：「既濟九三爻辭。」

臣聞天子之兵有征而無戰，言莫敢（狡）〔校〕也。〔一〕如使越人蒙（死）徼幸以逆執事之顏行，〔二〕廝輿之卒有一不備而歸者，〔三〕雖得越王之首，臣猶竊爲大漢羞之。陛下以四海爲境，九州爲家，八（蔬）〔藪〕爲囿，江（海）〔漢〕爲池，〔四〕生民之屬皆爲臣妾。人徒之衆足以奉千官之共，〔五〕租稅之收足以給乘輿之御。玩心神明，秉執聖道，負黼依，〔六〕

馮玉几，〔七〕南面而聽斷，號令天下，四海之內莫不嚮應。〔八〕陛下垂德惠以覆露之，〔九〕使元元之民安生樂業，則澤被萬世，傳之子孫，施之無窮。天下之安猶泰山而四維之也，〔一〇〕夷狄之地何足以爲一日之閒，〔一一〕而煩汗馬之勞乎！詩云「王猶允塞，徐方既來」，〔一二〕言王道甚大，而遠方懷之也。臣聞之，農夫勞而君子養焉，〔一三〕愚者言而智者擇焉。臣安幸得爲陛下守藩，以身爲鄣蔽，人臣之任也。邊境有警，愛身之死而不畢其愚，非忠臣也。〔一四〕臣安竊恐將吏之以十萬之師爲一使之任也！〔一五〕

〔一〕師古曰：「(挍)〔校〕，計也。不敢與計彊弱曲直。」

〔二〕文穎曰：「顏行猶鴈行，在前行，故曰顏也。」師古曰：「蒙，犯也。行音胡郎反。」

〔三〕張晏曰：「廝，微；輿，衆也。」師古曰：「廝，析薪者。輿，主駕車者。此皆言賤役之人。」

〔四〕師古曰：「八藪，謂魯有大野，晉有大陸，秦有楊汙，宋有孟諸，楚有雲夢，吳越之間有具區，齊有海隅，鄭有圃田。」

〔五〕師古曰：「千官猶百官也，多言之耳。共讀曰供。」

〔六〕師古曰：「負，背也。白與黑畫爲斧文，謂之黼也。依讀曰扆。扆形如屏風而曲之，畫以黼文，張於戶牖之間。」

〔七〕師古曰：「馮讀曰凭。」

〔八〕師古曰：「嚮讀曰響。」

〔九〕師古曰：「露謂使之沾潤澤也。或露或覆，言養育也。」

〔一〇〕師古曰：「維謂聯繫之。」

〔一〕如淳曰：「得其地物，不足爲一日閒暇之虞也。」

〔二〕師古曰：「大雅常武之詩。猶，道也。允，信也。塞，滿也。既，盡也。言王道信充滿於天下，則徐方淮夷盡來服也。」

〔三〕師古曰：「言農夫勤力於耕稼，所得五穀以養君子也。」

〔四〕師古曰：「畢，盡也，盡言其意也。」

〔五〕師古曰：「言漢發一使鎮撫之，則越人賓服，不煩兵往。」

是時，漢兵遂出，〔未〕踰領，適會閩越王弟餘善殺王以降。漢兵罷。上嘉淮南之意，美將卒之功，乃令嚴助諭意風指於南越。〔一〕南越王頓首曰：「天子乃幸興兵誅閩越，死無以報！」即遣太子隨助入侍。

〔一〕師古曰：「風讀曰諷，以天子之意指諷告也。」

助還，又諭淮南曰：「皇帝問淮南王：使中大夫玉上書言事，聞之。朕奉先帝之休德，夙興夜（昧）〔寐〕，明不能燭，〔一〕重以不德，〔二〕是以比年凶菑害衆。〔三〕夫以眇眇之身，託于王侯之上，內有飢寒之民，南夷相攘，〔四〕使邊騷然不安，朕甚懼焉。今王深惟重慮，〔五〕明太平以弼朕失，稱三代至盛，際天接地，人迹所及，咸盡賓服，藐然甚慙。〔六〕嘉王之意，靡有所終，〔七〕使中大夫助諭朕意，告王越事。」

〔一〕師古曰：「燭，照也。」

〔二〕師古曰：「重音直用反。」
〔三〕師古曰：「菑，古災字。」
〔四〕師古曰：「攘謂相侵奪也，音人羊反。」
〔五〕師古曰：「惟，思也。慮，計也。」
〔六〕如淳曰：「王之所言藐然，聞之甚慙也。」師古曰：「藐，遠也。言不可及也。藐音武卓反。」
〔七〕師古曰：「靡，無也。終，極也。」

助諭意曰：「今者大王以發屯臨越事上書，陛下故遣臣助告王其事。王居遠，事薄遽，不與王同其計。〔一〕朝有闕政，遺王之憂，〔二〕陛下甚恨之。夫兵固凶器，明主之所重出也，〔三〕然自五帝三王禁暴止亂，非兵，未之聞也。漢為天下宗，操殺生之柄，〔四〕以制海內之命，危者望安，亂者卬治。〔五〕今閩越王狼戾不仁，〔六〕殺其骨肉，離其親戚，所為甚多不義，又數舉兵侵陵百越，并兼鄰國，以為暴彊，陰計奇策，入燔尋陽樓船，〔七〕欲招會稽之地，以踐句踐之迹。〔八〕今者，邊又言閩王率兩國擊南越。陛下為萬民安危久遠之計，使人諭告之曰：『天下安寧，各繼世撫民，禁毋敢相并。』有司疑其以虎狼之心，貪據百越之利，或於逆順，不奉明詔，則會稽、豫章必有長患。且天子誅而不伐，焉有勞百姓苦士卒乎？〔九〕故遣兩將屯於境上，震威武，揚聲鄉。〔一〇〕屯曾未會，〔一一〕天誘其衷，閩王隕命，輒遣使者罷屯，毋後農時。〔二〕南越王甚嘉被惠澤，蒙休德，願革心易行，身從使者入謝。〔三〕有狗馬之病，不能勝服，〔四〕故遣太子嬰齊入侍；病有瘳，願伏北闕，望大廷，以報盛德。閩王以八月舉兵於冶南，〔五〕士卒罷倦，〔六〕三王之衆相與攻之，因其弱弟餘善以成其(謀)〔誅〕。至今國空虛，遣使者上符節，請所立，不敢自立，以待天子之明詔。此一舉，不挫一兵之鋒，不用一卒之死，而閩王伏辜，南越被澤，威震暴王，義存危國，此則陛下深計遠慮之所出也。事效見前，〔七〕故使臣助來諭王意。」

〔一〕如淳曰：「薄，迫也。言事迫，不暇得先與王共議之。或曰薄，語助也。」師古曰：「薄，迫，是也。遽，速也，音其據反。」

〔二〕師古曰：「言朝政有闕，乃使王有憂也。遺猶與也。」

〔三〕師古曰：「重，難也。」

〔四〕師古曰：「操，執持也，音千高反。」

〔五〕師古曰：「卬讀曰仰，謂仰而望之。」

〔六〕師古曰：「狼性貪戾，凡言狼戾者，謂貪而戾。」

〔七〕師古曰：「漢有樓船貯在尋陽也。」

〔八〕師古曰：「先是越王句踐稱霸中國，今越王欲慕之。句音工侯反。」

〔九〕師古曰：「王者之兵，但行誅耳，無有戰鬭，故云不伐也。」

〔一〇〕師古曰：「鄉讀曰嚮。」
〔一一〕師古曰：「言兵未盡集。」
〔一二〕師古曰：「今及農時，不待後也。」
〔一三〕師古曰：「革，改也。」
〔一四〕師古曰：「服謂朝服也。」
〔一五〕蘇林曰：「山名也，今名東冶，屬會稽。」
〔一六〕師古曰：「罷讀曰疲。」
〔一七〕師古曰：「見，顯也。前謂目前。」

於是王謝曰：「雖湯伐桀，文王伐崇，誠不過此。臣安妄以愚意狂言，陛下不忍加誅，使使者臨詔臣安以所不聞，〔一〕臣不勝厚幸！」助由是與淮南王相結而還。上大說。〔二〕

〔一〕師古曰：「先未聞者今得聞也。」
〔二〕師古曰：「說讀曰悅。」

助侍燕從容，〔一〕上問助居鄉里時，助對曰：「家貧，爲友壻富人所辱。」〔二〕上問所欲，對願爲會稽太守。於是拜爲會稽太守。數年，不聞問。〔三〕賜書曰：「制詔會稽太守：君厭承明之廬，〔四〕勞侍從之事，懷故土，〔五〕出爲郡吏。會稽東接於海，南近諸越，〔六〕北枕大江。〔七〕間者，闊焉久不聞問，具以春秋對，毋以蘇秦從橫。」〔八〕助恐，上書謝稱：「春秋天王出居于鄭，不能事母，故絕之。〔九〕臣事君，猶子事父母也，臣助當伏誅。陛下不忍加誅，願奉三年計最。」〔一〇〕詔許，因留侍中。有奇異，輒使爲文，〔一一〕及作賦頌數十篇。

〔一〕師古曰：「從容，閒語也。從音千容反。」
〔二〕師古曰：「友壻，同門之壻。」
〔三〕師古曰：「無善聲。」
〔四〕張晏曰：「承明廬在石渠閣外。直宿所止曰廬。」
〔五〕師古曰：「懷，思也。」
〔六〕師古曰：「越種非一，故言諸。」
〔七〕師古曰：「枕，臨也。」
〔八〕師古曰：「從音子容反。」
〔九〕師古曰：「周惠王之子襄王也。弟叔帶有寵於惠后，欲立之，故襄王避難而出奔也。僖二十四年經書：『天王出居於鄭。』公羊傳曰：『王者無外，此其言出何？不能乎母也。』」
〔一〇〕如淳曰：「舊法，當使丞奉歲計，(令)〔今〕躬自欲入奉也。」晉灼曰：「最，凡要也。」
〔一一〕師古曰：「謂非常之文。」

後淮南王來朝，厚賂遺助，交私論議。及淮南王反，事與助相連，上薄其罪，欲勿誅。〔一〕廷尉張湯爭，以爲助出入禁門，腹心之臣，而外與諸侯交私如此，不誅，後不可治。助竟棄市。

〔二〕師古曰：「以其過爲輕小。」

朱買臣字翁子，吳人也。家貧，好讀書，不治產業，常艾薪樵，賣以給食，〔一〕擔束薪，行且誦書。其妻亦負戴相隨，數止買臣毋歌嘔道中。〔二〕買臣愈益疾歌，妻羞之，求去。買臣笑曰：「我年五十當富貴，今已四十餘矣。女苦日久，待我富貴報女功。」〔三〕妻恚怒曰：「如公等，終餓死溝中耳，何能富貴？」買臣不能留，即聽去。其後，買臣獨行歌道中，負薪墓間。故妻與夫家俱上冢，見買臣饑寒，呼飯飲之。〔四〕

〔一〕師古曰：「艾讀曰刈。給，供也。」

〔二〕師古曰：「嘔讀曰謳，音一侯反。」

〔三〕師古曰：「女皆讀曰汝。」

〔四〕師古曰：「飯謂飤之，音扶晚反。飲音於禁反。」

後數歲，買臣隨上計吏爲卒，將重車至長安，〔一〕詣闕上書，書久不報。待詔公車，糧用乏，上計吏卒更乞匄之。〔二〕會邑子嚴助貴幸，薦買臣。召見，說春秋，言楚詞，帝甚說之，〔三〕拜買臣爲中大夫，與嚴助俱侍中。是時方築朔方，公孫弘諫，以爲罷敝中國。〔四〕上使買臣難詘弘，語在弘傳。後買臣坐事免，久之，召待詔。

〔一〕師古曰：「買臣身自充卒，而與計吏將重車也。載衣食具曰重車。重音直用反。」

〔二〕師古曰：「更音工衡反。乞音氣。匄音工大反。」

〔三〕師古曰：「說讀曰悅。」

〔四〕師古曰：「罷讀曰疲。」

是時，東越數反覆，買臣因言：「故東越王居保泉山，〔一〕一人守險，千人不得上。今聞東越王更徙處南行，去泉山五百里，居大澤中。今發兵浮海，直指泉山，陳舟列兵，席卷南行，可破滅也。」上拜買臣會稽太守。上謂買臣曰：「富貴不歸故鄉，如衣繡夜行，今子何如？」買臣頓首辭謝。詔買臣到郡，治樓船，備糧食、水戰具，須詔書到，軍與俱進。〔二〕

〔一〕師古曰：「泉山即今泉州之山也，臨海，去海十餘里。保者，保守之以自固也。說者乃云保是地名，失之矣。」

〔二〕師古曰：「須，待也。」

初，買臣免，待詔，常從會稽守邸者寄居飯食。〔一〕拜爲太守，買臣衣故衣，懷其印綬，步歸郡邸。直上計時，會稽吏方相與羣飲，〔二〕不視買臣。買臣入室中，守邸與共食，食且飽，少見其綬。〔三〕守邸怪之，前引其綬，視其印，會稽太守章也。守邸驚，出語上計掾吏。皆醉，大呼曰：「妄誕耳！」〔四〕守邸曰：「試來視之。」其故人素輕買臣者入〔內〕視之，還走，疾呼曰：「實然！」坐中驚駭，白守丞，〔五〕相推排陳列中庭拜謁。買臣徐出戶。有頃，長安廄吏乘駟馬車來迎，〔六〕買臣遂乘傳去。〔七〕會稽聞太守且至，發民除道，縣吏並送迎，車百餘乘。入吳界，見其故妻、妻夫治道。買臣駐車，呼令後車載其夫妻，到太守舍，置園中，給食之。〔八〕居一月，妻自經死，買臣乞其夫錢，令葬。〔九〕悉召見故人與飲食諸嘗有恩者，皆報復焉。〔一〇〕

〔一〕師古曰：「飯音扶晚反。」

〔二〕師古曰：「直讀曰值。」

〔三〕師古曰：「見，顯示也。」

〔四〕師古曰：「謼，大言也。呼音火故反。次下亦同。」

〔五〕服虔曰：「守邸丞也。」張晏曰：「漢舊郡國丞長吏與計吏俱送計也。」師古曰：「張說是也。謂之守丞者，繫太守而言也。守音式授反。」

〔六〕張晏曰：「故事，大夫乘官車駕駟，如今州牧刺史矣。」

〔七〕師古曰：「傳音張戀反。」

〔八〕師古曰：「食讀曰飤。」

〔九〕師古曰：「乞音氣。」

〔一〇〕師古曰：「復音扶目反。」

居歲餘，買臣受詔將兵，與橫海將軍韓說等俱擊破東越，〔一〕有功。徵入爲主爵都尉，列於九卿。

〔一〕師古曰：「說讀曰悅。」

數年，坐法免官，復爲丞相長史。張湯爲御史大夫。始買臣與嚴助俱侍中，貴用事，湯尙爲小吏，趨走買臣等前。後湯以廷尉治淮南獄，排陷嚴助，買臣怨湯。及買臣爲長史，湯數行丞相事，知買臣素貴，故陵折之。買臣見湯，坐牀上弗爲禮。〔一〕買臣深怨，常欲死之。〔二〕後遂告湯陰事，湯自殺，上亦誅買臣。買臣子山拊〔三〕官至郡守，右扶風。

〔一〕師古曰：「言不動容以禮之也。爲音于僞反。」
〔二〕師古曰：「致死以害之。」
〔三〕如淳曰：「拊音夫。」

吾丘壽王字子贛，趙人也。年少，以善格五召待詔。〔一〕詔使從中大夫董仲舒受春秋，高材通明。遷侍中中郎，坐法免。上書謝罪，願養馬黃門，上不許。〔二〕後願守塞扞寇難，復不許。久之，上疏願擊匈奴，詔問狀，壽王對良善，復召爲郎。

〔一〕蘇林曰：「博之類，不用箭，但行梟散。」孟康曰：「格音各。行伍相各，故言各。」劉德曰：「格五，棊行。」簺法曰簺白乘五，至五格不得行，故云格五。」師古曰：「即今戲之簺也。音先代反。」

〔三〕師古曰：「請於黃門供養馬之事。」

稍遷，會東郡盜賊起，拜爲東郡都尉。上以壽王爲都尉，不復置太守。是時，軍旅數發，年歲不熟，多盜賊。詔賜壽王璽書曰：「子在朕前之時，知略輻湊，〔一〕以爲天下少雙，海內寡二。及至連十餘城之守，任四千石之重，〔二〕職事並廢，盜賊從横，〔三〕甚不稱在前時，何也？」壽王謝罪，因言其狀。

〔一〕師古曰：「言其無方而至，若車輪之歸於轂。」

〔二〕師古曰：「郡守、都尉皆二千石，以壽王爲都尉，不置太守，兼總二任，故云四千石也。」

〔三〕師古曰：「從音子庸反。」

後徵入爲光祿大夫侍中。丞相公孫弘奏言：「民不得挾弓弩。十賊彍弩，百吏不敢前，〔一〕盜賊不輒伏辜，免脫者衆，害寡而利多，此盜賊所以蕃也。〔二〕禁民不得挾弓弩，則盜賊執短兵，短兵接則衆者勝。以衆吏捕寡賊，其勢必得。盜賊有害無利，則莫犯法，刑錯之道也。臣愚以爲禁民毋得挾弓弩便。」上下其議。壽王對曰：

〔一〕張晏曰：「彍音郭。」師古曰：「引滿曰彍。」

〔二〕師古曰：「蕃亦多也，音扶元反。」

臣聞古者作五兵，非以相害，以禁暴討邪也。〔一〕安居則以制猛獸而備非常，有事則以設守衞而施行陣。及至周室衰微，上無明王，諸侯力政，彊侵弱，衆暴寡，海內抏敝，〔二〕(是以)巧詐並生。〔是以〕知者陷愚，勇者威怯，苟以得勝爲務，不顧義理。故機變械飾，所以相賊害之具不可勝數。於是秦兼天下，廢王道，立私議，滅詩書而首法令，〔三〕去仁恩而任刑戮，〔四〕墮名城，殺豪桀，〔五〕銷甲兵，折鋒刃。其後，民以耰鉏箠梃相撻擊，〔六〕犯法滋衆，盜賊不勝，〔七〕至於赭衣塞路，羣盜滿山，卒以亂亡。故聖王務教化而省禁防，知其不足恃也。

〔一〕師古曰：「五兵謂矛、戟、弓、劍、戈。」

〔二〕師古曰：「抏，訛盡也，音五官反。」

〔三〕師古曰：「以法令爲首。」

〔四〕師古曰：「去，除也。」

〔五〕師古曰：「墮，毀也，音火規反。」

〔六〕師古曰：「耰，摩田之器也。箠，馬檛也。梃，大杖也。耰音憂。箠音之累反。梃音大鼎反。」

〔七〕師古曰：「滋，益也。不勝，言不可勝也。」

今陛下昭明德，建太平，舉俊材，興學官，三公有司或由窮巷，起白屋，裂地而封，〔一〕宇內日化，方外鄉風，〔二〕然而盜賊猶有者，郡國二千石之罪，非挾弓弩之過也。禮曰男子生，桑弧蓬矢以舉之，明示有事也。〔三〕孔子曰：「吾何執？執射乎？」〔四〕大射之禮，自天子降及庶人，三代之道也。詩云「大侯既抗，弓矢斯張，射夫既同，獻爾發功」，〔五〕言貴中也。〔六〕愚聞聖王合射以明教矣，未聞弓矢之為禁也。且所為禁者，為盜賊之以攻奪也。攻奪之罪死，然而不止者，大姦之於重誅固不避也。臣恐邪人挾之而吏不能止，良民以自備而抵法禁，〔七〕是擅賊威而奪民救也。〔八〕竊以為無益於禁姦，而廢先王之典，使學者不得習行其禮，大不便。

〔一〕師古曰：「白屋，以白茅覆屋也。壽王言此者，並以譏公孫弘。」

〔二〕師古曰：「鄉讀曰嚮。」

〔三〕師古曰：「有四方扞禦之事。」

〔四〕師古曰：「論語載孔子之言。」

〔五〕師古曰：「小雅賓之初筵之詩也。侯，所以居的，以皮為之。天子射豹侯，諸侯射熊侯，卿大夫射麋侯，士射鹿豕侯。抗，舉也。射夫，衆射者也。同，同耦也。言既舉大侯，又張弓矢，分耦而射，則獻其發矢中的之功也。」

〔六〕師古曰：「中音竹仲反。」

〔七〕師古曰：「抵，觸也。」

〔八〕師古曰：「擅，專也。」

書奏，上以難丞相弘。弘詘服焉。

及汾陰得寶鼎，武帝嘉之，薦見宗廟，臧於甘泉宮。羣臣皆上壽賀曰：「陛下得周鼎。」

壽王獨曰非周鼎。上聞之，召而問之，曰：「今朕得周鼎，羣臣皆以爲然，壽王獨以爲非，何也？有說則可，無說則死。」壽王對曰：「臣安敢無說！臣聞周德始乎后稷，長於公劉，大於大王，〔一〕成於文武，顯於周公，德澤上昭，天下漏泉，〔二〕無所不通。上天報應，鼎爲周出，故名曰周鼎。今漢自高祖繼周，亦昭德顯行，布恩施惠，六合和同。至於陛下，恢廓祖業，功德愈盛，天瑞並至，珍祥畢見。昔秦始皇親出鼎於彭城而不能得，天祚有德而寶鼎自出，此天之所以與漢，乃漢寶，非周寶〔也〕。」上曰：「善。」羣臣皆稱萬歲。是日，賜壽王黃金十斤。後坐事誅。

〔一〕師古曰：「公劉，后稷曾孫也。大王，文王之祖，則古公亶父也。」

〔二〕師古曰：「昭，明也。漏，言潤澤下霑如屋之漏。」

主父偃，齊國臨菑人也。學長短從橫術，〔一〕晚乃學易、春秋、百家之言。游齊諸子間，〔二〕諸儒生相與排儐，不〔客〕〔容〕於齊。家貧，假貣無所得，〔三〕北游燕、趙、中山，皆莫能厚，客甚困。以諸侯莫足游者，元光元年，乃西入關見衞將軍。〔四〕衞將軍數言上，上不省。資用乏，留久，諸侯賓客多厭之，乃上書闕下。朝奏，暮召入見。所言九事，其八事爲律令，一事諫伐匈奴，曰：

〔一〕服虔曰：「蘇秦法百家書說也。」師古曰：「長短解在張湯傳。從橫說在藝文志。」
〔二〕師古曰：「諸子，諸侯王子。」
〔三〕師古曰：「貣音土得反。」
〔四〕師古曰：「衞青。」

臣聞明主不惡切諫以博觀，忠臣不避重誅以直諫，是故事無遺策而功流萬世。今臣不敢隱忠避死，以效愚計，願陛下幸赦而少察之。

司馬法曰：「國雖大，好戰必亡；天下雖平，忘戰必危。」〔一〕天下既平，天子大愷，〔二〕春蒐秋獮，諸侯春振旅，秋治兵，所以不忘戰也。〔三〕且怒者逆德也，兵者凶器也，爭者末節也。古之人君一怒必伏尸流血，故聖王重行之。〔四〕夫務戰勝，窮武事，未有不悔者也。

〔一〕師古曰：「司馬穰苴善用兵，著書言兵法，謂之司馬法。一說司馬，古主兵之官，有軍陳用兵之法。」
〔二〕應劭曰：「大愷，周禮還師振旅之樂也。」
〔三〕師古曰：「春爲陽中，其行木也；秋爲陰中，其行金也。金、木，兵器所資，故於此時蒐獮治兵也。蒐，蒐索也，取不孕者。獮，應殺氣也。振，整；旅，衆也。獮音先淺反。」
〔四〕師古曰：「重，難也。」

昔秦皇帝任戰勝之威，蠶食天下，并吞戰國，海內爲一，功齊三代。務勝不休，欲攻匈奴，李斯諫曰：「不可。夫匈奴無城郭之居，委積之守，遷徙鳥舉，難得而制。輕兵深入，糧食必絕；運糧以行，重不及事。得其地，不足以爲利；得其民，不可調而守也。〔一〕勝必棄之，非民父母。靡敝中國，甘心匈奴，〔二〕非完計也。」秦皇帝不聽，遂使蒙恬將兵而攻胡，郤地千里，以河爲境。地固澤鹵，不生五穀。〔三〕然後發天下丁男以守北河。暴兵露師十有餘年，死者不可勝數，終不能踰河而北。是豈人衆之不足，兵革之不備哉？其勢不可也。又使天下飛芻輓粟，〔四〕起於黃、腄、琅邪負海之郡，轉輸北河，〔五〕率三十鍾而致一石。〔六〕男子疾耕不足於糧餉，〔七〕女子紡績不足於帷幕。百姓靡敝，孤寡老弱不能相養，道死者相望，〔八〕蓋天下始叛也。

〔一〕李奇曰：「不可和調也。」
〔二〕師古曰：「靡，散也，音糜。其下類此。」
〔三〕師古曰：「地多沮澤而鹹鹵。」
〔四〕師古曰：「運載芻槀，令其疾至，故曰飛芻也。輓謂引車船也，音晚。」
〔五〕師古曰：「黃、腄，二縣名也，並在東萊。言自東萊及琅邪緣海諸郡，皆令轉輸至北河也。腄音直瑞反，又音誰。」
〔六〕師古曰：「六斛四斗爲鍾。計其道路所費，凡用百九十二斛，乃得一石至。」
〔七〕師古曰：「餉亦饟字。」
〔八〕師古曰：「道死謂死於路也。」

及至高皇帝定天下，略地於邊，聞匈奴聚代谷之外而欲擊之。御史成諫曰：「不可。夫匈奴，獸聚而鳥散，從之如搏景，〔一〕今以陛下盛德攻匈奴，臣竊危之。」高帝不聽，遂至代谷，果有平城之圍。高帝悔之，乃使劉敬往結和親，然後天下亡干戈之事。

〔一〕師古曰：「搏，擊也。搏人之陰景，言不可得也。」

故兵法曰：「興師十萬，日費千金。」秦常積衆數十萬人，雖有覆軍殺將，係虜單于，〔一〕適足以結怨深讎，不足以償天下之費。夫匈奴行盜侵敺，所以爲業，天性固然。〔二〕上自虞夏殷周，固不程督，〔三〕禽獸畜之，不比爲人。夫不上觀虞夏殷周之統，而下循近世之失，此臣之所以大恐，百姓所疾苦也。且夫兵久則變生，事苦則慮易。〔四〕使邊境之民靡敝愁苦，將吏相疑而外市，〔五〕故尉佗、章邯得成其私，〔六〕而秦政不行，權分二子，此得失之效也。故周書曰：「安危在出令，存亡在所用。」〔七〕願陛下孰計之而加察焉。

〔一〕師古曰：「覆音芳目反。」

〔二〕師古曰：「來侵邊境而敺略人畜也。敺與驅同，其字從攴，音普木反。」

〔三〕師古曰：「程，課也。督，視責也。」

〔四〕師古曰：「言思慮變易，失其常也。」

〔五〕張晏曰：「與外國交市己利，若章邯之比也。」

〔六〕師古曰：「佗音徒何反。」

〔七〕師古曰：「此周書者，本尙書之餘。」

是時，徐樂、嚴安亦俱上書言世務。書奏，上召見三人，謂曰：「公皆安在？何相見之晚也！」〔一〕乃拜偃、樂、安皆爲郎中。偃數上疏言事，遷謁者，中郎，中大夫。歲中四遷。

〔一〕師古曰：「言皆者，各在何處。」

偃說上曰：「古者諸侯地不過百里，彊弱之形易制。今諸侯或連城數十，地方千里，緩則驕奢易爲淫亂，急則阻其彊而合從〔一〕以逆京師。今以法割削，則逆節萌起，〔二〕前日朝錯是也。今諸侯子弟或十數，而適嗣代立，〔三〕餘雖骨肉，無尺地之封，則仁孝之道不宣。願陛下令諸侯得推恩分子弟，以地侯之。彼人人喜得所願，上以德施，實分其國，必稍自銷弱矣。」於是上從其計。又說上曰：「茂陵初立，天下豪桀并兼之家，亂衆民，皆可徙茂陵，內實京師，外銷姦猾，此所謂不誅而害除。」上又從之。

〔一〕師古曰：「從音子容反。」

〔二〕師古曰：「萌謂事之始生，如草木之萌芽也。」

〔三〕師古曰：「適讀曰嫡。」

尊立衞皇后及發燕王定國陰事，偃有功焉。大臣皆畏其口，賂遺累千金。或說偃曰：「大橫！」〔一〕偃曰：「臣結髮游學四十餘年，身不得遂，〔二〕親不以爲子，昆弟不收，賓客棄我，我阸日久矣。丈夫生不五鼎食，死則五鼎亨耳！〔三〕吾日暮，故倒行逆施之。」〔四〕

〔一〕師古曰：「橫音胡孟反。」

〔二〕師古曰：「遂猶達也。」

〔三〕張晏曰：「五鼎食，牛、羊、豕、魚、麋也。諸侯五，卿大夫三。」師古曰：「五鼎亨之，謂被鑊亨之誅。」

〔四〕師古曰：「暮言年齒老也。倒行逆施，謂不遵常理。此語本出五子胥，偃述而稱之。」

偃盛言朔方地肥饒，外阻河，蒙恬築城以逐匈奴，內省轉輸戍漕，廣中國，滅胡之本也。上覽其說，下公卿議，皆言不便。公孫弘曰：「秦時嘗發三十萬衆築北河，終不可就，〔一〕已而棄之。」朱買臣難詘弘，遂置朔方，本偃計也。

〔一〕師古曰：「就，成也。」

元朔中，偃言齊王內有淫失之行，〔一〕上拜偃爲齊相。至齊，徧召昆弟賓客，散五百金予之，數曰：〔二〕「始吾貧時，昆弟不我衣食，賓客不我內門，〔三〕今吾相齊，諸君迎我或千里。吾與諸君絕矣，毋復入偃之門！」乃使人以王與姊姦事動王。王以爲終不得脫，恐效燕王論死，乃自殺。

〔一〕師古曰：「失讀曰佚，音尹一反。」
〔二〕師古曰：「數，責也。數音所具反。」
〔三〕師古曰：「衣音於既反。食讀曰飤。內門，謂內之於門中也。」

偃始爲布衣時，嘗游燕、趙，及其貴，發燕事。趙王恐其爲國患，欲上書言其陰事，爲居中，不敢發。及其爲齊相，出關，卽使人上書，告偃受諸侯金，以故諸侯子多以得封者。及齊王以自殺聞，上大怒，以爲偃劫其王令自殺，乃徵下吏治。偃服受諸侯之金，實不劫齊王令自殺。上欲勿誅，公孫弘爭曰：「齊王自殺無後，國除爲郡，入漢，偃本首惡，非誅偃無以謝天下。」乃遂族偃。

偃方貴幸時，客以千數，及族死，無一人視，獨孔車收葬焉。上聞之，以車爲長者。

徐樂，燕（郡）無終人也。上書曰：

臣聞天下之患，在於土崩，不在瓦解，古今一也。何謂土崩？秦之末世是也。陳涉無千乘之尊，尺土之地，身非王公大人名族之後，〔無〕鄉曲之譽，非有孔、曾、墨子之賢，陶朱、猗頓之富也。然起窮巷，奮棘矜，〔一〕偏袒大呼，天下從風，〔二〕此其故何也？由民困而主不恤，下怨而上不知，俗已亂而政不修，此三者陳涉之所以爲資也。此之謂土崩。故曰天下之患在乎土崩。

〔一〕師古曰：「棘，戟也。矜者，戟之把也。時秦銷兵器，故但有戟之把耳。矜音巨巾反。此下亦同。」

〔二〕師古曰：「呼音火故反。」

何謂瓦解？吳、楚、齊、趙之兵是也。七國謀爲大逆，號皆稱萬乘之君，帶甲數十萬，威足以嚴其境內，財足以勸其士民，然不能西攘尺寸之地，〔一〕而身爲禽於中原者，此其故何也？非權輕於匹夫而兵弱於陳涉也，當是之時先帝之德未衰，而安土樂俗之民衆，故諸侯無竟外之助。〔二〕此之謂瓦解。故曰天下之患不在瓦解。

〔一〕師古曰：「攘謂侵取漢地。」

〔二〕師古曰：「竟讀曰境。其下同。」

由此觀之，天下誠有土崩之勢，雖布衣窮處之士或首難而危海內，〔一〕陳涉是也，況三晉之君或存乎？〔二〕天下雖未治也，誠能無土崩之勢，雖有彊國勁兵，不得還踵而身爲禽，〔三〕吳楚是也，況羣臣百姓，能爲亂乎？此二體者，安危之明要，賢主之所留意而深察也。

〔一〕師古曰：「首難謂首唱而作難也。」

〔二〕師古曰：「韓、趙、魏三國本共分晉，故稱三晉。」

〔三〕師古曰：「還讀曰旋。」

間者，關東五穀數不登，年歲未復，〔一〕民多窮困，重之以邊境之事，〔二〕推數循理而觀之，民宜有不安其處者矣。不安故易動，易動者，土崩之勢也。故賢主獨觀萬化之原，明於安危之機，修之廟堂之上，而銷未形之患也。其要期使天下無土崩之勢而已矣。故雖有彊國勁兵，陛下逐走獸，射飛鳥，弘游燕之囿，淫從恣之觀，極馳騁之樂自若。〔三〕金石絲竹之聲不絕於耳，帷幄之私俳優朱儒之笑不乏於前，而天下無宿憂。〔四〕名何必夏、子，俗何必成、康！〔五〕雖然，臣竊以爲陛下天然之質，寬仁之資，而誠以天下爲務，則禹、湯之名不難侔，而成、康之俗未必不復興也。〔六〕此二體者立，然後處尊安之實，揚廣譽於當世，親天下而服四夷，餘恩遺德爲數世隆，南面背依攝袂而揖王公，〔七〕此陛下之所服也。〔八〕臣聞圖王不成，其敝足以安。〔九〕安則陛下何求而不得，何威而不成，奚征而不服哉？〔一〇〕

〔一〕師古曰：「復音扶目反。」
〔二〕師古曰：「重音直用反。」
〔三〕師古曰：「自若者，言如其常，無所廢損也。從讀曰縱。」
〔四〕師古曰：「宿，久也。」

〔五〕服虔曰：「夏，禹也。子，湯也。湯，子姓。」

〔六〕師古曰：「侔，等也。」

〔七〕師古曰：「依讀曰扆。已解於上。」

〔八〕師古曰：「服，事也。」

〔九〕師古曰：「言其斂末之法，猶足自安也。」

〔一〇〕師古曰：「奚，何也。」

校勘記

二七七七頁五行　自以〔沒〕身不見兵革。　錢大昭說，「自以」下脫「沒」字。按景祐、殿本都有「沒」字。

二七七七頁一三行　(晉)〔張〕說是也。　景祐、殿本都作「張」。　王先謙說作「張」是。

二七七八頁四行　而居九州之(地)〔內〕也。　景祐、殿本都作「內」。　王先謙說作「內」是。

二七七八頁一三行　其不(可)用天子之法度，　景祐、殿本都無「可」字。

二七八〇頁二行　復音(拱)〔扶〕目反。　景祐、殿本都作「扶」，此誤。

二七八三頁二行　男子不得耕稼(種樹)〔樹種〕，　景祐、殿本都作「樹種」。

二七八三頁一六行　曠日(持)〔引〕久，士卒勞倦，越(乃)出擊之。　景祐本「持」作「引」，「越」下無「乃」字。

二七八四頁一行　行者不還，往者(菓)〔莫〕反，　景祐、汲古、殿、局本都作「莫」，此誤。

二七八四頁三行　言莫敢(狡)〔校〕也。　景祐、汲古、殿、局本都作「校」，注同。

二七八四頁一三行　如使越人蒙(死)徼幸以逆執事之顏行，　景祐本無「死」字。

二七八四頁一四行　八(蔬)〔藪〕爲囿，江(海)〔漢〕爲池，　景祐、殿本「蔬」都作「藪」，「海」都作「漢」。

二七八六頁七行　〔未〕踰領，　宋祁說，一本「踰」上有「未」字。王念孫說一本是。

二七八六頁一三行　夙興夜(昧)〔寐〕，　景祐、殿本都作「寐」。王先謙說作「寐」是。

二七八八頁三行　因其弱弟餘善以成其(謀)〔誅〕。　殿本作「誅」。王先謙說殿本是。

二七九〇頁一三行　(令)〔今〕躬自欲入奉也。　景祐本作「今」。殿本「躬」作「助」。

二七九二頁一五行　其故人素輕買臣者入〔內〕視之，　王念孫說景祐本有「內」字是。

二七九六頁二行　(是以)巧詐並生，〔是以〕知者陷愚，　景祐、殿本「是以」二字都在「巧詐並生」下。

二七九八頁六行　乃漢寶，非周寶〔也〕。　景祐、殿本都有「也」字。

二七九八頁一一行　不(客)〔容〕於齊。　錢大昭說「客」疑當作「容」。按景祐、殿本都作「容」，史記同。

二八〇四頁一〇行　徐樂，燕(郡)無終人也。　景祐本無「郡」字。王念孫、王先謙都說燕是國名，「郡」字不當有。

二八〇四頁一三行　〔無〕鄉曲之譽，　王念孫說史記有「無」字，此脫，則文義不明。

二八〇七頁六行　〔師古曰：「奚，何也。」〕　景祐、殿本都有此注。

漢書卷六十四下

嚴朱吾丘主父徐嚴終王賈傳第三十四下

師古曰：「此卷首尙載嚴、朱、吾丘、主父、徐者，存其本書題目，以示不變易也。」

嚴安者，臨菑人也。以故丞相史上書，曰：

臣聞鄒(衍)〔子〕曰：〔一〕「政敎文質者，所以云救也，〔二〕當時則用，過則舍之，〔三〕有易則易(也)〔之〕，〔四〕故守一而不變者，未睹治之至也。」今天下人民用財侈靡，車馬衣裘宮室皆競修飾，調五聲使有節族，〔五〕雜五色使有文章，重五味方丈於前，以觀欲天下。〔六〕彼民之情，見美則願之，是敎民以侈也。侈而無節，則不可贍，〔七〕民離本而徼末矣。〔八〕末不可徒得，〔九〕故搢紳者不憚爲詐，帶劍者夸殺人以矯奪，〔一〇〕而世不知媿，故姦軌浸長。〔一一〕夫佳麗珍怪固順於耳目，故養失而泰，樂失而淫，禮失而采，〔一二〕敎失而僞。僞、采、淫、泰，非所以範民之道也。〔一三〕是以天下人民逐利無已，犯法者衆。臣願爲民制度以防其淫，使貧富不相燿以和其心。心既和平，其性恬安。恬安不營，則盜賊銷；盜賊銷，則刑罰少；刑罰少，則陰陽和，四時正，風雨時，草木暢茂，五穀蕃孰，六畜遂字，〔一四〕民不夭厲，和之至也。〔一五〕

〔一〕師古曰：「鄒衍之書也。」

〔二〕師古曰：「以救敝。」

〔三〕師古曰：「非其時則廢置也。」

〔四〕師古曰：「可變易者則易也。」

〔五〕蘇林曰：「族音奏。」師古曰：「節，止也。奏，進也。」

〔六〕孟康曰：「觀猶顯也。」師古曰：「顯示之，使其慕欲也。」

〔七〕師古曰：「贍，足也。」

〔八〕師古曰：「徼，要求也，音工堯反。」

〔九〕師古曰：「徒，空也。」

〔一〇〕師古曰：「夸，大也，競也。矯，僞也。」

〔一一〕師古曰：「浸，漸也。」

〔一二〕如淳曰：「采，飾也。」師古曰：「采者，文過其實也。」

〔一三〕師古曰：「範謂爲之立法也。」

〔一四〕師古曰：「蕃，多也。遂，成也。字，生也。蕃音扶元反。」

〔一五〕師古曰：「厲，病也。」

臣聞周有天下，其治三百餘歲，成康其隆也，刑錯四十餘年而不用。及其衰，亦三百餘年，故五伯更起。〔一〕伯者，常佐天子興利除害，誅暴禁邪，匡正海內，以尊天子。五伯既沒，賢聖莫續，天子孤弱，號令不行。諸侯恣行，彊陵弱，衆暴寡。田常篡齊，六卿分晉，並爲戰國，此民之始苦也。於是彊國務攻，弱國修守，合從連衡，馳車轂擊，〔二〕介胄生蟣蝨，民無所告愬。

〔一〕師古曰：「伯讀曰霸。（晉）〔更〕音工衡反。以下並同。」

〔二〕師古曰：「車轂相擊，言其衆多也。從音子容反。」

及至秦王，蠶食天下，并吞戰國，稱號皇帝，一海內之政，壞諸侯之城。銷其兵，鑄以爲鍾虡，〔一〕示不復用。元元黎民得免於戰國，逢明天子，人人自以爲更生。〔二〕鄉使秦緩刑罰，薄賦斂，〔三〕省繇役，貴仁義，賤權利，上篤厚，下佞巧，變風易俗，化於海內，則世世必安矣。秦不行是風，循其故俗，爲知巧權利者進，篤厚忠正者退，法嚴令苛，諂諛者衆，〔四〕（曰）〔日〕聞其美，（章）〔意〕廣心逸。欲威海外，使蒙恬將兵以北攻彊胡，辟地進境，〔五〕戍於北河，飛芻輓粟以隨其後。又使尉屠睢將樓船之士攻越，使監祿鑿渠運糧，深入越地，越人遁逃。曠日持久，糧食乏絕，越人擊之，秦兵大敗。秦乃使尉佗將卒以戍越。當是時，秦禍北構於胡，南挂於越，〔六〕宿兵於無用之地，〔七〕進而不得退。行十餘年，丁男被甲，丁女轉輸，苦不聊生，自經於道樹，死者相望。及秦皇帝崩，天下大畔。陳勝、吳廣舉陳，〔八〕武臣、張耳舉趙，項梁舉吳，田儋舉齊，景駒舉郢，周市舉魏，韓廣舉燕，窮山通谷，豪士並起，不可勝載也。然本皆非公侯之後，非長官之吏，〔九〕無尺寸之勢，起閭巷，杖棘矜，應時而動，不謀而俱起，不約而同會，壤長地進，至乎伯王，〔一〇〕時教使然也。秦貴爲天子，富有天下，滅世絕祀，窮兵之禍也。故周失之弱，秦失之彊，不變之患也。

〔一〕師古曰：「虡，懸鍾者也。解在賈山、司馬相如傳。」
〔二〕師古曰：「言天下既免戰國之苦，若逢明聖之主則可以更生，而秦皇反爲虐政以殘害也。」
〔三〕師古曰：「鄕讀曰嚮。」
〔四〕師古曰：「讇，古諂字。」
〔五〕師古曰：「辟讀曰闢。」
〔六〕師古曰：「挂，懸也。」
〔七〕師古曰：「宿，留也。」
〔八〕師古曰：「舉謂起兵也。」
〔九〕師古曰：「長官謂一官之長也。」
〔一〇〕張晏曰：「長，進益也。」師古曰：「言其稍稍攻伐，進益土境，以至彊大也。長音竹兩反。伯讀曰霸。」

今徇南夷，朝夜郎，降羌僰，略薉州，建城邑，〔一〕深入匈奴，燔其龍城，〔二〕議者美之。此人臣之利，非天下之長策也。今中國無狗吠之警，而外累於遠方之備，靡敝國家，〔三〕非所以子民也。〔四〕行無窮之欲，甘心快意，結怨於匈奴，非所以安邊也。禍拏而不解，兵休而復起，〔五〕近者愁苦，遠者驚駭，非所以持久也。今天下鍛甲摩劍，矯箭控弦，〔六〕轉輸軍糧，未見休時，此天下所共憂也。夫兵久而變起，事煩而慮生。今外郡之地或幾千里，〔七〕列城數十，形束壤制，〔八〕帶脅諸侯，〔九〕非宗室之利也。上觀齊晉所以亡，公室卑削，六卿大盛也；下覽秦之所以滅，刑嚴文刻，欲大無窮也。今郡守之權非特六卿之重也，地幾千里非特閭巷之資也，甲兵器械非特棘矜之用也，以逢萬世之變，則不可勝諱也。〔一〇〕

〔一〕張晏曰：「薉，貉也。」師古曰：「薉與穢同。」
〔二〕師古曰：「燔，燒也。龍城，匈奴祭天處。燔音扶元反。」
〔三〕師古曰：「累音力瑞反。」
〔四〕師古曰：「子謂養之如子也。」
〔五〕師古曰：「拏，相連引也，音女居反。」
〔六〕師古曰：「矯，正曲使直也。控，引也。」
〔七〕師古曰：「幾音鉅依反。次下亦同。」

〔八〕孟康曰：「言其土地形勢，足以東制其民。」

〔九〕師古曰：「帶者，言諸侯之於郡守，譬若佩帶，謂輕小也。脅謂其威力足以脅之也。一曰帶在脅旁，附著之義也。」

〔一〇〕師古曰：「言不可盡諱者，言必滅亡也。」

後以安爲騎馬令。〔一〕

〔一〕師古曰：「主天子之騎馬也。騎音其寄反。」

終軍字子雲，濟南人也。少好學，以辯博能屬文聞於郡中。〔一〕年十八，選爲博士弟子。至府受遣，〔二〕太守聞其有異材，召見軍，甚奇之，與交結。軍揖太守而去，至長安上書言事。武帝異其文，拜軍爲謁者給事中。

〔一〕師古曰：「屬音之欲反。」

〔二〕師古曰：「博士弟子屬太常。受遣者，由郡遣詣京師。」

從上幸雍祠五畤，獲白麟，一角而五蹄。〔一〕時又得奇木，其枝旁出，輒復合於木上。上異此二物，博謀羣臣。〔二〕軍上對曰：

〔一〕師古曰：「每一足有五蹄也。」

〔二〕師古曰：「訪其徵應也。」

臣聞詩頌君德，樂舞后功，異經而同指，明盛德之所隆也。南越竄屏葭葦，與鳥魚羣，〔一〕正朔不及其俗。有司臨境，而東甌內附，閩王伏辜，南越賴救。北胡隨畜薦居，〔二〕禽獸行，虎狼心，上古未能攝。大將軍秉鉞，單于犇幕；〔三〕票騎抗旌，昆邪右衽。〔四〕是澤南洽而威北暢也。〔五〕若罰不阿近，舉不遺遠，設官竢賢，縣賞待功，〔六〕能者進以保祿，罷者退而勞力，〔七〕刑於宇內矣。〔八〕履衆美而不足，懷聖明而不專，〔九〕建三宮之文質，章厥職之所宜，〔一〇〕封禪之君無聞焉。〔一一〕

〔一〕師古曰：「葭，蘆也，成長則曰葦。葭音加。」

〔二〕蘇林曰：「薦，草也。」師古曰：「蘇說非也。薦讀曰荐。荐，屢也。言隨畜牧屢易故居，不安住也。左傳『戎狄荐居』者也。」

〔三〕師古曰：「犇，古奔字。」

〔四〕師古曰：「抗，舉也。右衽，從中國化也。昆音下門反。」

〔五〕師古曰：「洽，溥也。暢，達也。」

〔六〕師古曰：「竢，古俟字。次下亦同。」

〔七〕師古曰：「罷讀曰疲，謂不堪職任者也。勞力，歸農畝也。」

〔八〕師古曰：「刑，法也，言成法於宇內也。一曰，刑，見也。」

〔九〕師古曰：「言自謙也。」

〔一〇〕服虔曰：「三宮，明堂、辟雍、靈臺也。」鄭氏曰：「於三宮班政教，有文質者也。」

〔一一〕張晏曰：「前世封禪之君不聞若斯之美也。」

夫〔人〕〔天〕命初定，萬事草創，〔一〕及臻六合同風，九州共貫，必待明聖潤色，祖業傳於無窮。〔二〕故周至成王，然後制定，而休徵之應見。〔三〕陛下盛日月之光，垂聖思於勒成，專神明之敬，奉燔瘞於郊宮，〔四〕獻享之精交神，積和之氣塞明，〔五〕而異獸來獲，宜矣。昔武王中流未濟，白魚入於王舟，俯取以燎，羣公咸曰「休哉！」〔六〕今郊祀未見於神祇，而獲獸以饋，〔七〕此天之所以示饗，而上通之符合也。宜因昭時令日，改定告元，〔八〕苴〔以〕白茅於江淮，發嘉號于營丘，以應緝熙，〔九〕使著事者有紀焉。〔一〇〕

〔一〕師古曰：「謂始受命之君也。」

〔二〕師古曰：「潤色謂光飾之。」

〔三〕師古曰：「休，美也。徵，證也。」

〔四〕師古曰：「燔，祭天也。瘞，祭地也。祭天則燒之，祭地則瘞之。郊宮，謂泰時及后土也。」

〔五〕師古曰：「塞，荅也。明者，明靈，亦謂神也。」

〔六〕師古曰：「謂伐紂時。解在董仲舒傳。」

〔七〕師古曰：「以饋謂充祭俎也。」

〔八〕張晏曰：「改元年以告神祇也。」師古曰：「昭，明也。令，善也。」

〔九〕服虔曰：「苴，作席也。」張晏曰：「江淮職貢三脊茅爲藉也。」孟康曰：「嘉號，封禪也。泰山在齊分野，故曰營丘也。或曰登封泰山以明姓號也。」師古曰：「苴音租，又音子豫反。非苞苴之苴也。」

〔10〕師古曰：「謂史官也。紀，記也。」

蓋六鶂退飛，逆也；〔一〕白魚登舟，順也。〔二〕夫明闇之徵，上亂飛鳥，下動淵魚，〔三〕各以類推。今野獸幷角，明同本也；〔四〕衆支內附，示無外也。若此之應，殆將有解編髮，削左衽，襲冠帶，要衣裳，而蒙化者焉。〔五〕斯拱而竢之耳！〔六〕

〔一〕張晏曰：「六鶂退飛，象諸侯畔逆，宋襄公伯道退也。」

〔二〕張晏曰：「周，木德也。舟，木也。殷，水德。魚，水物。魚躍登舟，象諸侯順周，以紂畀武王也。」臣瓚曰：「時論者未以周爲木殷爲水也。謂武王伐殷而魚入王舟，象征而必獲，故曰順也。」師古曰：「瓚說是也。」

〔三〕師古曰：「亂，變也。」

〔四〕師古曰：「幷，合也。獸皆兩角，今此獨一，故云幷也。」

〔五〕師古曰：「要衣裳謂著中國之衣裳也。編讀曰辮。要音一遙反。」

〔六〕師古曰：「拱手而待之，言其卽至。」

對奏，上甚異之，由是改元爲元狩。後數月，越地及匈奴名王有率衆來降者，時皆以軍言爲中。〔一〕

〔一〕師古曰：「中音竹仲反。」

元鼎中，博士徐偃使行風俗。〔一〕偃矯制，〔二〕使膠東、魯國鼓鑄鹽鐵。〔三〕還，奏事，徙爲太常丞。御史大夫張湯劾偃矯制大害，法至死。偃以爲春秋之義，大夫出疆，有可以安社稷，存萬民，顓之可也。〔四〕湯以致其法，不能詘其義。有詔下軍問狀，軍詰偃曰：「古者諸侯國異俗分，百里不通，時有聘會之事，安危之勢，呼吸成變，故有不受辭造命顓己之宜；今天下爲一，萬里同風，故春秋『王者無外』。偃巡封域之中，稱以出疆何也？且鹽鐵，郡有餘臧，〔五〕正二國廢，國家不足以爲利害，而以安社稷存萬民爲辭，何也？」又詰偃：「膠東南近琅邪，北接北海，魯國西枕泰山，東有東海，受其鹽鐵。偃度四郡口數田地，〔六〕率其用器食鹽，不足以幷給二郡邪？將勢宜有餘，而吏不能也？何以言之？偃矯制而鼓鑄者，欲及春耕種贍民器也。〔七〕今魯國之鼓，當先具其備，〔八〕至秋乃能舉火。此言與實反者非？〔九〕偃已前三奏，無詔，〔一〇〕不惟所爲不許，〔一一〕而直矯作威福，以從民望，干名采譽，〔一二〕此明聖所必加誅也。『枉尺直尋』，孟子稱其不可；〔一三〕今所犯罪重，所就者小，〔一四〕偃自予必死而爲之邪？〔一五〕將幸誅不加，欲以采名也？」〔一六〕偃窮詘，服罪當死。軍奏「偃矯制顓行，非奉使體，請下御史徵偃即罪。」〔一七〕奏可。上善其詰，有詔示御史大夫。

〔一〕師古曰：「行音下更反。」

〔二〕師古曰：「矯，託也。託言受詔也。」

〔三〕如淳曰：「鑄銅鐵，扇熾火，謂之鼓。」

〔四〕師古曰：「顓與專同。下亦類此。」

〔五〕師古曰：「先有畜積。」

〔六〕師古曰：「度，計也，音大各反。」

〔七〕師古曰：「贍，足也。」

〔八〕師古曰：「備者猶今言調度。」

〔九〕師古曰：「重問之。」

〔一〇〕師古曰：「不報聽也。」

〔一一〕師古曰：「惟，思也。」

〔一二〕師古曰：「干，求也。采，取也。」

〔一三〕師古曰：「孟子，孟軻也。八尺曰尋。孟子之書曰陳代問於孟子曰：『枉尺直尋，若可爲也。』孟子曰：『子過矣。枉己者未有能直人者也。』尋長而尺短。故陳代言所直者多，而所曲者少，則可爲之。孟子以爲苟有小曲，則害於大直，故不可也。」

〔一四〕師古曰：「就，成也。」

〔一五〕師古曰：「予，許也。」

〔一六〕師古曰：「幸，冀也。」

〔一七〕師古曰：「徵，召也。即，就也。」

初，軍從濟南當詣博士，步入關，關吏予軍繻。〔一〕軍問：「以此何爲？」吏曰：「爲復傳，〔二〕還當以合符。」軍曰：「大丈夫西游，終不復傳還。」棄繻而去。軍爲謁者，使行郡國，〔三〕建節東出關，關吏識之，曰：「此使者乃前棄繻生也。」軍行郡國，所見便宜以聞。還奏事，上甚說。〔四〕

〔一〕張晏曰：「繻音須。繻，符也。書帛裂而分之，若券契矣。」蘇林曰：「繻，帛邊也。舊關出入皆以傳。傳(須)〔煩〕，因裂繻頭合以爲符信也。」師古曰：「蘇說是也。」

〔二〕師古曰：「復，返也。謂返出關更以爲傳。復音扶福反。傳音張戀反。次下亦同。」

〔三〕師古曰：「行音下更反。其後亦同。」

〔四〕師古曰：「說讀曰悅。」

當發使(使)匈奴，〔一〕軍自請曰：「軍無橫草之功，〔二〕得列宿衞，食祿五年。邊境時有風塵之警，臣宜被堅執銳，當矢石，啓前行。〔三〕駑下不習金革之事，今聞將遣匈奴使者，臣願盡精厲氣，奉佐明使，畫吉凶於單于之前。臣年少材下，孤於外官，〔四〕不足以亢一方之任，〔五〕竊不勝憤懣。」詔問畫吉凶之狀，上奇軍對，擢爲諫大夫。

〔一〕師古曰：「漢朝欲遣人爲使於匈奴也。」

〔二〕師古曰：「言行草中，使草偃臥，故云橫草也。」

〔三〕師古曰：「行音下郎反。」

〔四〕師古曰：「孤，遠也。外官謂非侍衞之臣也。」

〔五〕師古曰：「亢，當也，音抗。」

南越與漢和親，乃遣軍使南越，說其王，欲令入朝，比內諸侯。軍自請：「願受長纓，必羈南越王而致之闕下。」〔一〕軍遂往說越王，越王聽許，請舉國內屬。天子大說，〔二〕賜南越大臣印綬，壹用漢法，以新改其俗，令使者留填撫之。〔三〕越相呂嘉不欲內屬，發兵攻殺其王，及漢使者皆死。語在南越傳。軍死時年二十餘，故世謂之「終童」。

〔一〕師古曰：「言如馬羈也。」

〔二〕師古曰：「說讀曰悅。」

〔三〕師古曰：「填音竹刃反。」

王褒字子淵，蜀人也。宣帝時修武帝故事，講論六藝羣書，博盡奇異之好，徵能爲楚辭九江被公，〔一〕召見誦讀，益召高材劉向、張子僑、華龍、柳褒等待詔金馬門。〔二〕神爵、五鳳之間，天下殷（當）〔富〕，數有嘉應。上頗作歌詩，欲興協律之事，丞相魏相奏言知音善鼓雅琴者渤海趙定、梁國龔德，皆召見待詔。於是益州刺史王襄欲宣風化於眾庶，聞王褒有俊材，請與相見，使褒作中和、樂職、宣布詩，〔三〕選好事者令依鹿鳴之聲習而歌之。時汜鄉侯何武爲僮子，選在歌中。〔四〕久之，武等學長安，歌太學下，轉而上聞。宣帝召見武等觀之，皆賜帛，謂曰：「此盛德之事，吾何足以當之！」

〔一〕師古曰：「被，姓也，音皮義反。」

〔二〕師古曰：「華音戶化反。」

〔三〕師古曰：「中和者，言政治和平也。樂職者，言百官各得其職也。宣布者，風化普洽，無所不被。」

〔四〕師古曰：「氾音凡。」

褒既爲刺史作頌，〔一〕又作其傳，〔二〕益州刺史因奏褒有軼材。〔三〕上乃徵褒。既至，詔褒爲聖主得賢臣頌其意。褒對曰：

〔一〕師古曰：「即上中和、樂職、宣布詩也。以美盛德，故謂之頌也。」

〔二〕師古曰：「解釋頌歌之義及作者之意。」

〔三〕師古曰：「軼與逸同。」

夫荷旃被毳者，難與道純綿之麗密；〔一〕羹（黎）〔藜〕唅糗者，不足與論太牢之滋味。〔二〕今臣辟在西蜀，〔三〕生於窮巷之中，長於蓬茨之下，〔四〕無有游觀廣覽之知，顧有至愚極陋之累，〔五〕不足以塞厚望，應明指。〔六〕雖然，敢不略陳愚而抒情素！〔七〕

〔一〕師古曰：「純，絲也。」謂織爲繒帛之麗，絲纊之密也。一說，純綿，不雜綿也。

〔二〕服虔曰：「唅音含。」師古曰：「糗即今之熬米麥所爲者，音丘九反，又音昌少反。」

〔三〕師古曰：「辟讀曰僻。」

〔四〕師古曰：「蓬茨，以蓬蓋屋也。茨音才私反。」
〔五〕師古曰：「顧猶反也。累音力瑞反。」
〔六〕師古曰：「塞，當也。」
〔七〕師古曰：「抒猶泄也，音食汝反。」

記曰：「共惟春秋法五始之要，〔一〕在乎審己正統而已。」夫賢者，國家之器用也。所任賢，則趨舍省而功施普；〔二〕器用利，則用力少而就效衆。故工人之用鈍器也，勞筋苦骨，終日矻矻。〔三〕及至巧冶鑄干將之樸，清水淬其鋒，〔四〕越砥斂其咢，〔五〕水斷蛟龍，陸剸犀革，〔六〕忽若篲氾畫塗。〔七〕如此，則使離婁督繩，公輸削墨，〔八〕雖崇臺五增，延袤百丈，而不溷者，工用相得也。〔九〕庸人之御駑馬，亦傷吻敝策而不進於行，〔一〇〕匈喘膚汗，人極馬倦。及至駕齧膝，驂乘旦，〔一一〕王良執靶，〔一二〕韓哀附輿，〔一三〕縱馳騁騖，忽如景靡，〔一四〕過都越國，蹶如歷塊；〔一五〕追奔電，逐遺風，〔一六〕周流八極，萬里壹息。何其遼哉？人馬相得也。〔一七〕故服絺綌之涼者，不苦盛暑之鬱燠；〔一八〕襲貂狐之煖者，不憂至寒之悽愴。〔一九〕何則？有其具者易其備。賢人君子，亦聖〔主〕〔王〕之所以易海內也。是以嘔喩受之，〔二〇〕開寬裕之路，以延天下英俊也。〔二一〕夫竭知附賢者，必建仁策；索人求士者，必樹伯迹。〔二二〕昔周公躬吐捉之勞，故有圄空之隆；〔二三〕齊桓設庭燎之禮，

故有匡合之功。〔二四〕由此觀之，君人者勤於求賢而逸於得人。〔二五〕

〔一〕服虔曰：「共，敬也。」張晏曰：「要，春秋稱『元年春王正月』，此五始也。」師古曰：「元者氣之始，春者四時之始，王者受命之始，正月者政教之始，公卽位者一國之始，是爲五始。共讀曰恭。」

〔二〕師古曰：「趨讀曰趣。普，博也。」

〔三〕應劭曰：「矻矻，勞極貌。」如淳曰：「健作貌也。」師古曰：「如說是也。矻音口骨反。」

〔四〕師古曰：「焠謂（堯）〔燒〕而內水中以堅之也。鋒，刃芒端也。焠音千內反。」

〔五〕晉灼曰：「砥（百）〔石〕出南昌，故曰越也。」師古曰：「咢，刃旁也，音五各反。」

〔六〕師古曰：「剸，截也，音之兗反，又音徒官反。」

〔七〕師古曰：「彗，帚也。氾，氾灑地也。塗，泥也。如以帚埽氾灑之地，以刀畫泥中，言其易。」

〔八〕張晏曰：「離婁，黃帝時明目者也。」應劭曰：「公輸，魯般，性巧者也。」師古曰：「督，察視也。」

〔九〕師古曰：「溷，亂也，音胡頓反。」

〔一〇〕師古曰：「吻，口角也。策，所以擊馬也。」

〔一一〕孟康曰：「良馬低頭，口至厀，故曰齧厀。」張晏曰：「駕則且至，故曰乘且。」師古曰：「乘音食證反。」

〔一二〕張晏曰：「王良，郵無恤，字伯樂。」晉灼曰：「靶音霸，謂轡也。」師古曰：「參驗左氏傳及國語、孟子，郵無恤、郵良、劉無止、王良，總一人也。楚辭云『驥躊躇於敝輦，遇孫陽而得代』。王逸云孫陽，伯樂姓名也。列子云伯樂，秦穆公時人。考其年代不相當，張說云良字伯樂，斯失之矣。」

〔一三〕應劭曰：「世本『韓哀作御』。」師古曰：「宋衷云韓哀，韓文侯也。時已有御，此復言作者，加其精巧也。然則善御者耳，非始作也。」

〔四〕師古曰：「亂馳曰鶩。景𨇾者，如光景之徙𨇾也。」

〔五〕師古曰：「如經歷一塊，言其（起）〔速〕疾之甚。塊音口內反。」

〔六〕師古曰：「呂氏春秋云『遺風之乘』，言馬行尤疾，每在風前，故遺風於後。今此言逐遺風，則是風之遺逸在後者，馬能逐及也。」

〔七〕師古曰：「遼謂所行遠。」

〔八〕師古曰：「鬱，熱氣也。燠，溫也，音於六反。」

〔九〕師古曰：「悽愴，寒冷也。煗音乃短反。」

〔一〇〕應劭曰：「嘔喻，和悅貌。」師古曰：「嘔音於付反。」

〔一一〕師古曰：「裕，饒也。」

〔一二〕師古曰：「伯讀曰霸。」

〔一三〕師古曰：「一飯三吐飡，一沐三捉髮，以賓賢士，故能成太平之化，刑措不用，囹圄空虛也。」

〔一四〕應劭曰：「有以九九求見桓公，桓公不納。其人曰：『九九小術，而君不納之，況大於九九者乎！』於是桓公設庭燎之禮而見之。居無幾，隰朋自遠而至，齊桓（逐）〔遂〕以霸。」師古曰：「九九，計數之書，若今算經也。匡謂一匡天下也。合謂九合諸侯。」

〔一五〕師古曰：「逸，閑也。」

人臣亦然。昔賢者之未遭遇也，圖事揆策則君不用其謀，陳見悃誠則上不然其信，〔一〕進仕不得施效，斥逐又非其愆。是故伊尹勤於鼎俎，太公困於鼓刀，〔二〕百里自鬻，甯子飯牛，〔三〕離此患也。〔四〕及其遇明君遭聖主也，運籌合上意，諫諍卽見聽，進退得關其忠，任職得行其術，去卑辱奧渫而升本朝，〔五〕離疏釋蹻而享膏粱，〔六〕剖符錫壤而光祖考，傳之子孫，以資說士。〔七〕故世必有聖知之君，而後有賢明之臣。故虎嘯而(列風)〔風列〕，〔八〕龍興而致雲，蟋蟀俟秋唫，蜉蝣出以陰。〔九〕易曰：「飛龍在天，利見大人。」〔一〇〕詩曰：「思皇多士，生此王國。」〔一一〕故世平主聖，俊艾將自至，〔一二〕若堯、舜、禹、湯、文、武之君，獲稷、契、皋陶、伊尹、呂望，〔一三〕明明在朝，穆穆列布，〔一四〕聚精會神，相得益章。〔一五〕雖伯牙操遞鍾，〔一六〕逢門子彎烏號，〔一七〕猶未足以喻其意也。

〔一〕師古曰：「悃，至也，音口本反。」

〔二〕師古曰：「勤於鼎俎，謂負鼎俎以干湯也。鼓刀，謂屠牛於朝歌也。」

〔三〕師古曰：「鬻，賣也。呂氏春秋云百里奚之未遇時也，虞亡而虜縛，鬻以五羊之皮。公孫枝得而悅之，獻諸繆公。飯牛，解在鄒陽傳。鬻音弋六反。」

〔四〕師古曰：「離，遭也。」

〔五〕張晏曰：「奧，幽也。渫，狎也，汙也。言僘奧渫汙，不章顯也。」師古曰：「渫音先列反。」

〔六〕應劭曰：「離此疏食，釋此木蹻也。」臣瓚曰：「以繩爲蹻也。」師古曰：「蹻(自)〔卽〕今之鞋耳。瓚說是也。蹻音居略反。」

〔七〕師古曰：「談說(也)〔之〕士傳以爲資也。」

〔八〕師古曰：「冽冽，風貌也，音列。」

〔九〕孟康曰：「蜉蝣，渠略也。」師古曰：「蟋蟀，今之促織也。蜉蝣，甲(患)〔蟲〕也，好叢聚而生也，朝生而夕死。蝣音由，字亦作蝣，其音同也。」

〔一〇〕師古曰：「乾卦九五爻辭也。言王者居正陽之位，賢才見之，則利用也。」

〔一一〕師古曰：「大雅文王之詩也。思，語辭也。皇，美也。言美哉，此衆多賢士，生此周王之國也。」

〔一二〕師古曰：「艾讀曰乂。」

〔一三〕師古曰：「契讀與卨同，字本作偰，後從省耳。」

〔一四〕師古曰：「明明，察也。穆穆，美也。」

〔一五〕師古曰：「章，明也。」

〔一六〕晉灼曰：「遞音遞迭之遞。二十四鍾各有節奏，擊之不常，故曰遞。」臣瓚曰：「楚辭云『奏伯牙之號鍾』。號鍾，琴名也。馬融笛賦曰『號鍾高調』。伯牙以善鼓琴，不聞說能擊鍾也。」師古曰：「琴名是也，字既作遞，則與楚辭不同，不得即讀爲號，當依晉音耳。」

〔一七〕師古曰：「逢門，善射者，即逢蒙也。烏號，弓名也。並解在前也。」

故聖主必待賢臣而弘功業，俊士亦俟明主以顯其德。上下俱欲，驩然交欣，千載壹合，論說無疑，翼乎如鴻毛過順風，沛乎如巨魚縱大壑。〔一〕其得意若此，則胡禁不止，曷令不行？〔二〕化溢四表，橫被無窮，遐夷貢獻，萬祥畢溱。〔三〕是以聖王不徧窺望而視已明，不單頃耳而聽已聰；〔四〕恩從祥風翺，德與和氣游，〔五〕太平之責塞，優游之望得；〔六〕遵遊自然之勢，恬淡無爲之場，休徵自至，壽考無疆，雍容垂拱，永永萬年，何必偃卬詘信若彭祖，呴噓呼吸如僑、松，〔七〕眇然絕俗離世哉！〔八〕詩云「濟濟多士，文王以寧」，〔九〕蓋信乎其以寧也！

〔一〕師古曰：「亘亦大也。沛音普大反。」
〔二〕師古曰：「胡、曷皆何也。」
〔三〕師古曰：「溱字與臻同。」
〔四〕師古曰：「單，盡極也。頃讀曰傾。」
〔五〕師古曰：「翺，翔也。」
〔六〕師古曰：「塞，滿也。」
〔七〕如淳曰：「五帝紀彭祖，堯舜時人。列仙傳彭祖，殷大夫也，歷夏至商末，壽年七百。」師古曰：「信讀曰伸。呴噓，皆開口出氣也。僑，王僑，松，赤松子，皆仙人也。呴音許于反。噓音虛。」
〔八〕師古曰：「眇然，高遠之意也。」
〔九〕師古曰：「亦文王之詩也。濟濟，盛貌也。言文王能多用賢人，故邦國得以安寧也。」

是時，上頗好神僊，故襃對及之。

上令褒與張子僑等並待詔，數從褒等放獵，〔一〕所幸宮館，輒爲歌頌，第其高下，以差賜帛。議者多以爲淫靡不急，上曰：「『不有博弈者乎，爲之猶賢乎已！』〔二〕辭賦大者與古詩同義，小者辯麗可喜。〔三〕辟如女工有綺縠，音樂有鄭衞，〔四〕今世俗猶皆以此虞說耳目，〔五〕辭賦比之，尚有仁義風諭，〔六〕鳥獸草木多聞之觀，賢於倡優博弈遠矣。」頃之，擢褒爲諫大夫。

〔一〕師古曰：「放，士衆大獵也，一曰游放及田獵。」
〔二〕師古曰：「此論語載孔子之辭也。言博弈雖非道藝，無事爲之，猶賢也。弈，今之圍(其)〔棊〕也。」
〔三〕師古曰：「喜，好也，音許吏反。」
〔四〕師古曰：「辟讀曰譬。」
〔五〕師古曰：「虞與娛同。說讀曰悅。」
〔六〕師古曰：「風讀曰諷。」

其後太子體不安，苦忽忽善忘，不樂。詔使褒等皆之太子宮虞侍太子，〔一〕朝夕誦讀奇文及所自造作。疾平復，乃歸。〔二〕太子喜褒所爲甘泉及洞簫頌，〔三〕令後宮貴人左右皆誦讀之。

〔一〕師古曰：「之，往也。」
〔二〕師古曰：「復音扶目反。」
〔三〕師古曰：「喜音許吏反。」

後方士言益州有金馬碧雞之寶，可祭祀致也，宣帝使褒往祀焉。褒於道病死，上閔惜之。

賈捐之字君房，賈誼之曾孫也。元帝初即位，上疏言得失，召待詔金馬門。

初，武帝征南越，元封元年立儋耳、珠厓郡，皆在南方海中洲居，〔一〕廣袤可千里，〔二〕合十六縣，戶二萬三千餘。其民暴惡，自以阻絕，數犯吏禁，吏亦酷之，率數年壹反，殺吏，漢輒發兵擊定之。自初為郡至昭帝始元元年，二十餘年間，凡六反叛。至其五年，罷儋耳郡并屬珠厓。至宣帝神爵三年，珠厓三縣復反。反後七年，甘露元年，九縣反，輒發兵擊定之。元帝初元元年，珠厓又反，發兵擊之。諸縣更叛，連年不定。〔三〕上與有司議大發軍，捐之建議，以為不當擊。上使侍中駙馬都尉樂昌侯王商詰問捐之曰：「珠厓內屬為郡久矣，今背畔逆節，而云不當擊，長蠻夷之亂，虧先帝功德，經義何以處之？」〔四〕捐之對曰：

〔一〕師古曰：「居海中之洲也。水中可居者曰洲。」

〔二〕師古曰：「袤，長也。」

〔三〕師古曰：「更音工衡反。」

〔四〕師古曰：「於六經之內，當何者之科條也。」

臣幸得遭明盛之朝，蒙危言之策，無忌諱之患，〔一〕敢昧死竭卷卷。〔二〕

〔一〕師古曰：「危言，直言也。言出而身危，故云危言。論語稱孔子曰：『邦有道，危言（行危）〔危行〕』。」

〔二〕師古曰：「卷讀與拳同。」

臣聞堯舜，聖之盛也，禹入聖域而不優，〔一〕故孔子稱堯曰「大哉」，韶曰「盡善」，禹曰「無間」。〔二〕以三聖之德，地方不過數千里，〔西〕被流沙，東漸于海，朔南暨聲教，迄于四海，〔三〕欲與聲教則治之，不欲與者不彊治也。〔四〕故君臣歌德，〔五〕含氣之物各（德）〔得〕其宜。武丁、成王，殷、周之大仁也，〔六〕然地東不過江、黃，西不過氐、羌，南不過蠻荊，北不過朔方。是以頌聲並作，視聽之類咸樂其生，越裳氏重九譯而獻，〔七〕此非兵革之所能致。及其衰也，南征不還，〔八〕齊桓救其難，〔九〕孔子定其文。〔一〇〕以至乎秦，興兵遠攻，貪外虛內，務欲廣地，不慮其害。然地南不過閩越，北不過太原，而天下潰畔，禍卒在於二世之末，〔一一〕長城之歌至今未絕。

〔一〕臣瓚曰：「禹之功德，裁入聖人區域，但不能優泰耳。」

〔二〕師古曰：「論語稱孔子曰『大哉，堯之為君也』，又曰『韶，盡美矣，又盡善也』，又曰『禹，吾無間然矣』。韶，舜樂名。間音工莧反。」

〔三〕師古曰：「此引禹貢之辭。漸，入也，一曰浸也。朔，北方也。暨，及也。迄，至也。」

〔四〕師古曰：「與讀曰豫。」

〔五〕師古曰：「言皆有德可歌頌。」

〔六〕師古曰：「武丁，殷之高宗。」

〔七〕晉灼曰：「遠國使來，因九譯言語乃通也。」張晏曰：「越不著衣裳，慕中國化，遣譯來著衣裳也，故曰越裳也。」師古曰：「張說非也。越裳自是國名，非以襲衣裳始爲稱號。王充論衡作越嘗，此則不作衣裳之字明矣。」

〔八〕師古曰：「謂昭王也。（謂）〔爲〕楚所溺也。」

〔九〕師古曰：「謂襄王也。初爲太子，而惠王欲立王子帶，齊桓公爲首止之盟，以定太子之位。事在左傳僖五年。」

〔一〇〕張晏曰：「孔子作春秋，夷狄之國雖大，自稱王者皆貶爲子。」

〔一一〕師古曰：「卒，終也。」

賴聖漢初興，爲百姓請命，平定天下。至孝文皇帝，閔中國未安，偃武行文，則斷獄數百，民賦四十，丁男三年而一事。〔一〕時有獻千里馬者，詔曰：「鸞旗在前，屬車在後，〔二〕吉行日五十里，師行（二）〔三〕十里，朕乘千里之馬，獨先安之？」〔三〕於是還馬，與道里費，而下詔曰：「朕不受獻也，其令四方毋求來獻。」當此之時，逸游之樂絕，奇麗之賂塞，鄭衞之倡微矣。夫後（官）〔宮〕盛色則賢者隱處，佞人用事則諍臣杜口，而文帝不行，故謚爲孝文，廟稱太宗。至孝武皇帝元狩六年，太倉之粟紅腐而不可食，〔四〕都內之錢貫朽而不可（挍）〔校〕。〔五〕乃探平城之事，〔六〕錄冒頓以來數爲邊害，籍兵厲馬，因富民以攘服之。〔七〕西連諸國至于安息，東過碣石以玄菟、樂浪爲郡，〔八〕（比）〔北〕郤匈奴萬里，更起營塞，制南海以爲八郡，則天下斷獄萬數，民賦數百，造鹽鐵酒榷之利以佐用度，猶不能足。當此之時，寇賊並起，軍旅數發，父戰死於前，子鬭傷於後，女子乘亭鄣，孤兒號於道，老母寡婦飲泣巷哭，〔九〕遙設虛祭，想魂乎萬里之外。淮南王盜寫虎符，陰聘名士，關東公孫勇等詐爲使者，是皆鄣地泰大，征伐不休之故也。

〔一〕如淳曰：「常賦歲百二十，歲一事。時天下民多，故出賦四十，三歲而一事。」

〔二〕師古曰：「鸞旗，編以羽毛，列繫橦旁，載於車上，大駕出，則陳於道而先行。屬車，相連屬而陳於後也。屬音之欲反。」

〔三〕師古曰：「安之，言何所適往。」

〔四〕師古曰：「粟久腐壞，則色紅赤也。」

〔五〕師古曰：「(狡)〔校〕謂數計也。」

〔六〕師古曰：「追計其事，故言探。」

〔七〕師古曰：「攘，卻也。」

〔八〕師古曰：「樂音洛。浪音郎。」

〔九〕師古曰：「淚流被面以入於口，故言飲泣也。」

今天下獨有關東，關東大者獨有齊楚，民衆久困，連年流離，離其城郭，相枕席於道路。〔一〕人情莫親父母，莫樂夫婦，至嫁妻賣子，法不能禁，義不能止，此社稷之憂也。今陛下不忍悁悁之忿，欲驅士衆擠之大海之中，〔二〕快心幽冥之地，非所以救助飢饉，保全元元也。詩云「蠢爾蠻荊，大邦爲讎」，〔三〕言聖人起則後服，中國衰則先畔，動爲國家難，自古而患之久矣，何況乃復其南方萬里之蠻乎！駱越之人父子同川而浴，相習以鼻飲，與禽獸無異，本不足郡縣置也。顓顓獨居一海之中，〔四〕霧露氣溼，多毒草蟲蛇水土之害，人未見虜，戰士自死。又非獨珠厓有珠犀瑇瑁也，〔五〕棄之不足惜，不擊不損威。其民譬猶魚鼈，何足貪也！

〔一〕如淳曰：「席音藉。」師古曰：「席即藉也，不勞借音。」

〔二〕師古曰：「擠，墜也，音子詣反，又子奚反。」

〔三〕師古曰：「詩小雅采芑之詩也。蠢，動貌也。蠻荊，荊州之蠻也。言敢與大國爲讎敵也。」

〔四〕師古曰：「顓與專同。專專猶區區也，一曰圜貌也。」

〔五〕師古曰：「瑇瑁，文甲也。瑇音代。瑁音妹。」

臣竊以往者羌軍言之，暴師曾未一年，兵出不踰千里，費四十餘萬萬，大司農錢盡，乃以少府禁錢續之。〔一〕夫一隅爲不善，費尚如此，況於勞師遠攻，亡士毋功乎！求之往古則不合，施之當今又不便。臣愚以爲非冠帶之國，禹貢所及，春秋所治，皆可且無以爲。〔二〕願遂棄珠厓，專用恤關東爲憂。

〔一〕師古曰：「少府錢主供天子，故曰禁錢。」

〔二〕師古曰：「爲猶用也。」

對奏，上以問丞相御史。御史大夫陳萬年以爲當擊；丞相于定國以爲「前日興兵擊之連年，護軍都尉、校尉及丞凡十一人，還者二人，卒士及轉輸死者萬人以上，費用三萬萬餘，尚未能盡降。今關東困乏，民難搖動，捐之議是。」上乃從之。遂下詔曰：「珠厓虜殺吏民，背畔爲逆，今廷議者或言可擊，或言可守，或欲棄之，其指各殊。朕日夜惟思議者之言，羞威不行，則欲誅之；狐疑辟難，則守屯田；〔一〕通于時變，則憂萬民。夫萬民之饑餓，與遠蠻之不討，危孰大焉？且宗廟之祭，凶年不備，況乎辟不嫌之辱哉！今關東大困，倉庫空虛，無以相贍，又以動兵，非特勞民，凶年隨之。其罷珠厓郡。民有慕義欲內屬，便處之；〔二〕不欲，勿彊。」珠厓由是罷。

〔一〕師古曰：「辟讀曰避。次下亦同。」

〔二〕師古曰：「欲有來入內郡者，所至之處，即安置之。」

捐之數召見，言多納用。時中書令石顯用事，捐之數短顯，〔一〕以故不得官，後稀復見。而長安令楊興新以材能得幸，與捐之相善。捐之欲得召見，謂興曰：「京兆尹缺，使我得見，言君蘭，〔二〕京兆尹可立得。」興曰：「縣官嘗言興瘉薛大夫，〔三〕我易助也。君房下筆，言語妙天下，〔四〕使君房爲尚書令，勝五鹿充宗遠甚。」捐之曰：「令我得代充宗，君蘭爲京兆，京兆郡國首，尚書百官本，天下眞大治，士則不隔矣。捐之前言平恩侯可爲將軍，〔五〕期思侯並可爲諸曹，〔六〕皆如言；又薦謁者滿宣，立爲冀州刺史；言中謁者不宜受事，宦者不宜入宗廟，立止。相薦之信，不當如是乎！」〔七〕興曰：「我復見，言君房也。」捐之復短石顯。興曰：「顯鼎貴，〔八〕上信用之。今欲進，弟從我計，〔九〕且與合意，卽得入矣。」

〔一〕師古曰：「談說其長短。」
〔二〕張晏曰：「楊興字。」
〔三〕張晏曰：「瘉，〔勝〕也。薛廣德爲御史大夫。」師古曰：「瘉與愈同。」
〔四〕師古曰：「於天下最爲精妙耳。」
〔五〕張晏曰：「許嘉也。」
〔六〕師古曰：「期思侯，當是賁赫之後嗣也，而表不載。」
〔七〕師古曰：「冀相薦之效，當如前所言諸事見納用。」
〔八〕如淳曰：「鼎音釘，言方且欲貴矣。」師古曰：「方且，是也。讀如(今)〔本〕字。」
〔九〕師古曰：「弟，但也。」

捐之卽與興共爲薦顯奏，曰：「竊見石顯本山東名族，有禮義之家也。持正六年，未嘗有過，明習於事，敏而疾見，出公門，入私門。〔一〕宜賜爵關內侯，引其兄弟以爲諸曹。」又共爲薦興奏，曰：「竊見長安令興，幸得以知名數召見。興事父母有曾氏之孝，〔二〕事師有顏閔之材，〔三〕榮名聞於四方。明詔舉茂材，列侯以爲首。爲長安令，吏民敬鄉，〔四〕道路皆稱能。

觀其下筆屬文，則董仲舒；進談動辭，則東方生；置之爭臣，則汲直；〔五〕用之介胄，則冠軍侯；施之治民，則趙廣漢；抱公絕私，則尹翁歸。興兼此六人而有之，守道堅固，執義不回，〔六〕臨大節而不可奪，國之良臣也，可試守京兆尹。」

〔一〕師古曰：「言自公庭出，即歸其家，不妄交游。」

〔二〕師古曰：「曾參也。」

〔三〕師古曰：「顏回，閔子騫。」

〔四〕師古曰：「鄉讀曰嚮。」

〔五〕張晏曰：「汲黯方直，故世謂之汲直。」

〔六〕師古曰：「回，邪也。」

石顯聞知，白之上。乃下興、捐之獄，令皇后父陽平侯禁與顯共雜治，奏「興、捐之懷詐僞，以上語相風，更相薦譽，〔一〕欲得大位，漏泄省中語，(罔)〔罔〕上不道。書曰：『讒說殄行，震驚朕師。』〔二〕王制：『順非而澤，不聽而誅。』〔三〕請論如法。」

〔一〕師古曰：「風讀曰諷。更音工衡反。」

〔二〕師古曰：「虞書舜典之辭也。言讒巧之說，殄絕君子之行，震驚我衆。」

〔三〕師古曰：「禮記王制云：『行僞而堅，言僞而辯，學非而博，順非而澤，以疑衆，殺。』謂人有堅爲辯言，不以誠質，學於非道，雖博無用，飾非文過，辭語順澤，不聽敎命，有如此者，皆誅殺也。」

捐之竟坐棄市。興減死罪一等，髡鉗爲城旦。成帝時，至部刺史。

贊曰：詩稱「戎狄是膺，荆舒是懲」，〔一〕久矣其爲諸夏患也。漢興，征伐胡越，於是爲盛。究觀淮南、捐之、主父、嚴安之義，深切著明，〔二〕故備論其語。世稱公孫弘排主父，張湯陷嚴助，石顯譖捐之，察其行迹，主父求欲鼎亨而得族，嚴、賈出入禁門招權利，死皆其所也，亦何排陷之恨哉！

〔一〕師古曰：「魯頌閟宮之詩也。膺，當也。懲，創刈也。言魯僖公與齊桓舉義兵，北當戎狄，南創荆舒以靖難。」

〔二〕師古曰：「究，極也。」

校勘記

二八〇九頁五行　臣聞鄒(衍)〔子〕曰：　景祐、殿、局本都作「子」。

二八〇九頁六行　有易則易(也)〔之〕。　景祐、殿本都作「之」。

二八一二頁六行　(晉)〔更〕音工衡反。　景祐、殿、局本都作「更」，此誤。

二八一二頁一三行　(日)〔曰〕聞其美，(章)〔意〕廣心逸。　景祐、殿、局本都作「曰」作「意」，此誤。

二八一六頁二行　夫(人)〔天〕命初定，萬事草創，　景祐、殿、局本字都作「天」。王先謙說作「天」是。

二八一六頁七行　苴〔以〕白茅於江淮，　王先謙說「以」字衍。按殿本無「以」字。

二八二〇頁四行　傳〔須〕〔煩〕，因裂繻頭合以爲符信也。　景祐、殿本都作「煩」。　王先謙說作「煩」是。

二八二〇頁九行　當發使〔使〕匈奴，　景祐本不重「使」字。　王念孫說，按注文則正文似祇有一「使」字。

二八二二頁二行　天下殷〔當〕〔富〕，　景祐、殿、局本都作「富」，此誤。

二八二三頁二行　羹〔黎〕〔藜〕唅糗者，　景祐、殿本都作「藜」。　楊樹達說作「藜」是。

二八二三頁三行　亦聖〔主〕〔王〕之所以易海內也。　景祐、殿本都作「王」，文選同。

二八二四頁六行　焠謂〔堯〕〔燒〕而內水中以堅之也。　景祐、殿、局本都作「燒」，此誤。

二八二四頁七行　砥〔百〕〔石〕出南昌，　景祐、殿本都作「石」，此誤。

二八二五頁三行　言其〔起〕〔速〕疾之甚。　景祐、殿本都作「速」。

二八二五頁一四行　齊桓〔遂〕〔遂〕以霸。　景祐、殿、局本都作「遂」，此誤。

二八二六頁四行　故虎嘯而〔𠛱風〕〔風冽〕，　景祐、殿本都作「風冽」，通鑑同。

二八二六頁一五行　蹻〔自〕〔卽〕今之鞋耳。　景祐、殿本都作「卽」。

二八二七頁一行　談說〔也〕〔之〕士傳以爲資也。　景祐、汲古、殿、局本都作「之」，此誤。

二八二七頁三行　蛶蟜，甲〔患〕〔蟲〕也，　景祐、殿、局本都作「蟲」，此誤。

二八二九頁六行　奕，今之圍〔其〕〔棊〕也。　景祐、局本作「棊」，殿本作「碁」。此誤，汲古本又誤作「甚」。

二八三一頁一行　邦有道，危言(行危)〔危行〕。　景祐、殿、局本都作「危行」，此誤倒。

二八三一頁四行　〔西〕被流沙，　景祐、殿本都有「西」字，此脫。

二八三一頁五行　含氣之物各(德)〔得〕其宜。　景祐、殿、局本都作「得」。

二八三二頁四行　(謂)〔爲〕楚所溺也。　景祐、殿、局本都作「爲」。

二八三二頁一〇行　師行(二)〔三〕十里，　景祐、殿本都作「三」，此誤。

二八三三頁三行　夫後(官)〔宮〕盛色　景祐、殿本都作「宮」，此誤。

二八三三頁一四行　貫朽而不可(挍)〔校〕。　景祐、殿本都作「校」，注同。

二八三三頁一五行　(比)〔北〕卻匈奴萬里更起營塞，　景祐、殿、局本都作「北」，此誤。

二八三六頁六行　瘉，〔勝〕也。　景祐、殿本都有「勝」字，此脫。

二八三六頁一一行　讀如(令)〔本〕字。　殿、局本作「本」。王先謙說作「本」是。

二八三七頁一一行　(岡)〔罔〕上不道。　景祐、殿、局本都作「罔」，此誤。

漢書卷六十五

東方朔傳第三十五

東方朔字曼倩，〔一〕平原厭次人也。〔二〕武帝初即位，徵天下舉方正賢良文學材力之士，待以不次之位，〔三〕四方士多上書言得失，自衒鬻者以千數，〔四〕其不足采者輒報聞罷。〔五〕朔初來，上書曰：「臣朔少失父母，長養兄嫂。年十三學書，三冬文史足用。〔六〕十五學擊劍。十六學詩書，〔七〕誦二十二萬言。十九學孫吳兵法，戰陣之具，鉦鼓之教，〔八〕亦誦二十二萬言。凡臣朔固已誦四十四萬言。又常服子路之言。〔九〕臣朔年二十二，長九尺三寸，目若懸珠，齒若編貝，〔一〇〕勇若孟賁，〔一一〕捷若慶忌，〔一二〕廉若鮑叔，〔一三〕信若尾生。〔一四〕若此，可以為天子大臣矣。臣朔昧死再拜以聞。」

〔一〕師古曰：「倩音千見反。」

〔二〕師古曰：「高祖功臣表有厭次侯爰類，是則厭次之名也其來久矣，而說者乃云後漢始為縣，於此致疑，斯未通也。厭音一涉反，又音一琰反。」

〔三〕師古曰：「不拘常次，言超擢也。」

〔四〕師古曰：「衒，行賣也。鬻亦賣也。衒音州縣之縣，又音工縣反。」

〔五〕師古曰：「報云天子已聞其所上之書，而罷之令歸。」

〔六〕如淳曰：「貧子冬日乃得學書，言文史之事足可用也。」

〔七〕師古曰：「學劍，遙擊而中之，非斬刺也。」

〔八〕師古曰：「鉦鼓，所以爲進退士衆之節也。鉦音正。」

〔九〕服虔曰：「無宿諾。」

〔一〇〕師古曰：「編，列次也，音鞭。」

〔一一〕師古曰：「孟賁，衞人，古之勇士也。尸子說云：『人謂孟賁生乎？曰勇。貴乎？曰勇。富乎？曰勇。三者人之所難，而皆不足以易勇，故能懾三軍，服猛獸也。』」

〔一二〕師古曰：「王子慶忌也。射之，矢滿把不能中；駟馬追之不能及也。」

〔一三〕師古曰：「齊大夫也，與管仲分財，自取其少。而說者乃妄解云鮑焦，非也。焦自介士耳。」

〔一四〕師古曰：「尾生，古之信士，與女子期於梁下，待之不至，遇水而死。一曰卽微生高也。」

朔文辭不遜，高自稱譽，上偉之，〔一〕令待詔公車，〔二〕奉祿薄，未得省見。〔三〕

〔一〕師古曰：「以爲大奇也。」

〔二〕師古曰：「公車令屬衞尉，上書者所詣也。」

〔三〕師古曰：「不被省納，不得見於天子也。奉音扶用反。其下並同。」

久之，朔紿騶朱儒，〔一〕曰：「上以若曹無益於縣官，〔二〕耕田力作固不及人，臨衆處官不能治民，從軍擊虜不任兵事，無益於國用，徒索衣食，〔三〕今欲盡殺若曹。」朱儒大恐，啼泣。朔教曰：「上卽過，叩頭請罪。」居有頃，聞上過，朱儒皆號泣頓首。上問：「何爲？」對曰：「東方朔言上欲盡誅臣等。」上知朔多端，召問朔：「何恐朱儒爲？」對曰：「臣朔生亦言，死亦言。朱儒長三尺餘，奉一囊粟，錢二百四十。臣朔長九尺餘，亦奉一囊粟，錢二百四十。朱儒飽欲死，臣朔飢欲死。臣言可用，幸異其禮；不可用，罷之，無令但索長安米。」上大笑，因使待詔金馬門，稍得親近。

〔一〕文穎曰：「朱儒之爲騶者也。」師古曰：「朱儒，短人也。騶本廄之御騶也，後人以爲騎，謂之騶騎。」

〔二〕師古曰：「若，女也。曹，輩也。」

〔三〕如淳曰：「索，盡也。」師古曰：「音先各反。下云索長安米亦同也。」

上嘗使諸數家射覆，〔一〕置守宮盂下，射之，皆不能中。〔二〕朔自贊曰：「臣嘗受易，請射之。」〔三〕乃別著布卦而對曰：〔四〕「臣以爲龍又無角，謂之爲蛇又有足，跂跂脈脈善緣壁，是非守宮卽蜥蜴。」〔五〕上曰：「善。」賜帛十匹。復使射他物，連中，輒賜帛。〔六〕

〔一〕師古曰：「數家，術數之家也。於覆器之下而置諸物，令闇射之，故云射覆。數音所具反。覆音芳目反。」

〔二〕師古曰：「守宮，蟲名也。術家云以器養之，食以丹砂，滿七斤，擣治萬杵，以點女人體，終身不滅，若有房室之事，則滅矣。言可以防閑淫逸，故謂之守宮也。今俗呼爲辟宮，辟亦禦扞之義耳。盂，食器也，若盋而大，今之所謂盋盂也。盋音撥。」

〔三〕師古曰：「贊，進也。」

〔四〕師古曰：「別，分也，音彼列反。」

〔五〕師古曰：「跂跂，行貌也。脈脈，視貌也。爾雅云『蠑螈，蜥蜴；蜥蜴，蝘蜓；蝘蜓，守宮』。是則一類耳。揚雄方言云其在澤中者謂之蜥蜴。故朔曰是非守宮則蜥蜴也。蜥音先歷反。蜴音余赤反。蠑音榮。螈音原。蝘音烏典反。蜓音殄。」

〔六〕師古曰：「中音竹仲反。其下並同。」

時有幸倡郭舍人，滑稽不窮，〔一〕常侍左右，曰：「朔狂，幸中耳，非至數也。〔二〕臣願令朔復射，朔中之，臣榜百，不能中，臣賜帛。」〔三〕乃覆樹上寄生，令朔射之。朔曰：「是寠藪也。」〔四〕舍人曰：「果知朔不能中也。」朔曰：「生肉爲膾，乾肉爲脯；著樹爲寄生，盆下爲寠數。」上令倡監榜舍人，舍人不勝痛，呼謈。〔五〕朔笑之曰：「咄！口無毛，聲謷謷，(尻)〔尻〕益高。」〔六〕舍人恚曰：「朔擅詆欺天子從官，當棄市。」〔七〕上問朔：「何故詆之？」對曰：「臣非敢詆之，乃與爲隱耳。」〔八〕上曰：「隱云何？」朔曰：「夫口無毛者，狗竇也；聲謷謷者，鳥哺鷇也；〔九〕尻益高者，鶴俛啄也。」〔一〇〕舍人不服，因曰：「臣願復問朔隱語，不知，亦當榜。」即妄爲諧語曰：〔一一〕「令壺齟，老柏塗，伊優亞，狋吽牙。何謂也？」〔一二〕朔曰：「令者，命也。壺者，所以盛也。〔一三〕齟者，齒不正也。老者，人所敬也。柏者，鬼之廷也。〔一四〕塗者，漸洳徑也。〔一五〕伊優亞者，辭未定也。狋吽牙者，兩犬爭也。」舍人所問，朔應聲輒對，變詐鋒出，莫能窮者，左右大驚。上以朔爲常侍郎，遂得愛幸。

〔一〕師古曰：「幸倡，倡優之見幸遇者也。滑音骨。滑稽，解在公孫弘傳。」

〔二〕師古曰：「至，實也。」

〔三〕師古曰：「榜，擊也，音步行反。」

〔四〕蘇林曰：「寠音貧寠之寠，藪音數錢之數。寠數，鉤灌，四股鉤也。」師古曰：「寠數，戴器也，以盆盛物戴於頭者，則以寠數薦之，今賣白團餅人所用者是也。寄生者，芝菌之類，淋潦之日，著樹而生，形有周圜象寠數者，今關中俗亦呼爲寄生。非爲蔦之寄生寓木宛童有（林）〔枝〕葉者也。故朔云『著樹爲寄生，盆下爲寠數』。明其常在盆下。今讀書者不曉其意，謂射覆之物覆在盆下，輒改前『覆守宮盂下』爲盆字，失之遠矣。楊惲傳云『鼠不容穴，銜寠數也。』盆下之物有飲食氣，故鼠銜之，四股鐵鉤，非所銜也。」

〔五〕服虔曰：「謈音暴。」鄧展曰：「呼音髐箭之髐。謈音瓜瓝之瓝。」師古曰：「鄧音是也。謂痛切而叫呼也，與田蚡傳『呼服』音義皆同。一曰，鄧音近之。謈，自冤痛之聲也。舍人榜痛，乃呼云謈。今人痛甚，則稱阿謈，音步高反。是故朔逐韻而譋之云『口無毛，聲謷謷』也。」

〔六〕鄧展曰：「咄音貀袠之貀也。」師古曰：「咄，叱咄之聲也，音丁骨反。鄧說非也。謷音敖。」

〔七〕師古曰：「詆，毀辱也，音丁禮反。」

〔八〕師古曰：「隱謂隱語也。」

〔九〕項昭曰：「凡鳥哺子而活者爲轂，生而自啄曰雛。」師古曰：「（雛）〔轂〕音口豆反。」

〔一〇〕師古曰：「俛即俯字也。俯，低也。啄，鳥觜也。俛又音免。啄音竹救反。」

〔一一〕師古曰：「諸者，和韻之言也。」

〔一二〕張晏曰：「齟音樝梨之樝。」應劭曰：「狋音銀。」師古曰：「齟音側加反，又，壯加反。塗音丈加反。優音一侯反。亞音烏加反。狋音五伊反。吽音五侯反。」

〔一三〕師古曰：「盛，受物也，音時政反。」

〔一四〕師古曰：「言鬼神尚幽闇，故以松柏之樹爲廷府。」

〔一五〕師古曰：「漸洳，浸溼也。漸音子廉反。洳音人庶反。」

久之，伏日，〔一〕詔賜從官肉。大官丞日晏不來，〔二〕朔獨拔劍割肉，謂其同官曰：「伏日當蚤歸，〔三〕請受賜。」即懷肉去。大官奏之。朔入，上曰：「昨賜肉，不待詔，以劍割肉而去之，何也？」朔免冠謝。上曰：「先生起自責也。」朔再拜曰：「朔來！朔來！受賜不待詔，何無禮也！拔劍割肉，壹何壯也！割之不多，又何廉也！歸遺細君，又何仁也！」〔四〕上笑曰：「使先生自責，乃反自譽！」復賜酒一石，肉百斤，歸遺細君。

〔一〕師古曰：「三伏之日也，解在郊祀志。」

〔二〕師古曰：「晏，晚也。」

〔三〕師古曰：「蚤古早字。」

〔四〕師古曰：「細君，朔妻之名。一說，細，小也，朔自比於諸侯，謂其妻曰小君。」

初，建元三年，微行始出，北至池陽，西至黃山，〔一〕南獵長楊，東游宜春。〔二〕微行常用飲酎已。〔三〕八九月中，與侍中常侍武騎及待詔隴西北地良家子能騎射者期諸殿門，故有「期門」之號自此始。微行以夜漏下十刻乃出，常稱平陽侯。〔四〕旦明，入山下馳射鹿豕狐兔，手格熊羆，馳騖禾稼稻秔之地。〔五〕民皆號呼罵詈，〔六〕相聚會，自言鄠杜令。令往，欲謁平陽侯，諸騎欲擊鞭之。令大怒，使吏呵止，獵者數騎見留，乃示以乘輿物，久之乃得去。時夜出夕還，後齎五日糧，會朝長信宮，〔七〕上大驩樂之。是後，南山下乃知微行數出也，然尙迫於太后，未敢遠出。丞相御史知指，〔八〕乃使右輔都尉徼循長楊以東，〔九〕右內史發小民共待會所。〔一〇〕後乃私置更衣，〔一一〕從宣曲以南十二所，中休更衣，〔一二〕投宿諸宮，〔一三〕長楊、五柞、倍陽、宣曲尤幸。〔一四〕於是上以爲道遠勞苦，又爲百姓所患，乃使太中大夫吾丘壽王與待詔能用算者二人，舉籍阿城以南，〔一五〕盩厔以東，宜春以西，提封頃畝，及其賈直，〔一六〕欲除以爲上林苑，屬之南山。〔一七〕又詔中尉、左右內史表屬縣草田，欲以償鄠杜之民。〔一八〕吾丘壽王奏事，上大說稱善。〔一九〕時朔在傍，進諫曰：

〔一〕晉灼曰：「宮名，在槐里。」

〔二〕師古曰：「宜春宮也，在長安城東南。說者乃以為在鄠，非也。在鄠者，自是宜春觀耳，在長安城西，豈得言東游也？」

〔三〕師古曰：「酎，酒新孰以祭宗廟也。酎音紂。解在景紀。」

〔四〕如淳曰：「平陽侯曹壽尚帝姊，時見尊寵，故稱之。」

〔五〕師古曰：「稻，有芒之穀總稱也。秔，其不黏者也，音庚。」

〔六〕師古曰：「呼音火故反。」

〔七〕師古曰：「五日一朝長信宮，故齎五日糧也。長信，太后之宮也。」

〔八〕師古曰：「指謂天子之意也。」

〔九〕師古曰：「徼，遮繞也。循，行視也。戒備非常也。徼音工釣反。」

〔10〕師古曰：「共讀曰供。」

〔一一〕師古曰：「為休息易衣之處，亦置宮人。」

〔一二〕師古曰：「宣曲，宮名，在昆明池西。」

〔一三〕師古曰：「晝休更衣，夜則別宿於諸宮。」

〔一四〕師古曰：「倍陽、即萯陽也，其音同耳，宮名，在鄠縣也。」

〔一五〕師古曰：「舉計其數而為簿籍也。阿城，本秦阿房宮也，以其牆壁崇廣，故俗呼為阿城。」

〔一六〕師古曰：「提封，亦謂提舉四封之內，總計其數也。賈讀曰價。」

〔一七〕師古曰：「屬，連也，音之欲反。」

〔八〕師古曰：「時未爲京兆、馮翊、扶風，故云中尉及左右內史也。草田謂荒田未耕墾也。」

〔九〕師古曰：「說讀曰悅。」

臣聞謙遜靜慤，天表之應，應之以福；〔一〕驕溢靡麗，天表之應，應之以異。今陛下累郎臺，恐其不高也；〔二〕弋獵之處，恐其不廣也。如天不爲變，則三輔之地盡可以爲苑，何必盩厔、鄠、杜乎！〔三〕奢侈越制，天爲之變，上林雖小，臣尙以爲大也。

〔一〕師古曰：「慤，謹也，音口角反。」

〔二〕師古曰：「郎，堂下周屋。」

〔三〕師古曰：「中尉及左右內史則爲三輔矣，非必謂京兆、馮翊、扶風也。學者疑此言爲後人所增，斯未達也。」

夫南山，天下之阻也，南有江淮，北有河渭，其地從汧隴以東，商雒以西，〔一〕厥壤肥饒。漢興，去三河之地，止霸產以西，都涇渭之南，此所謂天下陸海之地，〔二〕秦之所以虜西戎兼山東者也。其山出玉石，金、銀、銅、鐵，豫章、檀、柘，異類之物，不可勝原，〔三〕此百工所取給，萬民所卬足也。〔四〕又有秔稻梨栗桑麻竹箭之饒，土宜薑芋，水多𧍞魚，〔五〕貧者得以人給家足，無飢寒之憂。故酆鎬之間號爲土膏，其賈畝一金。〔六〕今規以爲苑，絕陂池水澤之利，而取民膏腴之地，上乏國家之用，下奪農桑之業，棄成功，就敗事，損耗五穀，〔七〕是其不可一也。且盛荊棘之林，而長養麋鹿，廣狐兔之苑，大虎狼之虛，〔八〕又壞人冢墓，發人室廬，令幼弱懷土而思，耆老泣涕而悲，是其不可二也。斥而營之，垣而囿之，〔九〕騎馳東西，車騖南北，〔一〇〕又有深溝大渠，夫一日之樂不足以危無隄之輿，〔一一〕是其不可三也。故務苑囿之大，不恤農時，非所以彊國富人也。

〔一〕服虔曰：「商與上雒二縣也。」師古曰：「汧，汧水也。隴，隴坻也。」

〔二〕師古曰：「高平曰陸，關中地高故稱耳。海者，萬物所出，言關中山川物產饒富，是以謂之陸海也。」

〔三〕師古曰：「原，本也。言說不能盡其根本。」

〔四〕師古曰：「卬音牛向反。」

〔五〕師古曰：「芋，草名，其葉似藕荷而長，不圓，其根正白可食。鼃即蛙字也，似蝦蟆而小，長脚，蓋人亦取食之。」

〔六〕師古曰：「賈讀曰價。」

〔七〕師古曰：「耗，減也，音呼到反。」

〔八〕師古曰：「虛讀曰墟。」

〔九〕師古曰：「斥，卻也。」

〔一〇〕師古曰：「亂馳曰騖。」

〔一一〕蘇林曰：「隄，限也。輿，乘輿也。無限，若言不訾也。不敢斥天子，故言輿也。」張晏曰：「一日之樂，謂田獵也。無隄之輿，謂天子富貴無隄限也。」師古曰：「張說是也。〔隄〕音丁奚反。」

夫殷作九市之宮而諸侯畔，〔一〕靈王起章華之臺而楚民散，〔二〕秦興阿房之殿而天下亂。糞土愚臣，忘生觸死，〔三〕逆盛意，犯隆指，罪當萬死，不勝大願，願陳泰階六符，〔四〕以觀天變，不可不省。

〔一〕應劭曰：「紂於宮中設九市。」
〔二〕師古曰：「楚靈王作章華之臺，納亡人以實之，卒有乾谿之禍也。章華臺在華容城也。」
〔三〕師古曰：「忽忘其生而觸死罪也。」
〔四〕孟康曰：「泰階，三台也。每台二星，凡六星。符，六星之符驗也。」應劭曰：「黃帝泰階六符經曰：『泰階者，天之三階也。上階爲天子，中階爲諸侯公卿大夫，下階爲士庶人。上階上星爲男主，下星爲女主。中階上星爲諸侯三公，下星爲卿大夫。下階上星爲元士，下星爲庶人。三階平則陰陽和，風雨時，社稷神祇咸獲其宜，天下大安，是爲太平。三階不平，則五神乏祀，日有食之，水潤不浸，稼穡不成，冬雷夏霜，百姓不寧，故治道傾。天子行暴令，好興甲兵，修宮榭，廣苑囿，則上階爲之奄奄疏闊也。』以孝武皆有此事，故朔爲陳之。」

是日因奏泰階之事，上乃拜朔爲太中大夫、給事中，賜黃金百斤。然遂起上林苑，如壽王所奏云。

久之，隆慮公主子昭平君〔一〕尚帝女夷安公主，隆慮主病困，以金千斤錢千萬爲昭平君豫贖死罪，上許之。隆慮主卒，昭平君日驕，醉殺主傅，獄繫內官。〔二〕以公主子，廷尉上請請論。〔三〕左右人人爲言：「前又入贖，陛下許之。」上曰：「吾弟老有是一子，死以屬我。」〔四〕

於是爲之垂涕歎息，良久曰：「法令者，先帝所造也，用弟故而誣先帝之法，吾何面目入高廟乎！又下負萬民。」乃可其奏，哀不能自止，左右盡悲。朔前上壽，曰：「臣聞聖王爲政，賞不避仇讎，誅不擇骨肉。書曰：『不偏不黨，王道蕩蕩。』〔四〕此二者，五帝所重，三王所難也。陛下行之，是以四海之內元元之民各得其所，天下幸甚！臣朔奉觴，昧死再拜上萬歲壽。」上乃起，入省中，夕時召讓朔，〔六〕曰：「傳曰『時然後言，人不厭其言』。〔七〕今先生上壽，時乎？」〔八〕朔免冠頓首曰：「臣聞樂太甚則陽溢，哀太甚則陰損，陰陽變則心氣動，心氣動則精神散，精神散而邪氣及。銷憂者莫若酒，臣朔所以上壽者，明陛下正而不阿，因以止哀也。愚不知忌諱，當死。」先是，朔嘗醉入殿中，小遺殿上，〔九〕劾不敬。有詔免爲庶人，待詔宦者署，因此（時）〔對〕復爲中郎，賜帛百匹。

〔一〕師古曰：「慮音廬。」

〔二〕服虔曰：「主傅，主之官也。」如淳曰：「禮有傅姆。說者又曰傅者老大夫也。漢使中行說傅翁主也。」師古曰：「傅姆是也。服說失之。內官，署名，解在律曆志。」

〔三〕師古曰：「論決其罪也。」

〔四〕師古曰：「老乃有子，言其晚孕育也。屬音之欲反。」

〔五〕師古曰：「周書洪範之辭也。蕩蕩，平坦之貌。」

〔六〕師古曰：「讓，責也。」

〔七〕師古曰：「論語稱孔子問公叔文子於公明賈曰：『信乎夫子不言不笑不取乎？』對曰：『夫子時然後言，人不厭其言；樂然後笑，人不厭其笑。義然後取，人不厭其取。』」

〔八〕師古曰：「言所上壽豈謂時乎？」

〔九〕師古曰：「小遺者，小便也。」

初，帝姑館陶公主號竇太主，〔一〕堂邑侯陳午尚之。午死，主寡居，年五十餘矣，近幸董偃。始偃與母以賣珠爲事，偃年十三，隨母出入主家。左右言其姣好，〔二〕主召見，曰：「吾爲母養之。」因留第中，教書計相馬御射，〔三〕頗讀傳記。至年十八而冠，出則執轡，入則侍內。爲人溫柔愛人，以主故，諸公接之，名稱城中，號曰董君。主因推令散財交士，令中府曰：〔四〕「董君所發，一日金滿百斤，錢滿百萬，帛滿千匹，乃白之。」〔五〕安陵爰叔者，爰盎兄子也，與偃善，謂偃曰：「足下私侍漢主，挾不測之罪，將欲安處乎？」〔六〕偃懼曰：「憂之久矣，不知所以。」〔七〕爰叔曰：「顧城廟遠無宿宮，又有萩竹籍田，〔八〕足下何不白主獻長門園？〔九〕此上所欲也。如是，上知計出於足下也，則安枕而臥，長無慘怛之憂。久之不然，上且請之，於足下何如？」偃頓首曰：「敬奉教。」入言之主，主立奏書獻之。上大說，〔一〇〕更名竇太主園爲長門宮。主大喜，使偃以黃金百斤爲爰叔壽。

〔一〕如淳曰：「竇太后之女也，故曰竇太主也。」

〔二〕師古曰：「姣，美麗也，音狡。」
〔三〕師古曰：「計謂用算也。」
〔四〕師古曰：「中府，掌金帛之臧者也。」
〔五〕師古曰：「言不滿此數者，皆恣與之。」
〔六〕師古曰：「不測者，言其深也。安處，何以自安處也。一曰，身挾大罪，乃欲自安而居處者乎？」
〔七〕師古曰：「以，用也。不知用何計也。」
〔八〕如淳曰：「其間雖有地，皆有萩竹籍田，無可作宿觀也。」師古曰：「如說非也。萩即楸字也。言有楸樹及竹林可遊玩，而籍田所在，上又須躬親行事，當有宿宮，故宜獻此園。」
〔九〕如淳曰：「竇太主園在長門。長門在長安城東南。園可以爲宿館處所，故獻之。」
〔一〇〕師古曰：「說讀曰悅。」

叔因是爲董君畫求見上之策，令主稱疾不朝。上往臨疾，問所欲，主辭謝曰：「妾幸蒙陛下厚恩，先帝遺德，奉朝請之禮，備臣妾之儀，〔一〕列爲公主，賞賜邑入，〔二〕隆天重地，死無以塞責。〔三〕一日卒有不勝洒掃之職，〔四〕先狗馬塡溝壑，竊有所恨，不勝大願，願陛下時忘萬事，養精游神，從中掖庭回輿，枉路臨妾山林，〔五〕得獻觴上壽，娛樂左右。如是而死，何恨之有！」上曰：「主何憂？幸得愈。恐羣臣從官多，大爲主費。」上還。有頃，主疾愈，起謁，上以錢千萬從主飲。後數日，上臨山林，主自執宰敝膝，〔六〕道入登階就坐。坐未定，上曰：「願謁主人翁。」主乃下殿，去簪珥，〔七〕徒跣頓首謝曰：「妾無狀，〔八〕負陛下，身當伏誅。陛下不致之法，頓首死罪。」有詔謝。主簪履起，之東箱自引董君。〔九〕董君綠幘傅韝，〔一〇〕隨主前，伏殿下。主乃贊：〔一一〕「館陶公主胞人臣偃昧死再拜謁。」〔一二〕因叩頭謝，上爲之起。有詔賜衣冠上。〔一三〕偃起，走就衣冠。主自奉食進觴。當是時，董君見尊不名，稱爲「主人翁」，飲大驩樂。主乃請賜將軍列侯從官金錢雜繒各有數。於是董君貴寵，天下莫不聞。郡國狗馬蹴鞠劍客輻湊〔一四〕董氏。常從游戲北宮，馳逐平樂，觀雞鞠之會，角狗馬之足，〔一五〕上大歡樂之。於是上爲竇太主置酒宣室，使謁者引內董君。

〔一〕師古曰：「請音才姓反。」

〔二〕師古曰：「既別得賞賜，又所食之邑入其租賦也。」

〔三〕師古曰：「塞，補也。」

〔四〕師古曰：「卒讀曰猝。洒音信，又音山豉反。」

〔五〕應劭曰：「公主園中有山，謙不敢稱第，故託山林也。」服虔曰：「主所豫作廟陵，故曰山林。」師古曰：「山林，應說是也。不當請帝臨其冢墓也。」

〔六〕師古曰：「爲賤者之服。」

〔七〕師古曰：「珥，珠玉飾耳者也，音餌。」

〔八〕師古曰：「狀，形貌也。無狀，猶言無顏面以見人也。一曰，自言所行醜惡無善狀。」

〔九〕師古曰：「之，往也。」

〔一〇〕應劭曰：「宰人服也。」韋昭曰：「韝形如射韝，以縛左右手，於事便也。」師古曰：「綠幘，賤人之服也。傅，著也。韝即今之臂韝也。傅讀曰附。韝音工侯反。」

〔一一〕師古曰：「贊，進也。進傳謁辭。」

〔一二〕師古曰：「胞與庖同。」

〔一三〕師古曰：「上，上坐。」

〔一四〕師古曰：「蹴音千六反。鞠音鉅六反。解在藝文志。」

〔一五〕師古曰：「角猶校也。」

是時，朔陛戟殿下，〔一〕辟戟而前曰：〔二〕「董偃有斬罪三，安得入乎？」上曰：「何謂也？」朔曰：「偃以人臣私侍公主，其罪一也。敗男女之化，而亂婚姻之禮，傷王制，其罪二也。陛下富於春秋，方積思於六經，留神於王事，馳騖於唐虞，折節於三代，偃不遵經勸學，反以靡麗爲右，奢侈爲務，〔三〕盡狗馬之樂，極耳目之欲，行邪枉之道，徑淫辟之路，〔四〕是乃國家之大賊，人主之大蜮。〔五〕偃爲淫首，其罪三也。昔伯姬燔而諸侯憚，〔六〕奈何乎陛下？」上默然不應，良久曰：「吾業以設飲，後而自改。」朔曰：「不可。夫宣室者，先帝之正處也，非法度之政不得入焉。故淫亂之漸，其變爲篡，是以豎貂爲淫而易牙作患，〔七〕慶父死而魯國全，〔八〕管蔡誅而周室安。」上曰：「善。」有詔止，更置酒北宮，引董君從東司馬門。東司馬門更名東交門。〔九〕賜朔黃金三十斤。董君之寵由是日衰，至年三十而終。後數歲，竇太主卒，與董君會葬於霸陵。是後，公主貴人多踰禮制，自董偃始。

〔一〕師古曰：「持戟列陛側。」

〔二〕師古曰：「辟音頻亦反。」

〔三〕師古曰：「右，尊也。」

〔四〕師古曰：「徑，由也。辟讀曰僻。」

〔五〕師古曰：「蜮，魅也，音或。說者以為短狐，非也。短狐，射工耳，於此不當其義。今俗猶(河)〔云〕魅蜮也。」

〔六〕應劭曰：「憚，敬也。敬其節直也。」師古曰：「伯姬，宋恭姬也。遇火災，待姆不出而死也。」

〔七〕師古曰：「豎貂、易牙皆齊桓公臣也。管仲有病，桓公往問之曰：『將何以教寡人？』管仲曰：『願君之遠易牙、豎貂。』公曰：『易牙亨其子以快寡人，尚可疑邪？』對曰：『人之情非不愛其子，其子之忍，又將何有於君？』公曰：『豎貂自宮以近寡人，猶可疑邪？』對曰：『人之情非不愛其身也，其身之忍，又將何有於君？』公曰：『諾。』管仲死，盡逐之，而公食不甘，宮不治。居三年，公曰：『仲父不亦過乎？』於是皆復召，即反之。明年，公有病，易牙、豎貂相與作亂，塞宮門，築高牆，不通人。有一婦人踰垣入，至公所。公曰：『我欲食。』婦人曰：『吾無所得。』又曰：『我欲飲。』婦人曰：『吾無所得。』公曰：『何故？』對曰：『易牙、豎貂相與作亂，塞宮門，築高牆，不通人，故無所得。』公慨然歎涕出，曰『嗟乎！聖人所見豈不遠哉？若死者有知，我將何面目見仲父乎！』蒙衣袂而絕乎壽宮，蟲流出於戶，蓋以楊門之扉，三月不葬。」

〔八〕師古曰：「慶父，魯桓公子，莊公弟也。莊公薨，慶父殺莊公之子閔公而欲作亂，不克，奔莒。其後僖公立，以賂求之於莒，莒人歸之，及密乃縊而死。僖公乃定其位。」
〔九〕蘇林曰：「以偃從此門入，交會於內，故以名焉。」

時天下侈靡趨末，〔一〕百姓多離農畝。上從容問朔：「吾欲化民，豈有道乎？」〔二〕朔對曰：「堯舜禹湯文武成康上古之事，經歷數千載，尚難言也，臣不敢陳。願近述孝文皇帝之時，當世耆老皆聞見之。貴爲天（下）〔子〕，富有四海，身衣弋綈，〔三〕足履革舄，〔四〕以韋帶劍，〔五〕莞蒲爲席，〔六〕兵木無刃，〔七〕衣縕無文，〔八〕集上書囊以爲殿帷；〔九〕以道德爲麗，以仁義爲準。〔一〇〕於是天下望風成俗，昭然化之。今陛下以城中爲小，圖起建章，左鳳闕，右神明，〔一一〕號稱千門萬戶；木土衣綺繡，狗馬被繢罽；〔一二〕宮人簪瑇瑁，垂珠璣；〔一三〕設戲車，教馳逐，飾文采，叢珍怪；〔一四〕撞萬石之鐘，擊雷霆之鼓，〔一五〕作俳優，舞鄭女。上爲淫侈如此，而欲使民獨不奢侈失農，事之難者也。〔一六〕陛下誠能用臣朔之計，推甲乙之帳燔之於四通之衢，〔一七〕卻走馬示不復用，〔一八〕則堯舜之隆宜可與比治矣。易曰：『正其本，萬事理；失之豪氂，差以千里。』〔一九〕願陛下留意察之。」

〔一〕師古曰：「趨讀曰趣。末謂工商之業。」
〔二〕師古曰：「從音千容反。」
〔三〕師古曰：「弋，黑色也。綈，厚繒，音徒奚反。」

〔四〕師古曰：「革，生皮也。不用柔韋，言儉率也。」
〔五〕師古曰：「但空用韋，不加飾。」
〔六〕師古曰：「莞，夫離也，今謂之葱蒲。以莞及蒲爲席，亦尙質也。莞音完，又音官。」
〔七〕服虔曰：「兵器如木而無刃，言不大治兵器也。」
〔八〕師古曰：「縕，亂絮也。言內有亂絮，上無文綵也。縕音於粉反。」
〔九〕師古曰：「集謂合聚也。」
〔一〇〕師古曰：「麗，美也。準，平法也。」
〔一一〕如淳曰：「闕名也。」師古曰：「鳳闕，闕名。神明，臺名也。」
〔一二〕師古曰：「績，五綵也。罽，織毛也，即氍毹之屬。」
〔一三〕師古曰：「瑇瑁，文甲也。璣，珠之不圜者。瑇音代。瑁音昧。璣音居依反，又音鉅依反。」
〔一四〕師古曰：「鼗，古鼛字。」
〔一五〕師古曰：「言其聲震大也。」
〔一六〕師古曰：「失農謂失農業也。」
〔一七〕應劭曰：「帳多故以甲乙第之耳。」孟康曰：「西域傳贊云『興造甲乙之帳，絡以隨珠和璧，天子襲翠被，馮玉几，而處其中』也。」師古曰：「謂推而去之。燔，焚燒也。」
〔一八〕師古曰：「卻，退也。走馬，善走之馬也。」
〔一九〕師古曰：「今易無此文，已解於上也。」

朔雖詼笑，〔一〕然時觀察顏色，直言切諫，上常用之。自公卿在位，朔皆敖弄，無所爲屈。〔二〕

〔一〕師古曰：「詼，謿戲也。詼笑，謂謿諧，發言可笑也。詼音恢。其下詼啁、詼諧並同。」

〔二〕師古曰：「敖讀曰傲。爲音于僞反。」

上以朔口諧辭給，〔一〕好作問之。〔二〕嘗問朔曰：「先生視朕何如主也？」朔對曰：「自唐虞之隆，成康之際，未足以諭當世。臣伏觀陛下功德，陳五帝之上，在三王之右。〔三〕非若此而已，誠得天下賢士，公卿在位咸得其人矣。譬若以周邵爲丞相，〔四〕孔丘爲御史大夫，〔五〕太公爲將軍，〔六〕畢公高拾遺於後，〔七〕弁嚴子爲衞尉，〔八〕皋陶爲大理，〔九〕后稷爲司農，〔一〇〕伊尹爲少府，〔一一〕子贛使外國，〔一二〕顏閔爲博士，〔一三〕子夏爲太常，〔一四〕益爲右扶風，〔一五〕季路爲執金吾，〔一六〕契爲鴻臚，〔一七〕龍逢爲宗正，〔一八〕伯夷爲京兆，〔一九〕管仲爲馮翊，〔二〇〕魯般爲將作，〔二一〕仲山甫爲光祿，〔二二〕申伯爲太僕，〔二三〕延陵季子爲水衡，〔二四〕百里奚爲典屬國，〔二五〕柳下惠爲大長秋，〔二六〕史魚爲司直，〔二七〕蘧伯玉爲太傅，〔二八〕孔父爲詹事，〔二九〕孫叔敖爲諸侯相，〔三〇〕子產爲郡守，〔三一〕王慶忌爲期門，〔三二〕夏育爲鼎官，〔三三〕羿爲旄頭，〔三四〕宋萬爲式道候。」〔三五〕上乃大笑。

〔一〕師古曰：「給，捷也。」

〔二〕師古曰：「故動作之而問以言辭也。」

〔三〕師古曰：「右亦高上也。」

〔四〕師古曰：「周公旦、邵公奭二人也。」

〔五〕應劭曰：「御史大夫職典制度文章。」

〔六〕師古曰：「太公，呂望也。知戰陳征伐之事，故云爲將軍。」

〔七〕師古曰：「畢公高，文王之子也，爲周太師，故云拾遺也。」

〔八〕師古曰：「以其有勇。」

〔九〕師古曰：「以其作士，士亦理官。」

〔一〇〕師古曰：「主播種。」

〔一一〕應劭曰：「伊尹善亨割，大官屬少府，故令作之也。」

〔一二〕師古曰：「以其有辯說。」

〔一三〕師古曰：「顏回、閔子騫爲皆有德行也。」

〔一四〕師古曰：「以有文學故爲太常也。而應劭（曰）以子夏兩字總合爲夔，解云夔知樂，故可以爲太常，此說非也。」

〔一五〕應劭曰：「益作舜虞，掌山澤之官也。諸苑多在右扶風，故令作之。」

〔一六〕師古曰：「亦以有勇力。」

〔一七〕應劭曰：「卨作司徒，敬敷五教。是時諸侯王治民，鴻臚主諸侯王也。」師古曰：「契讀與卨同，字本作偰，蓋後從省耳。」

〔一八〕師古曰：「關龍逢，桀之臣也，忠諫而死也。以其直，無所阿私。」

〔一九〕應劭曰：「帝曰『伯夷，汝作秩宗。』秩宗，主郊廟。京兆與太常同典齋祀，故令為之。」

〔二〇〕應劭曰：「管仲定民之居，寄軍令於內政，終令匡霸，故令為馮翊也。」

〔二一〕師古曰：「以其巧也。般與班同。」

〔二二〕晉灼曰：「光祿，主三大夫諫正之官，取其柔亦不茹，剛亦不吐。」

〔二三〕應劭曰：「申伯，周宣王之舅也。太僕主大駕親御，職又密近，故用親親也。」

〔二四〕應劭曰：「水衡主池苑。季子，吳人，故使為之。」師古曰：「季子即吳公子札。」

〔二五〕應劭曰：「奚，秦人。秦近西戎，曉其風俗，故令為之。」

〔二六〕師古曰：「惠，魯大夫展禽也。食采柳下，謚曰惠。以其貞絜，故為大長秋。」

〔二七〕師古曰：「史魚，衞大夫史鰌也。論語稱孔子曰『直哉史魚，邦有道如矢，邦無道如矢』。」

〔二八〕如淳曰：「太傅傅人主使無過。伯玉欲寡其過，故令為之。」師古曰：「蘧伯玉，衞大夫也，名瑗。蘧音渠。」

〔二九〕應劭曰：「孔父正色而立於朝，則莫敢過而致難乎其君，故為詹事。」師古曰：「孔父，宋大夫也。父讀曰甫。」

〔三〇〕師古曰：「善治邦邑也。」

〔三一〕應劭曰：「以其勁捷，可為期門郎也。」師古曰：「王慶忌即王子慶忌也。」

〔三二〕（或）師古曰：「夏育，衞人，力舉千鈞。鼎官，今殿前舉鼎者也。」

〔三三〕應劭曰：「羿善射，故令為旄頭。今以羽林為之，髮正上向而長衣繡衣，在乘輿車前。」師古曰：「羿音詣。」

〔三四〕師古曰：「萬，宋閔公臣，亦有勇力也。式，表也。表道之候，若今之武候引駕。」

是時朝廷多賢材，上復問朔：「方今公孫丞相、兒大夫、〔一〕董仲舒、夏侯始昌、司馬相如、吾丘壽王、主父偃、朱買臣、嚴助、汲黯、膠倉、終軍、嚴安、徐樂、司馬遷之倫，皆辯知閎達，溢于文辭，〔二〕先生自視，何與比哉？」〔三〕朔對曰：「臣觀其臿齒牙，樹頰胲，〔四〕吐脣吻，擢項頤，〔五〕結股腳，連脽尻，〔六〕遺蛇其迹，行步偊旅，〔七〕臣朔雖不肖，尚兼此數子者。」朔之進對澹辭，皆此類也。〔八〕

〔一〕師古曰：「公孫弘及兒寬也。兒音五奚反。」

〔二〕師古曰：「溢者，言其有餘也。」

〔三〕師古曰：「何與猶言何如也。」

〔四〕師古曰：「頰肉曰胲，音改。」

〔五〕師古曰：「頤，頷下也，音怡。」

〔六〕師古曰：「脽，臀也，音誰。」

〔七〕師古曰：「遺蛇猶逶迤也。偊旅，曲躬貌也。蛇音移。偊音禹。」

〔八〕師古曰：「澹，古贍字也。贍，給也。」

武帝既招英俊，程其器能，用之如不及。〔一〕時方外事胡越，內興制度，國家多事，自公孫弘以下至司馬遷皆奉使方外，或爲郡國守相至公卿，而朔嘗至太中大夫，後常爲郎，與枚皋、郭舍人俱在左右，詼啁而已。〔二〕久之，朔上書陳農戰彊國之計，因自訟獨不得大官，欲求試用。其言專商鞅、韓非之語也，指意放蕩，頗復詼諧，辭數萬言，終不見用。朔因著論，設客難己，用位卑以自慰諭。其辭曰：

〔一〕師古曰：「程謂量計之也。如不及者，恐失之也。」

〔二〕師古曰：「啁與嘲同，音竹交反。」

客難東方朔曰：「蘇秦、張儀一當萬乘之主，而都卿相之位，〔一〕澤及後世。今子大夫修先王之術，慕聖人之義，諷誦詩書百家之言，不可勝數，著於竹帛，脣腐齒落，服膺而不釋，〔二〕好學樂道之效，明白甚矣；自以智能海內無雙，則可謂博聞辯智矣。然悉力盡忠以事聖帝，曠日持久，官不過侍郎，位不過執戟，意者尚有遺行邪？〔三〕同胞之徒無所容居，其故何也？」〔四〕

〔一〕如淳曰：「都，居也。」

〔二〕師古曰：「服膺，俯服其胸臆也。釋，廢置也。」

〔三〕師古曰：「可遺之行，言不盡(言)〔善〕也。」

〔四〕蘇林曰：「胞音胞胎之胞也，言親兄弟。」

東方先生喟然長息，仰而應之曰：「是固非子之所能備也。彼一時也，此一時也，豈可同哉？夫蘇秦、張儀之時，周室大壞，諸侯不朝，力政爭權，相禽以兵，并爲十二國，未有雌雄，〔一〕得士者彊，失士者亡，故談說行焉。身處尊位，珍寶充內，外有廩倉，澤及後世，子孫長享。今則不然。聖帝流德，天下震懾，諸侯賓服，〔二〕連四海之外以爲帶，〔三〕安於覆盂，〔四〕動猶運之掌，〔五〕賢不肖何以異哉？遵天之道，順地之理，物無不得其所；故綏之則安，動之則苦；尊之則爲將，卑之則爲虜；抗之則在青雲之上，抑之則在深泉之下；用之則爲虎，不用則爲鼠；雖欲盡節效情，安知前後？夫天地之大，士民之衆，竭精談說，並進輻湊者不可勝數，悉力募之，困於衣食，或失門戶。〔六〕使蘇秦、張儀與僕並生於今之世，曾不得掌故，安敢望常侍郎乎！故曰時異事異。

〔一〕師古曰：「十二國，謂魯、衞、齊、楚、宋、鄭、魏、燕、趙、中山、秦、韓也。」
〔二〕師古曰：「懾，恐也，音之涉反。」
〔三〕師古曰：「言如帶之相連也。」
〔四〕師古曰：「言不可傾搖。」
〔五〕師古曰：「言至易。」
〔六〕師古曰：「言不得所由入也。一曰，謂被誅戮，喪其家室也。」

「雖然，安可以不務修身乎哉！詩云：『鼓鍾于宮，聲聞于外。』〔一〕『鶴鳴于九皋，聲聞于天。』〔二〕苟能修身，何患不榮！太公體行仁義，七十有二〔延〕〔乃〕設用於文武，得信厥說，〔三〕封於齊，七百歲而不絕。此士所以日夜孳孳，敏行而不敢怠也。〔四〕辟若鶺鴒，飛且鳴矣。〔五〕傳曰：『天不為人之惡寒而輟其冬，〔六〕地不為人之惡險而輟其廣，君子不為小人之匈匈而易其行。』〔七〕『天有常度，地有常形，君子有常行；君子道其常，小人計其功。』〔八〕詩云：『禮義之不愆，何恤人之言？』〔九〕故曰：『水至清則無魚，人至察則無徒，〔一〇〕冕而前旒，所以蔽明；黈纊充耳，所以塞聰。』〔一一〕明有所不見，聰有所不聞，舉大德，赦小過，無求備於一人之義也。〔一二〕枉而直之，使自得之；優而柔之，使自求之；揆而度之，使自索之。〔一三〕蓋聖人教化如此，欲自得之；自得之，則敏且廣矣。〔一四〕

〔一〕師古曰：「小雅白華之詩也。言苟有於中，必形於外也。」
〔二〕師古曰：「小雅鶴鳴之詩也。言處卑而聲徹其高遠。」
〔三〕師古曰：「設，施也。信讀曰伸。」
〔四〕師古曰：「孳與孜同。敏，勉也。」
〔五〕師古曰：「鶺鴒，雍渠，小青雀也，飛則鳴，行則搖，言其勤苦也。辟讀曰譬。鶺音脊。鴒音零。」
〔六〕師古曰：「輟，止也。」
〔七〕師古曰：「匈匈，讙議之聲。」
〔八〕師古曰：「道，由也。」
〔九〕師古曰：「逸詩也。愆，過也。恤，憂也。」

〔一〇〕師古曰：「徒，衆也。」

〔一一〕如淳曰：「黈音工苟反。謂以玉爲瑱，用黈纊縣之也。」師古曰：「如說非也。黈，黃色也。纊，綿也。以黃綿爲丸，用組懸之於冕，垂兩耳旁，示不外聽，非玉瑱之縣也。」

〔一二〕師古曰：「論語仲弓問政於孔子，孔子曰：『赦小過，舉賢才。』周公謂魯公曰：『故舊無大故，則不棄也，毋求備於一人。』故朔引此言也。士有百行，功過相除，不可求備也。」

〔一三〕師古曰：「枉，曲也。索亦求也。度音徒各反。」

〔一四〕師古曰：「敏，疾也。」

「今世之處士，魁然無徒，廓然獨居，〔一〕上觀許由，下察接輿，計同范蠡，忠合子胥，〔二〕天下和平，與義相扶，寡耦少徒，固其宜也，〔三〕子何疑於我哉？若夫燕之用樂毅，秦之任李斯，酈食其之下齊，說行如流，曲從如環，所欲必得，功若丘山，海內定，國家安，是遇其時也，子又何怪之邪！語曰『以筦闚天，以蠡測海，〔四〕以莛撞鐘』，〔五〕豈能通其條貫，考其文理，發其音聲哉！〔六〕繇是觀之，譬猶鼱鼩之襲狗，〔七〕孤豚之咋虎，〔八〕至則靡耳，何功之有？〔九〕今以下愚而非處士，雖欲勿困，固不得已，此適足以明其不知權變而終或於大道也。」

〔一〕師古曰：「魁讀曰塊。」

〔二〕師古曰：「許由，堯讓以天下而恥聞之。楚狂接輿陽狂匿跡。范蠡佐句踐，功成而退。子胥忠諫，至死不易。」

〔三〕師古曰：「耦，合也。徒，衆也。」

〔四〕服虔曰：「筦音管。」張晏曰：「蠡，瓠瓢也。」師古曰：「筦，古管字。蠡音來奚反。瓢音平搖反。」

〔五〕文穎曰：「謂稾莛也。」師古曰：「音唐丁反。」

〔六〕師古曰：「考，究也。」

〔七〕服虔曰：「音縱魵。」如淳曰：「鼱鼩，小鼠也，音精魵。」

〔八〕師古曰：「孤豚，孤特之豚也。咋，嚙也，音仕客反。」

〔九〕師古曰：「靡，碎滅也。耳，語辭。」

又設非有先生之論，其辭曰：

非有先生仕於吳，進不稱往古以厲主意，退不能揚君美以顯其功，默〔默〕〔然〕無言者三年矣。吳王怪而問之，曰：「寡人獲先人之功，寄於衆賢之上，夙興夜寐，未嘗敢怠也。今先生率然高舉，遠集吳地，〔一〕將以輔治寡人，誠竊嘉之，體不安席，食不甘味，目不視靡曼之色，耳不聽鐘鼓之音，虛心定志欲聞流議者三年于茲矣。〔二〕今先生進無以輔治，退不揚主譽，竊不爲先生取之也。蓋懷能而不見，是不忠也；見而不行，主不明也。〔三〕意者寡人殆不明乎？」非有先生伏而唯唯。〔四〕吳王曰：「可以談矣，寡人將竦意而覽焉。」〔五〕先生曰：「於戲！〔六〕可乎哉？可乎哉？〔七〕談何容易！〔八〕夫談有悖於目拂於耳謬於心而便於身者，〔九〕或有說於目順於耳快於心而毀於行者，〔一〇〕非有明王聖主，孰能聽之？」吳王曰：「何爲其然也？『中人已上可以語上也。』〔一〕先生試言，寡人將聽焉。」

〔一〕師古曰：「率然猶颯然。」
〔二〕師古曰：「流，末流也，猶言餘論也。」
〔三〕師古曰：「見，顯也。」
〔四〕師古曰：「唯唯，恭應也，音弋癸反。」
〔五〕師古曰：「竦，企待也。」
〔六〕師古曰：「於讀曰烏。戲讀曰呼。」
〔七〕師古曰：「言不可。」
〔八〕師古曰：「不見寬容，則事不易，故曰何容易也。易，弋豉反。」
〔九〕師古曰：「悖，逆也。拂，違戾也。悖音布內反。拂音佛。」
〔一〇〕師古曰：「說讀曰悅。」
〔一一〕師古曰：「引論語載孔子之言。中品之人則可以與言上道也。」

先生對曰：「昔者關龍逢深諫於桀，而王子比干直言於紂，此二臣者，皆極慮盡忠，閔王澤不下流，而萬民騷動，〔一〕故直言其失，切諫其邪者，將以爲君之榮，除主之禍也。今則不然，反以爲誹謗君之行，無人臣之禮，〔二〕果紛然傷於身，蒙不辜之名，〔三〕

戮及先人，爲天下笑，故曰談何容易！是以輔弼之臣瓦解，而邪諂之人並進，〔遂〕及蜚廉、惡來（輩）〔革〕等。〔四〕二人皆詐僞，巧言利口以進其身，陰奉琱瑑刻鏤之好以納其心。〔五〕務快耳目之欲，以苟容爲度。遂往不戒，身沒被戮，宗廟崩阤，國家爲虛，〔六〕放戮聖賢，親近讒夫。詩不云乎？『讒人罔極，交亂四國』，〔七〕此之謂也。故卑身賤體，說色微辭，〔八〕愉愉呴呴，終無益於主上之治，〔九〕則志士仁人不忍爲也。將儼然作矜嚴之色，深言直諫，上以拂主之邪，下以損百姓之害，〔一〇〕則忤於邪主之心，歷於衰世之法。〔一一〕故養壽命之士莫肯進也，遂居（家）〔深〕山之間，積土爲室，編蓬爲戶，彈琴其中，以咏先王之風，亦可以樂而忘死矣。是以伯夷叔齊避周，餓于首陽之下，後世稱其仁。如是，邪主之行固足畏也，故曰談何容易！」

〔一〕師古曰：「閔，病也。」

〔二〕師古曰：「不省其忠而被以此罪也。」

〔三〕師古曰：「蒙，被也。」

〔四〕蘇林曰：「二人皆紂時邪佞人也。」孟康曰：「蜚㢘善走。」師古曰：「蜚，古飛字。」

〔五〕師古曰：「琱與彫同，畫也。瑑謂刻爲文也，音篆。」

〔六〕師古曰：「阤，穨也。音直氏反。虛讀曰墟。」

〔七〕師古曰：「小雅青蠅之詩也。解在戾太子傳。」

〔八〕師古曰：「說讀曰悅。」

〔九〕師古曰：「愉愉，顏色和也。呴呴，言語順也。呴音許于反。」

〔一〇〕師古曰：「拂與弼同。損，滅也。」

〔一一〕師古曰：「忤，逆也。歷猶經也，離也。」

於是吳王懼然易容，〔一〕捐薦去几，危坐而聽。〔二〕先生曰：「接輿避世，箕子被髮陽狂，〔三〕此二人者，皆避濁世以全其身者也。使遇明王聖主，得清燕之閒，寬和之色，〔四〕發憤畢誠，〔五〕圖畫安危，揆度得失，〔六〕上以安主體，下以便萬民，則五帝三王之道可幾而見也。〔七〕故伊尹蒙恥辱負鼎俎和五味以干湯，〔八〕太公釣於渭之陽以見文王。心合意同，謀無不成，計無不從，誠得其君也。深念遠慮，引義以正其身，推恩以廣其下，本仁祖義，〔九〕褒有德，祿賢能，誅惡亂，總遠方，一統類，美風俗，此帝王所由昌也。上不變天性，下不奪人倫，則天地和洽，遠方懷之，故號聖王。臣子之職既加矣，於是裂地定封，爵爲公侯，傳國子孫，名顯後世，民到于今稱之，以遇湯與文王也。太公、伊尹以如此，龍逢、比干獨如彼，豈不哀哉！故曰談何容易！」

〔一〕師古曰：「懼然，失守之貌也。懼音居具反。」

〔二〕師古曰：「捐薦席而去馮几，自貶損也。」

〔三〕師古曰：「解並在鄒陽傳。」

〔四〕師古曰：「閒讀曰閑。閑，暇也。」

〔五〕師古曰：「畢，盡也。」

〔六〕師古曰：「圖，謀；畫，計也。」

〔七〕師古曰：「幾，庶幾。」

〔八〕師古曰：「蒙，冒也，犯也。」

〔九〕師古曰：「以仁爲本，以義爲始。」

於是吳王穆然，〔一〕俛而深惟，仰而泣下交頤，曰：「嗟乎！余國之不亡也，緜緜連連，殆哉，世〔之〕不絕也！」〔二〕於是正明堂之朝，齊君〔臣〕之位，舉賢材，布德惠，施仁義，賞有功；躬節儉，減後宮之費，損車馬之用；放鄭聲，遠佞人，〔三〕省庖廚，去侈靡；卑宮館，壞苑囿，塡池塹，以予貧民無產業者；開內藏，振貧窮，存耆老，卹孤獨；薄賦斂，省刑辟。行此三年，海內晏然，天下大洽，陰陽和調，萬物咸得其宜；國無災害之變，民無飢寒之色，家給人足，畜積有餘，囹圄空虛；〔四〕鳳凰來集，麒麟在郊，甘露既降，朱草萌牙；遠方異俗之人鄉風慕義，〔五〕各奉其職而來朝賀。故治亂之道，存亡之端，若此易見，而君人者莫肯爲也，臣愚竊以爲過。故詩云：「王國克生，惟周之楨，濟濟多士，文王以寧。」〔六〕此之謂也。

〔一〕張晏曰：「穆音默。」師古曰：「穆然，靜思貌。」
〔二〕師古曰：「殆，危也。」
〔三〕師古曰：「遠，離也，音于萬反。」
〔四〕師古曰：「畜讀曰蓄。」
〔五〕師古曰：「鄉讀曰嚮。」
〔六〕師古曰：「大雅文王之詩也。言文王之國生此多士爲周室楨幹之臣，所以安寧也。」

朔之文辭，此二篇最善。其餘有封泰山，責和氏璧及皇太子生禖，屏風，殿上柏柱，平樂觀賦獵，八言、七言上下，〔一〕從公孫弘借車，凡〔劉〕向所錄朔書具是矣。〔二〕世所傳他事皆非也。〔三〕

〔一〕晉灼曰：「八言、七言詩，各有上下篇。」
〔二〕師古曰：「劉向別錄所載。」
〔三〕師古曰：「謂如東方朔別傳及俗用五行時日之書，皆非實事也。」

贊曰：劉向言少時數問長老賢人通於事及朔時者，〔一〕皆曰朔口諧倡辯，不能持論，喜爲庸人誦說，〔二〕故令後世多傳聞者。而楊雄亦以爲朔言不純師，行不純德，其流風遺書蔑如也。〔三〕然朔名過實者，以其詼達多端，不名一行，應諧似優，不窮似智，正諫似直，穢德似隱。非夷齊而是柳下惠，戒其子以上容：〔四〕「首陽爲拙，〔五〕柱下爲工；〔六〕飽食安步，以仕易農；依隱玩世，詭時不逢。」〔七〕其滑稽之雄乎！〔八〕朔之詼諧，逢占射覆，〔九〕其事浮淺，行於衆庶，童兒牧豎莫不眩燿。而後世好事者因取奇言怪語附著之朔，故詳錄焉。〔一〇〕

〔一〕師古曰：「與朔同時也。」

〔二〕師古曰：「喜音許吏反。爲音于僞反。」

〔三〕師古曰：「言辭義淺薄，不足稱也。」

〔四〕師古曰：「容身避害也。」

〔五〕應劭曰：「伯夷、叔齊不食周粟，餓死首陽山，爲拙。」

〔六〕應劭曰：「老子爲周柱下史，朝隱，故終身無患，是爲工也。」

〔七〕如淳曰：「依違朝隱，樂玩其身於一世也。反時直言正諫，則與富貴不相逢矣。」臣瓚曰：「行與時詭而不逢禍害也。」師古曰：「瓚說是也。詭，違也。」

〔八〕師古曰：「雄謂爲之長帥也。」

〔九〕如淳曰：「逢占，逢人所問而占之也。」師古曰：「此說非也。逢占，逆占事，猶云逆刺也。」

〔一〇〕師古曰：「言此傳所以詳錄朔之辭語者，爲俗人多以奇異妄附於朔故耳。欲明傳所不記，皆非其實也。而今之爲漢書學者，猶更取他書雜說，假合東方朔之事以博異聞，良可歎矣。他皆類此。著音直略反。」

校勘記

二八四四頁三行　（尻）〔尻〕蓋高。　王先慎說「尻」當作「尻」，從「九」。按各本皆誤。

二八四五頁九行　非爲蔦之寄生寓木宛童有（林）〔枝〕葉者也。　景祐、殿、局本都作「枝」，此誤。

二八四六頁二行　（雛）〔鷇〕音口豆反。　景祐、殿、局本都作「鷇」，此誤。

二八五〇頁一六行　〔隄〕音丁奚反。　殿本有「隄」字。

二八五三頁九行　因此（時）〔對〕復爲中郎，　殿、局本都作「對」。王先謙說作「對」是。

二八五七頁七行　今俗猶（河）〔云〕魅蜮也。　景祐、殿本都作「云」，局本作「呵」。

二八五八頁五行　貴爲天（下）〔子〕，　景祐、殿、局本都作「子」，此誤。

二八六一頁一三行　而應劭（曰）以子夏兩字總合爲夔，　景祐、殿本無「曰」字。

二八六二頁一五行　（或）〔師古〕曰：　王先謙說「或」字誤，當作「師古」。按各本皆誤。

二八六四頁一三行　言不盡（言）〔善〕也。　景祐、殿本都作「善」。王先謙說作「善」是。

二八六五頁一五行　七十有二（延）〔乃〕設用於文武，　景祐、殿、局本都作「乃」，此誤。

二八六八頁九行　默（默）〔然〕無言者三年矣。　景祐、殿本都作「然」。

二八七〇頁一行　〔遂〕及蜚廉、惡來（[illegible]）〔革〕等。　景祐、殿本都有「遂」字，「[illegible]」作「革」。

二八七〇頁七行　遂居（家）〔深〕山之間，　景祐、殿本都作「深」。

二八七二頁九行　殆哉，世〔之〕不絕也！　景祐、殿本都有「之」字。

二八七二頁九行　齊君〔臣〕之位，　景祐、殿、局本都有「臣」字。

二八七三頁八行　凡〔劉〕向所錄朔書具是矣。　景祐、殿本都有「劉」字。

漢書卷六十六

公孫劉田王楊蔡陳鄭傳第三十六

公孫賀字子叔，北地義渠人也。賀祖父昆邪，〔一〕景帝時爲隴西守，以將軍擊吳楚有功，封平曲侯，著書十餘篇。〔二〕

〔一〕師古曰：「昆音戶門反。」

〔二〕師古曰：「藝文志陰陽家有公孫渾邪十五篇是也。」

賀少爲騎士，從軍數有功。自武帝爲太子時，賀爲舍人，及武帝即位，遷至太僕。賀夫人君孺，衞皇后姊也，賀由是有寵。元光中爲輕車將軍，軍馬邑。後四歲，出雲中。後五歲，以車騎將軍從大將軍青出，有功，封南窌侯。〔一〕後再以左將軍出定襄，無功，坐酎金，失侯。復以浮沮將軍出五原二千餘里，無功。〔二〕後八歲，遂代石慶爲丞相，封葛繹侯。時朝廷多事，督責大臣。〔三〕自公孫弘後，丞相李蔡、嚴青翟、趙周三人比坐事死。〔四〕石慶雖以謹得終，然數被譴。初賀引拜爲丞相，不受印綬，頓首涕泣，曰：「臣本邊鄙，以鞍馬騎射爲官，材誠不任宰相。」上與左右見賀悲哀，感動下泣，曰：「扶起丞相。」賀不肯起，上乃起去，賀不得已拜。出，左右問其故，賀曰：「主上賢明，臣不足以稱，恐負重責，從是殆矣。」〔五〕

〔一〕臣瓚曰：「茂陵中書云封南奅侯，表亦作奅。」師古曰：「窌、奅二字同耳，音普教反。」

〔二〕師古曰：「沮音子閭反。」

〔三〕師古曰：「督謂察視也。」

〔四〕師古曰：「比，頻也。」

〔五〕師古曰：「殆，危也。」

賀子敬聲，代賀爲太僕，父子並居公卿位。敬聲以皇后姊子，驕奢不奉法，征和中擅用北軍錢千九百萬，發覺，下獄。是時詔捕陽陵朱安世不能得，上求之急，賀自請逐捕安世以贖敬聲罪。上許之。後果得安世。安世者，京師大俠也，聞賀欲以贖子，笑曰：「丞相禍及宗矣。南山之竹不足受我辭，斜谷之木不足爲我械。」〔一〕安世遂從獄中上書，告敬聲與陽石公主私通，〔二〕及使人巫祭祠詛上，且上甘泉當馳道埋偶人，〔三〕祝詛有惡言。下有司案驗賀，窮治所犯，遂父子死獄中，家族。

〔一〕師古曰：「斜，谷名也，其中多木。械謂桎梏也。言我方欲告丞相事，獄辭且多，械繫方久，故云然也。斜音弋奢反。」

〔二〕師古曰：「武帝女。」

〔三〕師古曰：「甘泉宮在北山，故欲往皆言上也。刻木爲人，象人之形，謂之偶人。偶，並也，對也。」

巫蠱之禍起自朱安世，成於江充，遂及公主、皇后、太子，皆敗。語在江充、戾園傳。〔一〕

〔一〕師古曰：「武五子傳敍戾太子謚戾，而置園邑，故云戾園也。」

劉屈氂，武帝庶兄中山靖王子也，〔一〕不知其始所以進。

〔一〕師古曰：「屈音丘勿反，又音其勿反。」

征和二年春，制詔御史：「故丞相賀倚舊故乘高勢而爲邪，〔一〕興美田以利子弟賓客，不顧元元，無益邊穀，〔二〕貨賂上流，〔三〕朕忍之久矣。終不自革，〔四〕乃以邊爲援，〔五〕使內郡自省作車，〔六〕又令耕者自轉，〔七〕以困農煩擾畜者，重馬傷秏，武備衰減；〔八〕下吏妄賦，百姓流亡；又詐爲詔書，以姦傳朱安世。〔九〕獄已正於理。其以涿郡太守屈氂爲左丞相，分丞相長史爲兩府，以待天下遠方之選。〔一〇〕夫親親任賢，周唐之道也。以澎戶二千二百封左丞相爲澎侯。」〔一一〕

〔一〕師古曰：「帝爲太子，賀已爲舍人，故云舊故。」

〔二〕如淳曰：「戍邊卒糧乏，不能爲方計以益之也。」

〔三〕師古曰：「丞相貪冒，受賂于下，故使衆庶貨賄上流執事者也。」

〔四〕師古曰：「革，改也。」

〔五〕如淳曰：「使內郡自作車，耕者自轉，所以饒邊，饒邊所以行恩施，爲己名援也。或曰以胡爲援也。」

〔六〕服虔曰：「詐令內郡自省作車轉輸也。邊屯無事之時，宜自治作車，以給軍用。」師古曰：「令郡自省減諸餘功用而作車也。省音所領反。」

〔七〕文穎曰：「自輸穀於邊。」

〔八〕師古曰：「重謂懷孕者也。言轉運之勞，畜產疲困，故(反)使懷孕者爲之傷秏，以減武備也。秏音呼到反。」

〔九〕師古曰：「傳，逮捕也。」

〔一〇〕師古曰：「待得賢人當拜爲右丞相。」

〔一一〕服虔曰：「澎音彭。」晉灼曰：「東海縣。」

其秋，戾太子爲江充所譖，殺充，發兵入丞相府，屈氂挺身逃，亡其印綬。〔一〕是時上避暑在甘泉宮，丞相長史乘疾置以聞。〔二〕上問「丞相何爲？」對曰：「丞相祕之，未敢發兵。」上怒曰：「事籍籍如此，何謂祕也？〔三〕丞相無周公之風矣。周公不誅管蔡乎？」乃賜丞相璽書曰：「捕斬反者，自有賞罰。以牛車爲櫓，〔四〕毋接短兵，多殺傷士衆。〔五〕堅閉城門，毋令反者得出。」

〔一〕師古曰：「挺，引也。獨引身而逃難，故失印綬也。」

〔二〕師古曰：「置謂所置驛也。」

〔三〕師古曰：「籍籍猶紛紛也。」

〔四〕師古曰：「櫓，楯也。遠與敵戰，故以車爲櫓，用自蔽也。一說櫓，望敵之樓也。」

〔五〕師古曰：「用短兵則士衆多死傷。」

太子既誅充發兵，宣言帝在甘泉病困，疑有變，姦臣欲作亂。上於是從甘泉來，幸城西建章宮，詔發三輔近縣兵，部中二千石以下，丞相兼將。太子亦遣使者撟制〔一〕赦長安中都官囚徒，〔二〕發武庫兵，命少傅石德及賓客張光等分將，使長安囚如侯持節發長水及宣曲胡騎，〔三〕皆以裝會。侍郎莽通使長安，因追捕如侯，告胡人曰：「節有詐，勿聽也。」遂斬如侯，引騎入長安，又發輯濯士，以予大鴻臚商丘成。〔四〕初，漢節純赤，以太子持赤節，故更爲黃旄加上以相別。太子召監北軍使者任安發北軍兵，安受節已，閉軍門不肯應太子。太子引兵去，敺四市人〔五〕凡數萬衆，至長樂西闕下，逢丞相軍，合戰五日，死者數萬人，血流入溝中。〔六〕丞相附兵浸多，〔七〕太子軍敗，南犇覆盎城門，得出。〔八〕會夜司直田仁部閉城門，坐令太子得出，丞相欲斬仁。御史大夫暴勝之謂丞相曰：「司直，吏二千石，當先請，柰何擅斬之？」丞相釋仁。〔九〕上聞而大怒，下吏責問御史大夫曰：「司直縱反者，丞相斬之，法也，大夫何以擅止之？」勝之皇恐，自殺。及北軍使者任安，坐受太子節，懷二心，司直田仁縱太子，皆要斬。上曰：「侍郎莽通獲反將如侯，長安男子景建從通獲少傅石德，可謂元功矣。

大鴻臚商丘成力戰獲反將張光。其封通爲重合侯，建爲德侯，成爲秺侯。」〔一〇〕諸太子賓客，嘗出入宮門，皆坐誅。其隨太子發兵，以反法族。吏士劫略者，皆徙敦煌郡。〔一一〕以太子在外，始置屯兵長安諸城門。後二十餘日，太子得於湖。語在太子傳。〔一二〕

〔一〕師古曰：「撟與矯同，其字從手。矯制，託稱詔命也。」
〔二〕師古曰：「京師諸官府。」
〔三〕師古曰：「長水，校名，宣曲，宮也，並胡騎所屯。今鄠縣東長水鄉即舊營校之地。」
〔四〕師古曰：「輯濯士，主用輯及濯行船者也。短曰輯，長曰濯。輯音集，字本從木，其音同耳。濯字本亦作櫂，並音直孝反。」
〔五〕師古曰：「敺與驅同。」
〔六〕師古曰：「溝，街衢之旁通水者也。」
〔七〕師古曰：「浸，漸也。」
〔八〕師古曰：「長安城南出東頭第一門曰覆盎城門，一號杜門。」
〔九〕師古曰：「釋，放也。」
〔一〇〕孟康曰：「秺音妒，在濟陰成武，今有亭。」
〔一一〕師古曰：「非其本心，然被太子劫略，故徙之也。」
〔一二〕師古曰：「湖，縣名。」

其明年，貳師將軍李廣利將兵出擊匈奴，丞相爲祖道，送至渭橋，〔一〕與廣利辭決。廣利曰：「願君侯早請昌邑王爲太子。〔二〕如立爲帝，君侯長何憂乎？」〔三〕屈氂許諾。昌邑王者，貳師將軍女弟李夫人子也。貳師女爲屈氂子妻，故共欲立焉。是時治巫蠱獄急，內者令郭穰告丞相夫人以丞相數有譴，使巫祠社，祝詛主上，有惡言，及與貳師共禱祠，欲令昌邑王爲帝。有司奏請案驗，罪至大逆不道。有詔載屈氂廚車以徇，〔四〕要斬東市，妻子梟首華陽街。貳師將軍妻子亦收。貳師聞之，降匈奴，宗族遂滅。

〔一〕師古曰：「祖者，送行之祭，因設宴飲焉。」

〔二〕如淳曰：「漢儀注列侯爲丞相，稱君侯。」師古曰：「楊惲傳丘常謂惲爲君侯，是則通呼列侯之尊稱耳，非必在於丞相也。如氏之說，不爲通矣。」

〔三〕師古曰：「如，若也。」

〔四〕師古曰：「廚車，載食之車也。徇，行示也。」

車千秋，本姓田氏，其先齊諸田徙長陵。〔一〕千秋爲高寢郎。〔二〕會衞太子爲江充所譖敗，久之，千秋上急變訟太子冤，〔三〕曰：「子弄父兵，罪當笞；天子之子過誤殺人，當何罪哉！臣嘗夢見一白頭翁教臣言。」是時，上頗知太子惶恐無他意，乃大感寤，召見千秋。至前，千秋長八尺餘，體貌甚麗，武帝見而說之，〔四〕謂曰：「父子之間，人所難言也，公獨明其不然。此高廟神靈使公教我，公當遂爲吾輔佐。」立拜千秋爲大鴻臚。〔五〕數月，遂代劉屈氂爲丞相，封富民侯。千秋無他材能術學，又無伐閱功勞，〔六〕特以一言寤意，旬月取宰相封侯，世未嘗有也。後漢使者至匈奴，單于問曰：「聞漢新拜丞相，何用得之？」〔七〕使者曰：「以上書言事故。」單于曰：「苟如是，漢置丞相，非用賢也，妄一男子上書卽得之矣。」使者還，道單于語。武帝以爲辱命，欲下之吏。良久，乃貰之。〔八〕

〔一〕師古曰：「劉敬所言徙關東大族者。」
〔二〕師古曰：「高廟衞寢之郎。」
〔三〕師古曰：「所告非常，故云急變也。」
〔四〕師古曰：「說讀曰悅。」
〔五〕師古曰：「當其立見而卽拜之，言不移時也。」
〔六〕師古曰：「伐，積功也。閱，經歷也。」
〔七〕師古曰：「言此人何以得爲相也。」
〔八〕師古曰：「貰，寬縱也，謂釋放之也。其下亦同。」

然千秋爲人敦厚有智，居位自稱，踰於前後數公。〔一〕初，千秋始視事，見上連年治太子獄，誅罰尤多，羣下恐懼，思欲寬廣上意，尉安衆庶。〔二〕乃與御史、中二千石共上壽頌德美，勸上施恩惠，緩刑罰，玩聽音樂，養志和神，爲天下自虞樂。〔三〕上報曰：「朕之不德，自左丞相與貳師陰謀逆亂，巫蠱之禍流及士大夫。〔四〕朕日一食者累月，乃何樂之聽？痛士大夫常在心，既事不咎。〔五〕雖然，巫蠱始發，詔丞相、御史督二千石求捕，〔六〕廷尉治，未聞九卿廷尉有所鞫也。〔七〕曩者，江充先治甘泉宮人，轉至未央椒房，〔八〕以及敬聲之疇、李禹之屬謀入匈奴，有司無所發，今丞相親掘蘭臺蠱驗，所明知也。至今餘巫頗脫不止，〔九〕陰賊侵身，遠近爲蠱，朕媿之甚，何壽之有？敬不舉君之觴！謹謝丞相、二千石各就館。〔一〇〕書曰：『毋偏毋黨，王道蕩蕩。』〔一一〕毋有復言。」〔一二〕

〔一〕師古曰：「言稱其職也。」

〔二〕師古曰：「尉安之字，本無心也，是以漢書往往存古體字焉。」

〔三〕師古曰：「虞與娛同。」

〔四〕師古曰：「謂與太子戰死者也。」

〔五〕師古曰：「言既往之事，不可追咎。」

〔六〕師古曰：「督，察視也。」

〔七〕師古曰：「鞫，問也。」

〔八〕師古曰：「椒房，殿名，皇后所居也。以椒和泥塗壁，取其溫而芳也。」

〔九〕師古曰：「言往往尚爲蠱也。」

〔10〕師古曰：「謝，告也。館，〔宮〕〔官〕舍也。」
〔11〕師古曰：「周書洪範之辭也。」
〔12〕師古曰：「不許其更請。」

後歲餘，武帝疾，立皇子鉤弋夫人男爲太子，〔一〕拜大將軍霍光、車騎將軍金日磾、御史大夫桑弘羊及丞相千秋，並受遺詔，輔道少主。〔二〕武帝崩，昭帝初卽位，未任聽政，〔三〕政事壹決大將軍光。千秋居丞相位，謹厚有重德。每公卿朝會，光謂千秋曰：「始與君侯俱受先帝遺詔，今光治內，君侯治外，宜有以教督，使光毋負天下。」〔四〕千秋曰：「唯將軍留意，卽天下幸甚。」終不肯有所言。光以此重之。每有吉祥嘉應，數褒賞丞相。訖昭帝世，國家少事，百姓稍益充實。始元六年，詔郡國舉賢良文學士，問以民所疾苦，於是鹽鐵之議起焉。〔五〕

〔一〕師古曰：「鉤弋，宮名也，昭帝母趙婕妤居之，故號鉤弋夫人也。」
〔二〕師古曰：「道讀曰導。」
〔三〕師古曰：「年幼，故未堪聽政。」
〔四〕師古曰：「督，視也。」
〔五〕師古曰：「議罷鹽鐵之官，令百姓皆得煮鹽鑄鐵，因總論政治得失也。」

千秋爲相十二年，薨，謚曰定侯。初，千秋年老，上優之，朝見，得乘小車入宮殿中，故因號曰「車丞相」。子順嗣侯，官至雲中太守，宣帝時以虎牙將軍擊匈奴，坐盜增鹵獲自殺，國除。

桑弘羊爲御史大夫八年，自以爲國家興權筦之利，〔一〕伐其功，〔二〕欲爲子弟得官，怨望霍光，與上官桀等謀反，遂誅滅。

〔一〕師古曰：「權謂專其利使入官也。筦卽管字也，義與幹同，皆謂主也。權解在昭紀。」

〔二〕師古曰：「自矜其功也。」

王訢，濟南人也。〔一〕以郡縣吏積功，稍遷爲被陽令。〔二〕武帝末，軍旅數發，郡國盜賊羣起，繡衣御史暴勝之使持斧逐捕盜賊，以軍興從事，誅二千石以下。勝之過被陽，欲斬訢，訢已解衣伏質，〔三〕仰言曰：「使君顓殺生之柄，威震郡國，〔四〕今復斬一訢，不足以增威，不如時有所寬，以明恩貸，〔五〕令盡死力。」勝之壯其言，貰不誅，因與訢相結厚。

〔一〕師古曰：「訢字與欣同。」

〔二〕孟康曰：「故千乘縣也。被音罷。」師古曰：「音皮彼反。」

〔三〕師古曰：「質，鑕也，欲斬人皆伏於鑕上也。鑕音竹林反。」

〔四〕師古曰：「爲使者，故謂之使君。使音所吏反。顓與專同。」

〔五〕師古曰：「貸猶假也，言饒假之。貸音土戴反。」

勝之使還，薦訢，徵爲右輔都尉，守右扶風。上數出幸安定、北地，過扶風，宮館馳道脩治，供張辦。〔一〕武帝嘉之，駐車，拜訢爲眞，視事十餘年。昭帝時爲御史大夫，代車千秋爲丞相，封宜春侯。明年薨，謚曰敬侯。

〔一〕師古曰：「供音居用反。張音竹亮反。」

子譚嗣，以列侯與謀廢昌邑王立宣帝，〔一〕益封三百戶。薨，子咸嗣。王莽妻即咸女，莽篡位，宜春氏以外戚寵。〔二〕自訢傳國至玄孫，莽敗，乃絕。

〔一〕師古曰：「與讀曰豫。」

〔二〕張晏曰：「莽諱取同姓，故氏侯邑也。」師古曰：「此說非也。若云王氏則與莽族相涉，故以侯號稱之耳。莽本以與譚得姓不同，祖系各別，故爲婚娶，既非私竊，不須避諱，諱亦不可掩也。」

楊敞，華陰人也。給事大將軍莫府，爲軍司馬，霍光愛厚之，稍遷至大司農。元鳳中，稻田使者燕蒼知上官桀等反謀，以告敞。敞素謹畏事，不敢言，乃移病臥。〔一〕以告諫大夫杜延年，延年以聞。蒼、延年皆封，敞以九卿不輒言，故不得侯。〔二〕後遷御史大夫，代王訢爲丞相，封安平侯。

〔一〕師古曰：「移病，（請以）〔謂移〕書言病。一曰以病而移居也。」

〔三〕師古曰：「聞之不即告言也。」

明年，昭帝崩。昌邑王徵即位，淫亂，大將軍光與車騎將軍張安世謀欲廢王更立。議既定，使大司農田延年報敞。敞驚懼，不知所言，汗出洽背，徒唯唯而已。〔一〕延年起至更衣，〔二〕敞夫人遽從東箱〔三〕謂敞曰：「此國大事，今大將軍議已定，使九卿來報君侯。君侯不疾應，與大將軍同心，猶與無決，〔四〕先事誅矣。」延年從更衣還，敞、夫人與延年參語許諾，〔五〕請奉大將軍教令，遂共廢昌邑王，立宣帝。宣帝即位月餘，敞薨，謚曰敬侯。子忠嗣，以敞居位定策安宗廟，益封三千五百戶。

〔一〕師古曰：「唯唯，恭應之辭也，音弋癸反。」

〔二〕師古曰：「古者延賓必有更衣之處也。」

〔三〕師古曰：「遽，速也。」

〔四〕師古曰：「與讀曰豫。」

〔五〕師古曰：「三人共言，故云參語。」

忠弟惲，字子幼，〔一〕以忠任為郎，補常侍騎。〔二〕惲母，司馬遷女也。惲始讀外祖太史公記，頗為春秋。以材能稱。好交英俊諸儒，名顯朝廷，擢為左曹。霍氏謀反，惲先聞知，因侍中金安上以聞，召見言狀。霍氏伏誅，惲等五人皆封，惲為平通侯，遷中郎將。

〔一〕師古曰：「惲音於粉反。」

〔二〕師古曰：「爲騎郎而常侍，故謂之常侍騎也。」

郎官故事，令郎出錢市財用，給文書，乃得出，名曰「山郎」。〔一〕移病盡一日，輒償一沐，〔二〕或至歲餘不得沐。其豪富郎，日出游戲，或行錢得善部。〔三〕貨賂流行，傳相放效。〔四〕惲爲中郎將，罷山郎，移長度大司農，以給財用。〔五〕其疾病休謁洗沐，皆以法令從事。郎、謁者有罪過，輒奏免，薦舉其高弟有行能者，至郡守九卿。郎官化之，莫不自厲，絕請謁貨賂之端，令行禁止，宮殿之內翕然同聲。由是擢爲諸吏光祿勳，親近用事。

〔一〕張晏曰：「山，財用之所出，故取名焉。」

〔二〕晉灼曰：「五日一洗沐也。」師古曰：「言出財用者，雖非休沐，常得在外也。貧者實病，皆以沐假償之也。」

〔三〕師古曰：「郎官之職，各有主部，故行錢財而擇其善，以招權也。」

〔四〕師古曰：「放音斧往反。」

〔五〕應劭曰：「長，久也。一歲之調度也。」蘇林曰：「簿書給縑之長也。」師古曰：「應說是也。言總計一歲所須財用，及文書之調度，而移大司農，以官錢供給之，更不取於郎也。」

初，惲受父財五百萬，及身封侯，皆以分宗族。後母無子，財亦數百萬，死皆予惲，惲盡復分後母昆弟。再受訾千餘萬，皆以分施。其輕財好義如此。

惲居殿中，廉絜無私，郎官稱公平。然惲伐其行治，〔一〕又性刻害，好發人陰伏，同位有

忤己者，必欲害之，以其能高人。由是多怨於朝廷，與太僕戴長樂相失，卒以是敗。〔二〕

〔一〕師古曰：「自矜其節行及政治之能也。」

〔二〕師古曰：「卒，終也。」

長樂者，宣帝在民間時與相知，及卽位，拔擢親近。長樂嘗使行事(隸)〔肄〕宗廟，〔一〕還謂掾史曰：「我親面見受詔，副帝(隸)〔肄〕，秺侯御。」〔二〕人有上書告長樂非所宜言，事下廷尉。長樂疑惲教人告之，亦上書告惲罪：「高昌侯車犇入北掖門，〔三〕惲語富平侯張延壽曰：『聞前曾有犇車抵殿門，〔四〕門關折，馬死，而昭帝崩。今復如此，天時，非人力也。』左馮翊韓延壽有罪下獄，惲上書訟延壽。郎中丘常謂惲曰：『聞君侯訟韓馮翊，當得活乎？』惲曰：『事何容易！脛脛者未必全也。〔五〕我不能自保，〔六〕眞人所謂鼠不容穴銜窶數者也。』〔七〕又中書謁者令宣持單于使者語，視諸將軍、中朝二千石。〔八〕惲曰：『冒頓單于得漢美食好物，謂之殠惡，單于不來明甚。』〔九〕惲上觀西閣上畫人，指桀紂畫謂樂昌侯王武曰：『天子過此，一二問其過，可以得師矣。』〔一〇〕畫人有堯舜禹湯不稱，而舉桀紂。惲聞匈奴降者道單于見殺，惲曰：『得不肖君，大臣爲畫善計不用，自令身無處所。〔一一〕若秦時但任小臣，誅殺忠良，竟以滅亡；令親任大臣，卽至今耳。〔一二〕古與今如一丘之貉。』〔一三〕惲妄引亡國以誹謗當世，無人臣禮。又語長樂曰：『正月以來，天陰不雨，此春秋所記，夏侯君所言。〔一四〕行必不至河東矣。』〔一五〕以主上爲戲語，尤悖逆絕理。」

〔一〕服虔曰：「兼行天子事，先(隸)〔肄〕習威儀也。」師古曰：「肄音弋二反。」

〔二〕師古曰：「我副帝(隸)〔肄〕而秺侯乃爲御耳。御謂御車也。秺音丁故反。」

〔三〕師古曰：「犇，古奔字也。」

〔四〕師古曰：「抵，觸也，音丁禮反。」

〔五〕師古曰：「脛脛，直貌也。」

〔六〕師古曰：「言我尙不能自保，訟人何以得活。」

〔七〕李奇曰：「眞人，正人也。」如淳曰：「所以不容穴，坐銜窶數自妨，故不得入穴。」師古曰：「窶數，戴器也。窶音其羽反。數音山羽反。解在東方朔傳。惲自云今之訟人，亦於己有妨。」

〔八〕師古曰：「謂譯者所錄也。視讀曰示。」

〔九〕師古曰：「時使者云單于欲來朝，故惲云不來。」

〔一〇〕師古曰：「過此謂經過此也。問其過，謂桀紂之過惡。」

〔一一〕師古曰：「無處所謂死滅也。」

〔一二〕師古曰：「言國祚長遠，可以至今猶不亡也。」

〔一三〕師古曰：「言其同類也。貉，獸名，似狐而善睡，音胡各反。」

〔一四〕張晏曰：「夏侯勝諫昌邑王曰：『天久陰不雨，臣下必有謀上者。』春秋無久陰不雨之異也。漢史記勝所言，故曰『春秋所記』，謂說春秋災異者耳。」師古曰：「春秋有不雨事，說者因論久陰，附著之也。張謂漢史爲春秋，失之矣。」

〔一五〕張晏曰：「后土祠在河東，天子歲祠之。」

事下廷尉。廷尉定國考問，左驗明白，〔一〕奏「惲不服罪，而召戶將尊，〔二〕欲令戒飭富平侯延壽，〔三〕曰『太僕定有死罪數事，朝暮人也。〔四〕惲幸與富平侯婚姻，今獨三人坐語，侯言「時不聞惲語」，自與太僕相觸也』。〔五〕尊曰：『不可』。惲怒，持大刀，曰：『蒙富平侯力，得族罪！〔六〕毋泄惲語，令太僕聞之亂餘事。』〔七〕惲幸得列九卿諸吏，宿衞近臣，上所信任，與聞政事，〔八〕不竭忠愛，盡臣子義，而妄怨望，稱引爲訞惡言，〔九〕大逆不道，請逮捕治。」上不忍加誅，有詔皆免惲、長樂爲庶人。

〔一〕師古曰：「定國，于定國也。左，證左也，言當時在其左右見此事者也。」

〔二〕蘇林曰：「直主門戶者也。」師古曰：「戶將，官名，主戶衞，屬光祿也。」

〔三〕師古曰：「飭與敕同。富平侯張延壽也。」

〔四〕師古曰：「言不久活也。」

〔五〕師古曰：「令延壽證云惲無此語，長樂誣之也。」

〔六〕師古曰：「惲言富平侯依太僕言而證之，則我得罪至於族滅，深怨之辭也。」

〔七〕文穎曰：「勿使太僕聞惲此語。」師古曰：「亂餘事者，恐長樂心忿，更加增其餘罪狀也。」

〔八〕師古曰：「與讀曰豫。」

〔九〕師古曰：「訞與妖同。」

惲既失爵位，家居治產業，起室宅，以財自娛。歲餘，其友人安定太守西河孫會宗，知略士也，與惲書諫戒之，爲言大臣廢退，當闔門惶懼，爲可憐之意，〔一〕不當治產業，通賓客，有稱（舉）〔譽〕。惲宰相子，少顯朝廷，一朝（以）晻昧語言見廢，〔二〕內懷不服，報會宗書曰：

〔一〕師古曰：「闔，閉也。」

〔二〕師古曰：「晻與暗同。」

惲材朽行穢，文質無所底，〔一〕幸賴先人餘業得備宿衞，遭遇時變以獲爵位，終非其任，卒與禍會。〔二〕足下哀其愚，蒙賜書，教督以所不及，〔三〕殷勤甚厚。然竊恨足下不深惟其終始，〔四〕而猥隨俗之毀譽也。〔五〕言鄙陋之愚心，若逆指而文過，〔六〕默而息乎，恐違孔氏「各言爾志」之義，〔七〕故敢略陳其愚，唯君子察焉！

〔一〕師古曰：「底，致也，音之履反。」

〔二〕師古曰：「卒亦終也。」

〔三〕師古曰：「蒙，蔽；督，視〔也〕。」

〔四〕師古曰：「惟，思也。」

〔五〕師古曰：「猥，曲也。」

〔六〕師古曰：「逆足下之意指，而自文飾其過。」

〔七〕師古曰：「論語云顏回季路侍，子曰『盍各言爾志』，故惲引之。」

惲家方隆盛時，乘朱輪者十人，位在列卿，爵爲通侯，總領從官，與聞政事，〔一〕曾不能以此時有所建明，以宣德化，又不能與羣僚同心并力，陪輔朝廷之遺忘，已負竊位素餐之責久矣。〔二〕懷祿貪勢，不能自退，遭遇變故，橫被口語，〔三〕身幽北闕，妻子滿獄。當此之時，自以夷滅不足以塞責，〔四〕豈意得全首領，復奉先人之丘墓乎？伏惟聖主之恩，不可勝量。君子游道，樂以忘憂；小人全軀，說以忘罪。〔五〕竊自思念，過已大矣，行已虧矣，長爲農夫以沒世矣。是故身率妻子，戮力耕桑，灌園治產，以給公上，〔六〕不意當復用此爲譏議也。

〔一〕師古曰：「與讀曰豫。」

〔二〕師古曰：「素，空也。不稱其職，空食祿也。」

〔三〕師古曰：「橫音胡孟反。」

〔四〕師古曰：「塞，補也。」

〔五〕師古曰：「說讀曰悅。」

〔六〕師古曰：「充縣官之賦斂也。」

夫人情所不能止者，聖人弗禁，故君父至尊親，〔一〕送其終也，有時而既。〔二〕臣之得罪，已三年矣。田家作苦，歲時伏臘，亨羊炰羔，斗酒自勞。〔三〕家本秦也，能爲秦聲。婦，趙女也，雅善鼓瑟。奴婢歌者數人，酒後耳熱，仰天拊缶〔四〕而呼烏烏。〔五〕其詩曰：「田彼南山，蕪穢不治，種一頃豆，落而爲萁。人生行樂耳，須富貴何時！」〔六〕是日也，拂衣而喜，奮褎低卬，〔七〕頓足起舞，誠淫荒無度，不知其不可也。〔八〕惲幸有餘祿，方糴賤販貴，逐什一之利，此賈豎之事，汙辱之處，惲親行之。下流之人，衆毀所歸，不寒而栗。〔九〕雖雅知惲者，猶隨風而靡，〔一〇〕尚何稱譽之有！董生不云乎？「明明求仁義，常恐不能化民者，卿大夫意也；明明求財利，常恐困乏者，庶人之事也。」〔一一〕故「道不同，不相爲謀。」〔一二〕今子尚安得以卿大夫之制而責僕哉！

〔一〕師古曰：「父至親，君至尊。」

〔二〕張晏曰：「喪不過三年，臣見放逐，降居三月，復初。」師古曰：「既，已也。」

〔三〕師古曰：「炰，毛炙肉也，即今所謂爊也。炰音步交反。爊音一高反。勞音來到反。」

〔四〕應劭曰：「缶，瓦器也，秦人擊之以節歌。」師古曰：「缶即今之盆類也。」

〔五〕師古曰：「李斯上書云：『擊甕叩缶，彈箏搏髀，而呼烏烏快耳者，眞秦聲也。』是關中舊有此曲也。」

〔六〕張晏曰：「山高而在陽，人君之象也。蕪穢不治，言朝廷之荒亂也。一頃百畝，以喻百官也。言豆者，貞實之物，當在囷倉，零落在野，喻已見放棄也。萁曲而不直，言朝臣皆諂諛也。」師古曰：「萁，豆莖也，音基。須，待也。」

〔七〕師古曰：「褎，古衣袖字。」

〔八〕師古曰：「自謂爲可也。」
〔九〕師古曰：「栗，竦縮也。」
〔10〕師古曰：「言逐衆議，皆相毁也。」
〔二〕師古曰：「引董仲舒之辭也。仲舒傳作皇皇也。」
〔三〕師古曰：「論語載孔子之辭，惲又引之。爲音于僞反。」

夫西河魏土，文侯所興，有段干木、田子方之遺風，〔一〕漂然皆有節槩，知去就之分。〔二〕頃者，足下離舊土，臨安定，安定山谷之閒，昆戎舊壤，〔三〕子弟貪鄙，豈習俗之移人哉？於今乃睹子之志矣。〔四〕方當盛漢之隆，願勉旃，毋多談。〔五〕

〔一〕應劭曰：「段干木、田子方，魏賢人也。」
〔二〕師古曰：「漂然，高遠意。槩，度量也。漂音匹遙反。槩音工代反。分音扶問反。」
〔三〕文穎曰：「昆夷之地也。」
〔四〕師古曰：「言豈隨安定貪鄙之俗而易其操乎？平生謂子爲達道，今乃見子之志與我不同〔者〕也。」
〔五〕師古曰：「旃，之也。言子當自勉勵以立功名，不須多與我言也。」

又惲兄子安平侯譚爲典屬國，謂惲曰：「西河太守建平杜侯〔一〕前以罪過出，今徵爲御史大夫。侯罪薄，又有功，且復用。」惲曰：「有功何益？縣官不足爲盡力。」惲素與蓋寬饒、韓延壽善，譚卽曰：「縣官實然，蓋司隸、韓馮翊皆盡力吏也，俱坐事誅。」會有日食變，騶馬猥佐成上書告惲〔一〕「驕奢不悔過，日食之咎，此人所致。」章下廷尉案驗，得所予會宗書，宣帝見而惡之。廷尉當惲大逆無道，〔二〕要斬。妻子徙酒泉郡。譚坐不諫正惲，與相應，有怨望語，免爲庶人。召拜成爲郎，諸在位與惲厚善者，未央衞尉韋玄成、京兆尹張敞及孫會宗等，皆免官。

〔一〕師古曰：「杜延年。」

〔二〕如淳曰：「騶馬，以給騶使乘之。佐，主猥馬吏也。有吏有佐名成者。」

〔三〕師古曰：「當謂處斷其罪。」

蔡義，河內溫人也。以明經給事大將軍莫府。家貧，常步行，資禮不逮衆門下，好事者相合〔一〕爲義買犢車，令乘之。數歲，遷補覆盎城門候。〔二〕

〔一〕師古曰：「言衆斂錢物。」

〔二〕師古曰：「門候，主候時而開閉也。」

久之，詔求能爲韓詩者，徵義待詔，久不進見。義上疏曰：「臣山東草萊之人，行能亡所比，容貌不及衆，然而不棄人倫者，竊以聞道於先師，自託於經術也。願賜清閒之燕，〔一〕得盡精思於前。」上召見義，說詩，甚說之，〔二〕擢爲光祿大夫、給事中，進授昭帝。數歲，拜爲少府，遷御史大夫，代楊敞爲丞相，封陽平侯。又以定策安宗廟益封，加賜黃金二百斤。

〔一〕師古曰：「燕，安息也。閒讀曰閑。」

〔二〕師古曰：「下說讀曰悅。」

義爲丞相時年八十餘，短小無須眉，貌似老嫗，行步俛僂，〔一〕常兩吏扶夾乃能行。時大將軍光秉政，議者或言光置宰相不選賢，苟用可顓制者。〔二〕光聞之，謂侍中左右及官屬曰：「以爲人主師當爲宰相，何謂云云？〔三〕此語不可使天下聞也。」

〔一〕師古曰：「俛卽俯字也。僂，曲背也。僂音力主反。」

〔二〕師古曰：「顓與專同。其後類此。」

〔三〕師古曰：「云云，衆語，謂有不選賢之言也。」

義爲相四歲，薨，謚曰節侯。無子，國除。

陳萬年字幼公，沛郡相人也。爲郡吏，察舉，至縣令，遷廣陵太守，〔一〕以高弟入爲右扶風，遷太僕。

〔一〕師古曰：「屢被察廉及舉薦，故得遷之也。」

萬年廉平，內行修，然善事人，賂遺外戚許、史，傾家自盡，尤事樂陵侯史高。丞相丙吉病，中二千石上謁問疾。〔一〕遣家丞出謝，謝已皆去，萬年獨留，昏夜乃歸。及吉病甚，上自臨，問以大臣行能。吉薦于定國、杜延年及萬年。萬年竟代定國爲御史大夫，八歲病卒。

〔一〕師古曰：「上謁，若今通名也。」

子咸字子康，年十八，以萬年任爲郎。有異材，抗直，數言事，刺譏近臣，書數十上，遷爲左曹。萬年嘗病，召咸教戒於牀下，語至夜半，咸睡，頭觸屏風。萬年大怒，欲杖之，曰：「乃公教戒汝，汝反睡，不聽吾言，何也？」咸叩頭謝曰：「具曉所言，大要教咸讇也。」〔一〕萬年乃不復言。

〔一〕師古曰：「大要，大歸也。讇，古諂字也。」

萬年死後，元帝擢咸爲御史中丞，總領州郡奏事，課第諸刺史，內執法殿中，公卿以下皆敬憚之。是時中書令石顯用事顓權，咸頗言顯短，顯等恨之。時槐里令朱雲殘酷殺不辜，有司舉奏，未下。〔一〕咸素善雲，雲從刺候，教令上書自訟。〔二〕於是石顯微伺知之，白奏咸漏泄省中語，下獄掠治，〔三〕減死，髡爲城旦，因廢。

〔一〕師古曰：「天子未下其章也。」
〔二〕晉灼曰：「雲從咸刺探伺候事之輕重，咸因教令上書。」
〔三〕師古曰：「掠，笞擊也，音力向反。」

成帝初即位，大將軍王鳳以咸前指言石顯，有忠直節，奏請咸補長史。遷冀州刺史，奉使稱意，徵爲諫大夫。復出爲楚內史，北海、東郡太守。坐爲京兆尹王章所薦，章誅，咸免官。起家復爲南陽太守。所居以殺伐立威，豪猾吏及大姓犯法，輒論輸府，〔一〕以律程作司空，〔二〕爲地臼木杵，舂不中程，或私解脫鉗釱，衣服不如法，〔三〕輒加罪笞。督作劇，不勝痛，〔四〕自絞死，歲數百千人，久者蟲出腐爛，家不得收。其治放嚴延年，其廉不如。所居調發屬縣所出食物以自奉養，〔五〕奢侈玉食。〔六〕然操持掾史，〔七〕郡中長吏皆令閉門自斂，不得踰法。公移敕書曰：〔八〕「即各欲求索自快，是一郡百太守也，何得然哉！」下吏畏之，豪彊執服，〔九〕令行禁止，然亦以此見廢。咸，三公子，少顯名於朝廷，而薛宣、朱博、翟方進、孔光等仕宦絕在咸後，皆以廉儉先至公卿，而咸滯於郡守。

〔一〕師古曰：「府謂郡之府。」

〔二〕師古曰：「司空，主行役之官。」

〔三〕師古曰：「鉗在頸，釱在足，皆以鐵爲之。鉗音其炎反。釱音弟。」

〔四〕師古曰：「作程劇苦，又被督察，笞罰既多，故不勝痛也。」

〔五〕師古曰：「調，徒釣反。」

〔六〕師古曰：「玉食，美食如玉也。」

〔七〕師古曰：「操，執也，音（于向）〔千高〕反。」

〔八〕師古曰：「公然移書以約敕也。」

〔九〕師古曰：「執讀曰勢，音之涉反。」

時車騎將軍王音輔政，信用陳湯。咸數賂遺湯，予書曰：「即蒙子公力，得入帝城，死不恨。」〔一〕後竟徵入爲少府。少府多寶物，屬官咸皆鉤校，發其姦臧，〔二〕沒入辜榷財物。〔三〕官屬及諸中宮黃門、鉤盾、掖庭官吏，舉奏按論，畏咸，皆失氣。爲少府三歲，與翟方進有隙。方進爲丞相，奏「咸前爲郡守，所在殘酷，毒蠚加於吏民。主守盜，受所監。〔四〕而官媚邪臣陳湯以求薦舉。苟得無恥，不宜處位。」咸坐免。頃之，紅陽侯立舉咸方正，爲光祿大夫給事中，方進復奏免之。後數年，立有罪就國，方進奏歸咸故郡，以憂死。

〔一〕師古曰：「子公，湯之字。」

〔二〕師古曰：「鉤音工侯反。」

〔三〕師古曰：「辜，〔罪也〕。榷，專固也。」

〔四〕如淳曰：「律，主守而盜直十金，棄市。」師古曰：「受所監法，解在景紀。」

鄭弘字穉卿，泰山剛人也。〔一〕兄昌字次卿，亦好學，皆明經，通法律政事。次卿爲太原、涿郡太守，弘爲南陽太守，皆著治迹，條教法度，爲後所述。次卿用刑罰深，不如弘平。

遷淮陽相，以高弟入爲右扶風，京師稱之。代韋玄成爲御史大夫。六歲，坐與京房論議免，語在房傳。

〔一〕師古曰：「稺，古稚字。」

贊曰：所謂鹽鐵議者，起始元中，徵文學賢良問以治亂，皆對願罷郡國鹽鐵酒榷均輸，〔一〕務本抑末，毋與天下爭利，然後〔教〕化可興。御史大夫弘羊以爲此乃所以安邊竟，制四夷，〔二〕國家大業，不可廢也。當時相詰難，頗有其議文。至宣帝時，汝南〔相〕〔桓〕寬次公，〔三〕治公羊春秋，舉爲郎，至廬江太守丞，博通善屬文，推衍鹽鐵之議，增廣條目，極其論難，著數萬言，〔四〕亦欲以究治亂，成一家之法焉。其辭曰：〔五〕「觀公卿賢良文學之議，『異乎吾所聞』。〔六〕聞汝南朱生言，當此之時，英俊並進，賢良茂陵唐生、文學魯國萬生之徒六十有餘人咸聚闕庭，舒六藝之風，陳治平之原，知者贊其慮，仁者明其施，勇者見其斷，〔七〕辯者騁其辭，齗齗焉，行行焉，〔八〕雖未詳備，斯可略觀矣。中山劉子推言王道，撟當世，反諸正，〔九〕彬彬然弘博君子也。〔一〇〕九江祝生奮史魚之節，發憤懣，譏公卿，〔一一〕介然直而不撓，〔一二〕可謂不畏彊圉矣。桑大夫據當世，合時變，上權利之略，雖非正法，鉅儒宿學不能自解，〔一三〕博物通達之士也。然攝公卿之柄，不師古始，放於末利，〔一四〕處非其位，行非其道，果隕其性，以及厥宗。〔一五〕車丞相履伊呂之列，當軸處中，括囊不言，容身而去，〔一六〕彼哉！彼哉！〔一七〕若夫丞相、御史兩府之士，不能正議以輔宰相，成同類，長同行，阿意苟合，以說其上，〔一八〕「斗筲之徒，何足選也！」〔一九〕

〔一〕師古曰：「酒榷均輸解在武紀及食貨志。」
〔二〕師古曰：「竟讀曰境。」
〔三〕師古曰：「次公者，寬之字。」
〔四〕師古曰：「即今之所行鹽鐵論十卷是也。」
〔五〕師古曰：「謂(相)〔桓〕寬總評議其善惡。」
〔六〕師古曰：「論語載子張之言，言不與己志同也，故寬引〔之〕。」
〔七〕師古曰：「斷音丁喚反。」
〔八〕師古曰：「齗齗，辯爭之貌；行行，剛彊之貌也。齗音牛斤反。行音胡浪反。」
〔九〕師古曰：「正曲曰撟。諸，之也。撟讀(曰)〔與〕矯同，其字從手。」
〔一〇〕師古曰：「彬彬，文章貌也，音彼旻反。」
〔一一〕師古曰：「懣音滿，又莫本反。」
〔一二〕師古曰：「撓，曲也，音女教反。」
〔一三〕師古曰：「解，釋也，言理不出於弘羊也。」

〔四〕師古曰：「放，縱也，謂縱心於利也。一說放，依也，音方往反。論語稱孔子曰『放於利而行，多怨』也。」

〔五〕師古曰：「性，生也，謂與上官桀謀反誅也。」

〔六〕師古曰：「括，結也。易坤卦六四爻辭曰『括囊，無咎無譽』，言自閉慎如囊之括結也。」

〔七〕師古曰：「論語云或問子西，孔子曰：『彼哉！彼哉！』言彼人者，無足稱也。」

〔八〕師古曰：「說讀曰悅。」

〔九〕師古曰：「筲，竹器也，容一斗。選，數也。論語云子貢問曰：『今之從政者何如？』孔子曰：『噫，斗筲之人，何足選也！』言其材器小劣，不足數也。筲音所交反。選音先阮反。噫，歎聲也。噫音於其反。」

校勘記

二八八〇頁六行　故（反）使懷孕者爲之傷耗，　殿本無「反」字。

二八八六頁一行　館，（宮）〔官〕舍也。　景祐、汲古、殿、局本都作「官」，此誤。

二八八八頁一四行　（誦以）〔謂移〕書言病。　景祐、殿本都作「謂移」。

二八九二頁四行　長樂嘗使行事（隸）〔肄〕宗廟，　景祐、殿、局本都作「肄」。注及下文同。

二八九四頁三行　不當治產業，通賓客，有稱（舉）〔譽〕。　景祐、殿本都作「譽」。楊樹達說作「譽」是。

二八九四頁四行　一朝〔以〕晻昧語言見廢，　殿本有「以」字。王先謙說有「以」字是。

二八九四頁一四行　蒙，蔽；督，視〔也〕。　景祐、殿、局本都有「也」字。

二八九七頁三行　今乃見子之志與我不同〔者〕也。　景祐、殿本都有「者」字。

二九〇一頁一六行　音(于向)〔千高〕反。　景祐、殿本都作「千高」，此誤。

二九〇二頁一一行　辜，〔罪也〕。　景祐、殿本都有「罪也」二字。

二九〇三頁五行　然後〔敎〕化可與，　錢大昭說南監本、閩本都有「敎」字。按殿本有，景祐本無。

二九〇三頁六行　汝南(相)〔桓〕寬次公治公羊春秋，　景祐、殿、局本都作「桓」。

二九〇四頁九行　故寬引〔之〕。　景祐本有「之」字，他本都脫。

二九〇四頁一三行　撟讀(曰)〔與〕矯同，　景祐、殿、局本都作「與」。

漢書卷六十七

楊胡朱梅云傳第三十七

楊王孫者，孝武時人也。學黃老之術，家業千金，厚自奉養生，亡所不致。〔一〕及病且終，先令其子，〔二〕曰：「吾欲贏葬，以反吾眞，〔三〕必亡易吾意。〔四〕死則爲布囊盛尸，入地七尺，既下，從足引脫其囊，以身親土。」其子欲默而不從，重廢父命，〔五〕欲從（其）〔之〕，心又不忍，乃往見王孫友人祁侯。〔六〕

〔一〕師古曰：「致，至也。」
〔二〕師古曰：「先令，爲遺令。」
〔三〕師古曰：「贏者，不爲衣衾棺槨者也。反，歸也。眞者，自然之道也。贏音郎果反。」
〔四〕師古曰：「易，改也。」
〔五〕師古曰：「重，難也。」
〔六〕師古曰：「祁侯繒賀之孫承嗣者，名它。」

祁侯與王孫書曰：「王孫苦疾，僕迫從上祠雍，未得詣前。〔一〕願存精神，省思慮，進醫藥，厚自持。竊(聞)〔聞〕王孫先令羸葬，令死者亡知則已，若其有知，是戮尸地下，將羸見先人，竊爲王孫不取也。且孝經曰『爲之棺槨衣衾』，是亦聖人之遺制，何必區區獨守所聞？〔二〕願王孫察焉。」

〔一〕師古曰：「詣，至也。至前，言(求)〔來〕見也。」

〔二〕師古曰：「區區，小意也。」

王孫報曰：「蓋聞古之聖王，緣人情不忍其親，故爲制禮，今則越之，〔一〕吾是以羸葬，將以矯世也。〔二〕夫厚葬誠亡益於死者，而俗人競以相高，靡財單幣，腐之地下。〔三〕或乃今日入而明日發，〔四〕此眞與暴骸於中野何異！且夫死者，終生之化，而物之歸者也。歸者得至，化者得變，是物各反其眞也。反眞冥冥，亡形亡聲，乃合道情。夫飾外以華衆，厚葬以鬲眞，〔五〕使歸者不得至，化者不得變，是使物各失其所也。且吾聞之，精神者天之有也，形骸者地之有也。〔六〕精神離形，各歸其眞，故謂之鬼，鬼之爲言歸也。其尸塊然獨處，豈有知哉？〔七〕裹以幣帛，鬲以棺槨，支體絡束，口含玉石，欲化不得，鬱爲枯腊，千載之後，棺槨朽腐，乃得歸土，就其眞宅。繇是言之，焉用久客！〔八〕昔帝堯之葬也，窾木爲匵，葛藟爲緘，〔九〕其穿下不亂泉，上不泄殠。〔一〇〕故聖王生易尙，死易葬也。〔一一〕不加功於亡用，不損

財於亡謂。〔一二〕今費財厚葬，留歸鬲至，死者不知，生者不得，是謂重惑。於戲！吾不爲也。」〔一三〕

〔一〕師古曰：「言踰禮而厚葬也。」

〔二〕師古曰：「正曲曰矯。」

〔三〕師古曰：「靡，散也。單，盡也。」

〔四〕師古曰：「言見發掘也。」

〔五〕師古曰：「鬲與隔同。其後並類此。」

〔六〕師古曰：「文子稱天氣爲魂。延陵季子云『骨肉下歸於土』，是以云然。」

〔七〕師古曰：「塊音口對反。」

〔八〕師古曰：「言不用久爲客也。繇讀與由同。」

〔九〕服虔曰：「窾音款。款，空也，空木爲匵。」師古曰：「匵即櫝字也。櫝，小棺也。蘲，葛藟也。一曰，蘲亦草名，葛藟之類也。緘，束也。蘲音力水反。緘音工咸反。」

〔一〇〕師古曰：「劀，絕也。」

〔一一〕師古曰：「侚，崇也。言生死皆儉約也。」

〔一二〕師古曰：「謂者，名稱也，亦指趣也。」

〔一三〕師古曰：「於讀曰烏。戲讀曰呼。」

祁侯曰：「善。」遂贏葬。

胡建字子孟，河東人也。孝武天漢中，守軍正丞，〔一〕貧亡車馬，常步與走卒起居，所以尉薦走卒，甚得其心。〔二〕時監軍御史爲姦，穿北軍壘垣以爲賈區，〔三〕建欲誅之，乃約其走卒〔四〕曰：「我欲與公有所誅，吾言取之則取，斬之則斬。」於是當選士馬日，監御史與護軍諸校列坐堂皇上，〔五〕建從走卒趨至堂皇下拜謁，因上堂〔皇〕，走卒皆上。建指監御史曰：「取彼。」走卒前曳下堂皇。建曰：「斬之。」遂斬御史。護軍諸校皆愕驚，不知所以。建亦已有成奏在其懷中，遂上奏曰：「臣聞軍法，立武以威衆，誅惡以禁邪。今監御史公穿軍垣以求賈利，〔六〕私買賣以與士市，不立剛毅之心，勇猛之節，亡以帥先士大夫，尤失理不公。用文吏議，不至重法。黃帝李法曰：〔七〕『壁壘已定，穿窬不繇路，是謂姦人，姦人者殺。』〔八〕臣謹按軍法曰：『正亡屬將軍，將軍有罪以聞，〔九〕二千石以下行法焉。』〔一〇〕丞於用法疑，〔一一〕執事不諉上，〔一二〕臣謹以斬，昧死以聞。」制曰：「司馬法曰『國容不入軍，軍容不入國』，何文吏也？〔一三〕三王或誓於軍中，欲民先成其慮也；或誓於軍門之外，欲民先意以待事也；〔一四〕或將交刃而誓，致民志也。〔一五〕建又何疑焉？」建繇是顯名。

〔一〕師古曰：「南北軍各有正，正又置丞，而建未得眞官，兼守之。」

〔二〕師古曰：「尉者，自上安之也。薦者，舉籍也。」

〔三〕師古曰：「坐賣曰賈，爲賣物之區也。區者，小室之名，若今小庵屋之類耳。故衞士之屋謂之區廬，宿衞（官）〔宮〕外士稱爲區士也。賈音古。其下亦同。」

〔四〕師古曰：「約，束也。」

〔五〕師古曰：「校者，軍之諸部校也。室無四壁曰皇。」

〔六〕師古曰：「公謂顯然爲之。」

〔七〕蘇林曰：「獄官名也。天文志『左角李，右角將』。」孟康曰：「兵書之法也。」師古曰：「李者，法官之號也，總主征伐刑戮之事也，故稱其書曰李法。蘇說近之。」

〔八〕師古曰：「窬，小竇也，音踰。繇讀與由同。下皆類此。」

〔九〕師古曰：「言軍正不屬將軍。將軍有罪過，得表奏之。」

〔一〇〕孟康曰：「二千石謂軍中校尉、都尉之屬。」

〔一一〕孟康曰：「丞屬軍正，斬御史於法有疑。」

〔一二〕師古曰：「諉，累也。言執事者，當見法即行，不可以事累於上也。諉音女瑞反。累音力瑞反。」

〔一三〕師古曰：「司馬法亦兵書之名也，解在主父偃傳。詔言在於軍中，何用文吏議也。」

〔一四〕師古曰：「慮謂計念也。先意謂先爲之意也。」

〔一五〕師古曰：「欲致民勇志，使不奔北。」

後爲渭城令，治甚有聲。値昭帝幼，皇后父上官將軍安與帝姊蓋主私夫丁外人相善。外人（獢）〔驕〕恣，怨故京兆尹樊福，使客射殺之。客臧公主廬，吏不敢捕。渭城令建將吏卒圍捕。蓋主聞之，與外人、上官將軍多從奴客往，犇射追吏，〔一〕吏散走。主使僕射劾渭城令游徼傷主家奴。建報亡它坐。〔二〕蓋主怒，使人上書告建侵辱長公主，射甲舍門。〔三〕知吏賊傷奴，辟報故不窮審。〔四〕大將軍霍光寢其奏。後光病，上官氏代聽事，下吏捕建，建自殺。吏民稱寃，至今渭城立其祠。

〔一〕師古曰：「犇，古奔字也。奔走赴之而射也。」
〔二〕服虔曰：「言游徼奉公，無它坐也。」
〔三〕師古曰：「甲舍即甲第，公主之宅。」
〔四〕蘇林曰：「辟，迴也。報，論也。斷獄(也)爲報。故言有故也。不窮審，〔不〕窮盡其事也。」師古曰：「蘇說非也。言爲游徼避罪而妄報文書，故不窮治也。辟讀曰避。」

朱雲字游，魯人也，徙平陵。少時通輕俠，借客報仇。〔一〕長八尺餘，容貌甚壯，以勇力聞。年四十，乃變節從博士白子友受易，又事前將軍蕭望之受論語，皆能傳其業。好倜儻大節，〔二〕當世以是高之。

〔一〕師古曰：「借，助也，音子夜反。」
〔二〕師古曰：「倜音吐歷反。」

元帝時，琅邪貢禹爲御史大夫，而華陰守丞嘉上封事，〔一〕言「治道在於得賢，御史之官，宰相之副，九卿之右，〔二〕不可不選。平陵朱雲，兼資文武，忠正有智略，可使以六百石秩試守御史大夫，以盡其能。」上乃下其事問公卿。太子少傅匡衡對，以爲「大臣者，國家之股肱，萬姓所瞻仰，明王所愼擇也。傳曰下輕其上爵，賤人圖柄臣，則國家搖動而民不靜矣。〔三〕今嘉從守丞而圖大臣之位，欲以匹夫徒(走)〔步〕之人而超九卿之右，非所以重國家而尊社稷也。自堯之用舜，文王於太公，猶試然後爵之，又況朱雲者乎？雲素好勇，數犯法亡命，受易頗有師道，其行義未有以異。今御史大夫禹絜白廉正，經術通明，有伯夷、史魚之風，海內莫不聞知，而嘉(偎)〔猥〕稱雲，〔四〕欲令爲御史大夫，妄相稱舉，疑有姦心，漸不可長，宜下有司案驗以明好惡。」嘉竟坐之。

〔一〕師古曰：「守華陰縣丞者，其人名嘉。」
〔二〕師古曰：「右言在上也。」
〔三〕師古曰：「上爵，大官也。圖，謀也。柄臣，執權之(官)〔臣〕。」
〔四〕師古曰：「(偎)〔猥〕，曲也。」

是時，少府五鹿充宗貴幸，爲梁丘易。自宣帝時善梁丘氏說，元帝好之，欲考其異同，令充宗與諸易家論。充宗乘貴辯口，〔一〕諸儒莫能與抗，皆稱疾不敢會。有薦雲者，召入，攝齋登堂，〔二〕抗首而請，〔三〕音動左右。既論難，連拄五鹿君，〔四〕故諸儒爲之語曰：「五鹿嶽嶽，朱雲折其角。」〔五〕繇是爲博士。

〔一〕師古曰：「乘，因也。言因藉尊貴之權也。」
〔二〕師古曰：「齋，衣下之齋音子私反。」
〔三〕師古曰：「抗，舉也。」
〔四〕師古曰：「拄，刺也，距也，音竹庾反。」
〔五〕師古曰：「嶽嶽，長角之貌。」

遷杜陵令，坐故縱亡命，會赦，舉方正，爲槐里令。時中書令石顯用事，與充宗爲黨，百僚畏之。唯御史中丞陳咸年少抗節，不附顯等，而與雲相結。雲數上疏，言丞相韋玄成容身保位，亡能往來，〔一〕而咸數毀石顯。久之，有司考雲，疑風吏殺人。〔二〕羣臣朝見，上問丞相以雲治行。丞相玄成言雲暴虐亡狀。〔三〕時陳咸在前，聞之，以語雲。雲上書自訟，咸爲定奏草，求下御史中丞。事下丞相，丞相部吏考立其殺人罪。〔四〕雲亡入長安，復與咸計議。丞相具發其事，奏「咸宿衞執法之臣，幸得進見，漏泄所聞，以私語雲，爲定奏草，欲令自下治，〔五〕後知雲亡命罪人，而與交通，雲以故不得。」〔六〕上於是下咸、雲獄，減死爲城旦。咸、雲遂廢錮，終元帝世。

〔一〕李奇曰：「不能有所前卻也。」師古曰：「周書君奭之篇稱周公曰：『惟文王尚克修和有夏，有若虢叔、閎夭、散宜生、泰顛、南宮括。』又曰『亡能往來』。故雲引此以爲言也。」

〔二〕師古曰：「風讀曰諷。」
〔三〕師古曰：「無善狀也。」
〔四〕師古曰：「立，成也。」
〔五〕師古曰：「咸爲御史中丞，而奏請下中丞，故云自下治。」
〔六〕師古曰：「吏捕之不得。」

至成帝時，丞相故安昌侯張禹以帝師位特進，甚尊重。雲上書求見，公卿在前。雲曰：「今朝廷大臣上不能匡主，下亡以益民，皆尸位素餐，〔一〕孔子所謂『鄙夫不可與事君』，『苟患失之，亡所不至』者也。〔二〕臣願賜尚方斬馬劍，斷佞臣一人以厲其餘。」〔三〕上問：「誰也？」對曰：「安昌侯張禹。」上大怒，曰：「小臣居下訕上，廷辱師傅，〔四〕罪死不赦！」御史將雲下，雲攀殿檻，檻折。〔五〕雲呼曰：〔六〕「臣得下從龍逢、比干遊於地下，足矣！〔七〕未知聖朝何如耳？」〔八〕御史遂將雲去。於是左將軍辛慶忌免冠解印綬，叩頭殿下曰：「此臣素著狂直於世。〔九〕使其言是，不可誅；其言非，固當容之。臣敢以死爭。」慶忌叩頭流血。上意解，然後得已。及後當治檻，上曰：「勿易！因而輯之，以旌直臣。」〔一〇〕

〔一〕師古曰：「尸，主也。素，空也。尸位者，不舉其事，但主其位而已。素餐者，德不稱官，空當食祿。」
〔二〕師古曰：「皆論語所載孔子之言也。苟患失其寵祿，則言行僻邪，無所不至也。」
〔三〕師古曰：「尚方，少府之屬官也，作供御器物，故有斬馬劍，劍利可以斬馬也。」

〔四〕師古曰：「訕，謗也，音所諫反，又音删。」
〔五〕師古曰：「檻，軒前欄也。」
〔六〕師古曰：「呼，叫也，音火故反。」
〔七〕師古曰：「關龍逢，桀臣，王子比干，紂之諸父，皆以諫而死，故云然。」
〔八〕師古曰：「言殺直臣其聲惡。」
〔九〕師古曰：「著，表也。言此名久彰表。」
〔一〇〕師古曰：「輯與集同，謂補合之也。旌，表也。」

雲自是之後不復仕，常居鄠田，時出乘牛車從諸生，所過皆敬事焉。薛宣爲丞相，雲往見之。宣備賓主禮，因留雲宿，從容謂雲曰：〔一〕「在田野亡事，且留我東閤，可以觀四方奇士。」雲曰：「小生乃欲相吏邪？」〔二〕宣不敢復言。

〔一〕師古曰：「從音七庸反。」
〔二〕師古曰：「小生謂其新學後進。言欲以我爲吏乎？」

其教授，擇諸生，然後爲弟子。九江嚴望及望兄子元，字仲，能傳雲學，皆爲博士。望至泰山太守。

雲年七十餘，終於家。病不呼醫飲藥。遺言以身服斂，棺周於身，土周於槨，〔一〕爲丈五墳，葬平陵東郭外。

〔一〕師古曰：「棺周於身，小棺裁容身也。土周於椁，冢壙裁容椁也。」

梅福字子眞，九江壽春人也。少學長安，明尚書、穀梁春秋，爲郡文學，補南昌尉。〔一〕後去官歸壽春，數因縣道上言變事，〔二〕求假軺傳，〔三〕詣行在所條對急政，〔四〕輒報罷。

〔一〕師古曰：「豫章之縣。」

〔二〕師古曰：「附縣道之使而封奏也。變謂非常之事。」

〔三〕師古曰：「小車之傳也。軺音遙。傳音張戀反。」

〔四〕師古曰：「條對者，一一條錄而對之。」

是時成帝委任大將軍王鳳，鳳專勢擅朝，而京兆尹王章素忠直，譏刺鳳，爲鳳所誅。王氏浸盛，〔一〕災異數見，羣下莫敢正言。福復上書曰：

〔一〕師古曰：「浸，漸也。」

臣聞箕子佯狂於殷，而爲周陳洪範；叔孫通遁秦歸漢，制作儀品。〔一〕夫叔孫先非不忠也，〔二〕箕子非疏其家而畔親也，〔三〕不可爲言也。昔高祖納善若不及，從諫若轉圜，〔四〕聽言不求其能，舉功不考其素。〔五〕陳平起於亡命而爲謀主，韓信拔於行陳而建上將。〔六〕故天下之士雲合歸漢，〔七〕爭進奇異，知者竭其策，愚者盡其慮，勇士極其節，怯夫勉其死。合天下之知，幷天下之威，是以舉秦如鴻毛，取楚若拾遺，〔八〕此高祖所以亡敵於天下也。〔九〕孝文皇帝起於代谷，〔一〇〕非有周召之師，伊呂之佐也，〔一一〕循高祖之法，加以恭儉。當此之時，天下幾平。〔一二〕繇是言之，循高祖之法則治，不循則亂。何者？秦爲亡道，削仲尼之迹，滅周公之軌，〔一三〕壞井田，除五等，禮廢樂崩，王道不通，故欲行王道者莫能致其功也。孝〔文〕〔武〕皇帝好忠諫，說至言，〔一四〕出爵不待廉茂，慶賜不須顯功，〔一五〕是以天下布衣各厲志竭精以赴闕廷自衒鬻者不可勝數。漢家得賢，於此爲盛。使孝武皇帝聽用其計，升平可致。〔一六〕於是積尸暴骨，快心胡越，故淮南（安王）〔王安〕緣間而起。所以計慮不成而謀議泄者，以衆賢聚於本朝，〔一七〕故其大臣勢陵不敢和從也。〔一八〕方今布衣乃窺國家之隙，見間而起者，蜀郡是也。〔一九〕及山陽亡徒蘇令之羣，蹈藉名都大郡，求黨與，索隨和，〔二〇〕而亡逃匿之意。此皆輕量大臣，亡所畏忌，國家之權輕，故匹夫欲與上爭衡也。

〔一〕師古曰：「遁，逃也。」
〔二〕師古曰：「先猶言先生也。一曰，先謂在秦時。」
〔三〕師古曰：「箕子，紂之諸父，故言疏家畔親也。」
〔四〕師古曰：「不及，恐失之也。轉圜，言其順也。」

〔五〕師古曰：「直取其功，不論其舊行及所從來也。」
〔六〕師古曰：「立以爲大將軍。」
〔七〕師古曰：「言四面而至。」
〔八〕師古曰：「鴻毛喻輕。拾遺，言其易也。」
〔九〕師古曰：「亡讀曰無。」
〔一〇〕師古曰：「從代而來即帝位。」
〔一一〕師古曰：「召讀曰邵。」
〔一二〕師古曰：「幾音距依反。」
〔一三〕師古曰：「軌，法也。」
〔一四〕師古曰：「說讀曰悅。」
〔一五〕師古曰：「謂諫爭合意即得官爵，不由薦舉及軍功也。廉，廉吏也。茂，茂材也。」
〔一六〕張晏曰：「民有三年之儲曰升平。」
〔一七〕師古曰：「本朝，漢朝也。」
〔一八〕服虔曰：「臣勢陵君也。」師古曰：「謂淮南大臣相內史之屬也。」
〔一九〕孟康曰：「成帝鴻嘉中廣漢男子鄭躬等反是也。」
〔二〇〕李奇曰：「求索與己和及隨己者。」

士者，國之重器；得士則重，失士則輕。詩云：「濟濟多士，文王以寧。」〔一〕廟堂之議，非草茅所當言也。臣誠恐身塗野草，尸并卒伍，故數上書求見，輒報罷。臣聞齊桓之時有以九九見者，桓公不逆，欲以致大也。〔二〕今臣所言非特九九也，陛下距臣者三矣，此天下士所以不至也。昔秦武王好力，任鄙叩關自鬻；〔三〕繆公行伯，繇余歸德。〔四〕今欲致天下之士，民有上書求見者，輒使詣尚書問其所言，言可采取者，秩以升斗之祿，賜以一束之帛。若此，則天下之士發憤懣，吐忠言，〔五〕嘉謀日聞於上，天下條貫，國家表裏，爛然可睹矣。〔六〕夫以四海之廣，士民之數，能言之類至衆多也。然其儁桀指世陳政，言成文章，質之先聖而不繆，施之當世合時務，〔七〕若此者，亦亡幾人。〔八〕故爵祿束帛者，天下之底石，高祖所以厲世摩鈍也。〔九〕孔子曰：「工欲善其事，必先利其器。」〔一〇〕至秦則不然，張誹謗之罔，以爲漢敺除，倒持泰阿，授楚其柄。〔一一〕故誠能勿失其柄，天下雖有不順，莫敢觸其鋒，此孝武皇帝所以辟地建功爲漢世宗也。〔一二〕今不循伯者之道，〔一三〕乃欲以三代選舉之法取當時之士，猶察伯樂之圖，求騏驥於市，而不可得，亦已明矣。故高祖棄陳平之過而獲其謀，〔一四〕晉文召天王，齊桓用其讎，〔一五〕〔亡〕〔有〕益於時，不顧逆順，此所謂伯道者也。一色成體謂之醇，白黑雜合謂之駮。欲以承平之法治暴秦之緒，〔一六〕猶以鄉飲酒之禮理軍市也。

〔一〕師古曰：「大雅文王之詩也。已解於上。」

〔二〕師古曰：「九九，算術，若今九章、五曹之輩。」

〔三〕師古曰：「秦武王即孝公之孫，惠文王之子也。任鄙，力士也。」

〔四〕師古曰：「即秦穆公。伯讀曰霸。繇讀曰由。」

〔五〕師古曰：「懣音滿。」

〔六〕師古曰：「爛然，分明之貌也。」

〔七〕師古曰：「質，正也。」

〔八〕師古曰：「無幾，言不多也。幾音居豈反。」

〔九〕師古曰：「厎，細石也，音之履反，又音秪。」

〔一〇〕師古曰：「論語載孔子之言也。工以喻國政，利器喻賢材。」

〔一一〕師古曰：「泰阿，劍名，歐冶所鑄也。言秦無道，令陳涉、項羽乘間而發，譬倒持劍而以把授與人也。」

〔一二〕師古曰：「辟讀曰闢。」

〔一三〕師古曰：「伯讀曰霸。次下亦同。」

〔一四〕師古曰：「盜嫂受金之事。」

〔一五〕師古曰：「召天王，謂狩于河陽也。用其讎，謂以管仲爲相。並解於上。」

〔一六〕師古曰：「緒謂餘業也。」

今陛下既不納天下之言，又加戮焉。夫鳶鵲遭害，則仁鳥增逝；〔一〕愚者蒙戮，則知士深退。〔二〕間者愚民上疏，多觸不急之法，或下廷尉，而死者衆。〔三〕自陽朔以來，天下以言爲諱，朝廷尤甚，〔四〕羣臣皆承順上指，莫有執正。何以明其然也？取民所上書，陛下之所善，試下之廷尉，廷尉必曰「非所宜言，大不敬。」以此卜之，一矣。故京兆尹王章資質忠直，敢面引廷爭，孝元皇帝擢之，以厲具臣而矯曲朝。〔五〕及至陛下，戮及妻子。且惡惡止其身，王章非有反畔之辜，而殃及家。折直士之節，結諫臣之舌，羣臣皆知其非，然不敢爭，天下以言爲戒，最國家之大患也。願陛下循高祖之軌，杜亡秦之路，〔六〕數御十月之歌，〔七〕留意亡逸之戒，〔八〕除不急之法，下亡諱之詔，博覽兼聽，謀及疏賤，令深者不隱，遠者不塞，所謂「辟四門，明四目」也。〔九〕且不急之法，誹謗之微者也。「往者不可及，來者猶可追。」方今君命犯而主威奪，〔一〇〕外戚之權日以益隆，陛下不見其形，願察其景。建始以來，日食地震，以率言之，三倍春秋，水災亡與比數。〔一一〕陰盛陽微，金鐵爲飛，此何景也！〔一二〕漢興以來，社稷三危。呂、霍、上官皆母后之家也，親親之道，全之爲右，〔一三〕當與之賢師良傅，教以忠孝之道。今乃尊寵其位，授以魁柄，〔一四〕使之驕逆，至於夷滅，〔一五〕此失親親之大者也。自霍光之賢，不能爲子孫慮，故權臣易世則危。書曰：「毋若火，始庸庸。」〔一六〕勢陵於君，權隆於主，然後防之，亦亡及已。〔一七〕

〔一〕師古曰：「鳶，鴟也。仁鳥，鸞鳳也。鳶音緣。」

〔二〕師古曰：「蒙，被也。」

〔三〕師古曰：「以其所言爲不急而罪之也。」

〔四〕師古曰：「妨人之口，法禁嚴切。」

〔五〕師古曰：「具臣，具位之臣無益者也。矯，正也。」

〔六〕師古曰：「杜，塞也。」

〔七〕孟康曰：「福譏切王氏。十月之詩，刺后族太盛也。」師古曰：「詩小雅十月之交篇也。」

〔八〕師古曰：「周書篇名也，周公作之以戒成王。」

〔九〕師古曰：「虞書舜典曰『闢四門，明四目』，言開四門以致衆賢，則明視於四方也。」

〔一〇〕師古曰：「君命犯者，謂大臣犯君之命。」

〔一一〕師古曰：「言其極多，不可比較而數也。」

〔一二〕張晏曰：「河平二年，沛郡鐵官鑄鐵如星飛上去，權臣用事之異也。」蘇林曰：「『言之不從，是謂不艾，則金不從革。』景，象也。何象，言將危亡也。」

〔一三〕師古曰：「務全安之，此爲上。」

〔一四〕師古曰：「以斗爲喻也，斗身爲魁。」

〔一五〕師古曰：「夷，平也，謂平除之。」

〔一六〕師古曰：「周書洛誥之辭也。庸庸，微小貌也。言火始微小，不早撲滅則至熾盛。大臣貴擅，亦當早圖黜其權也。」

〔一七〕師古曰：「已，語終辭。」

上遂不納。

成帝久亡繼嗣，福以爲宜建三統，封孔子之世以爲殷後，復上書曰：

臣聞「不在其位，不謀其政」。政者職也，位卑而言高者罪也。越職觸罪，危言世患，雖伏質橫分，臣之願也。〔一〕守職不言，沒齒身全，死之日，尸未腐而名滅，雖有景公之位，伏歷千駟，臣不貪也。〔二〕故願壹登文石之陛，涉赤墀之塗，〔三〕當戶牖之法坐，〔四〕盡平生之愚慮。亡益於時，有遺於世，〔五〕此臣寢所以不安，食所以忘味也。願陛下深省臣言。〔六〕

〔一〕師古曰：「伏質，斬刑也。橫分，謂身首分離也。」
〔二〕師古曰：「景公，齊景公也。論語云：『齊景公有馬千駟，死之日，民無得而稱焉。』故引之也。」
〔三〕應劭曰：「以丹淹泥塗殿上也。」
〔四〕師古曰：「戶牖之間謂之扆，言負扆也。法坐，正坐也，聽朝之處，猶言法官、法駕也。坐音才臥反。」
〔五〕師古曰：「遺，留也。」
〔六〕師古曰：「省，察也。」

臣聞存人所以自立也，壅人所以自塞也。善惡之報，各如其事。昔者秦滅二周，夷六國，〔一〕隱士不顯，佚民不舉，〔二〕絕三統，滅天道，是以身危子殺，厥孫不嗣，〔三〕所謂壅人以自塞者也。故武王克殷，未下車，存五帝之後，封殷於宋，紹夏於杞，〔四〕明著三統，示不獨有也。是以姬姓半天下，遷廟之主，流出於戶，〔五〕所謂存人以自立者也。今成湯不祀，殷人亡後，陛下繼嗣久微，殆爲此也。春秋經曰：「宋殺其大夫。」穀梁傳曰：「其不稱名姓，以其在祖位，尊之也。」〔六〕此言孔子故殷後也，雖不正統，封其子孫以爲殷後，禮亦宜之。何者？諸侯奪宗，聖庶奪適。〔七〕傳曰「賢者子孫宜有土」，而況聖人，又殷之後哉！昔成王以諸侯禮葬周公，而皇天動威，雷風著災。〔八〕今仲尼之廟不出闕里，〔九〕孔氏子孫不免編戶，〔一〇〕以聖人而歆匹夫之祀，非皇天之意也。今陛下誠能據仲尼之素功，以封其子孫，〔一一〕則國家必獲其福，又陛下之名與天亡極。何者？追聖人素功，封其子孫，未有法也，後聖必以爲則。不滅之名，可不勉哉！

〔一〕師古曰：「二周，東周、西周君也。六國，齊、楚、韓、魏、趙、燕。」

〔二〕師古曰：「佚與逸同。」

〔三〕張晏曰：「身爲燕丹、張良所謀，子二世見殺。孫謂子嬰。」

〔四〕師古曰：「謂封黃帝之後於薊，帝堯之後於祝，帝舜之後於陳，并杞、宋，是爲五帝。」

〔五〕李奇曰：「言其多。」

〔六〕師古曰：「事在僖二十五年。穀梁所云『在祖位』者，謂孔子本宋孔父之後，防叔奔魯，遂爲魯人。今宋所殺者亦孔父之後留在宋者，於孔子爲（祀）〔祖〕列，故尊而不名也。」

〔七〕如淳曰：「奪宗，始封之君尊爲諸侯，則奪其舊爲宗子之事也。奪適，文王舍伯邑考而立武王是也。孔子雖庶，可爲殷後。」師古曰：「適讀曰嫡。」

〔八〕師古曰：「尚書大傳云：『周公疾，曰：「吾死必葬於成周，示天下臣於成王也。」周公死，天乃雷雨以風，禾盡偃，大木斯拔。國恐，王與大夫開金縢之書，執書以泣曰：「周公勤勞王家，予幼人弗及知。」乃不葬於成周而葬之於畢，示天〔下〕不敢臣。』」

〔九〕師古曰：「闕里，孔子舊里也。言除此之外，更無祭祀孔子者也。」

〔一〇〕師古曰：「列爲庶人也。」

〔一一〕師古曰：「素功，素王之功也。穀梁傳曰『孔子素王』。」

福孤遠，又譏切王氏，故終不見納。

初，武帝時，始封周後姬嘉爲周子南君，至元帝時，尊周子南君爲周承休侯，位次諸侯王。使諸大夫博士求殷後，分散爲十餘姓，郡國往往得其大家，推求子孫，絕不能紀。〔一〕時匡衡議，以爲「王者存二王後，所以尊其先王而通三統也。其犯誅絕之罪者絕，而更封他親爲始封君，上承其王者之始祖。春秋之義，諸侯不能守其社稷者絕。今宋國已不守其統而失國矣，則宜更立殷後爲始封君，而上承湯統，非當繼宋之絕侯也，宜明得殷後而已。今之故宋，推求其嫡，久遠不可得；雖得其嫡，嫡之先已絕，不當得立。禮記孔子曰：『丘，殷人也。』先師所共傳，宜以孔子世爲湯後。」上以其語不經，〔二〕遂見寢。至成帝時，梅福復言宜封孔子後以奉湯祀。綏和元年，立二王後，推迹古文，以左氏、穀梁、世本、禮記相明，遂下詔封孔子世爲殷紹嘉公。語在成紀。是時，福居家，常以讀書養性爲事。

〔一〕師古曰：「不自知其昭穆之數也。」

〔二〕師古曰：「不合於經也。」

至元始中，王莽顓政，〔一〕福一朝棄妻子，去九江，至今傳以爲仙。其後，人有見福於會稽者，變名姓，爲吳市門卒云。〔二〕

〔一〕師古曰：「顓讀與專同。」

〔二〕師古曰：「其後謂棄妻子去之後。」

云敞字幼〔儒〕〔孺〕，平陵人也。師事同縣吳章，章治尚書經爲博士。平帝以中山王卽帝位，年幼，莽秉政，自號安漢公。以平帝爲成帝後，不得顧私親，帝母及外家衞氏皆留中山，不得至京師。莽長子宇，非莽鬲絕衞氏，〔一〕恐帝長大後見怨。宇與吳章謀，夜以血塗莽門，若鬼神之戒，冀以懼莽。章欲因對其咎。事發覺，莽殺宇，誅滅衞氏，謀所聯及，死者百餘人。章坐要斬，磔尸東市門。初，章爲當世名儒，教授尤盛，弟子千餘人，莽以爲惡人黨，皆當禁〔固〕〔錮〕，不得仕宦。門人盡更名他師。〔二〕敞時爲大司徒掾，自劾吳章弟子，收抱章尸歸，棺斂葬之，〔三〕京師稱焉。車騎將軍王舜高其志節，比之欒布，表奏以爲掾，薦爲中郎諫大夫。莽篡位，王舜爲太師，復薦敞可輔職。〔四〕以病免。唐林言敞可典郡，擢爲魯郡大尹。更始時，安車徵敞爲御史大夫，復病免去，卒于家。

〔一〕師古曰：「鬲讀與隔同。」

〔二〕師古曰：「更以他人爲師，諱不言是章弟子。」

〔三〕師古曰：「棺音工喚反。斂音力贍反。」

〔四〕師古曰：「爲輔弼之任。」

贊曰：昔仲尼稱不得中行，則思狂狷。〔一〕觀楊王孫之志，賢於秦始皇遠矣。世稱朱雲多過其實，〔故曰〕「蓋有不知而作之者，我亡是也。」〔二〕胡建臨敵敢斷，武昭於外。〔三〕斬伐姦隙，軍旅不隊。梅福之辭，合於大雅，雖無老成，尚有典刑；殷監不遠，夏后所聞。〔四〕遂從所好，全性市門。云敞之義，著於吳章，爲仁由己，再入大府，〔五〕清則濯纓，何遠之有？〔六〕

〔一〕師古曰：「論語載孔子曰：『不得中行而與之，必也狂狷乎！狂者進取，狷者有所不爲。』中行，中庸也。狷，介也。言不必得中庸之人與之論道，則思狂狷，猶愈於頑嚚無識者也。狷音子掾反。」

〔二〕師古曰：「論語稱孔子之言也。疾時人妄有述作，非有實也。」

〔三〕師古曰：「昭，明也。」

〔四〕師古曰：「大雅蕩之詩曰『雖無老成人，尚有典刑』，言今雖無其人，尚有故法可案用也。又曰『殷監不遠，在夏后之時』，言殷視夏桀之亡，可爲戒也。贊引此者，謂梅福請封孔子後，是案武王克商之法而行之。又視秦滅二周，夷六國，不爲立後，自取喪亡，可爲戒也。」

〔五〕師古曰：「論語稱孔子曰：『爲仁由己，而由人乎哉！』此贊引之。再入大府，謂初爲大司徒掾，後爲車騎將軍掾也。」

〔六〕師古曰：「楚辭漁父之歌曰：『滄浪之水清，可以濯我纓；滄浪之水濁，可以濯我足。』遇治則仕，遇亂則隱，云敞謝病去職，近於此義也。」

校勘記

二九〇七頁五行　欲從(其)〔之〕，心又不忍。　錢大昭說閩本「其」作「之」。按景祐、殿本都作「之」。

二九〇八頁二行　竊(閒)〔聞〕王孫先令羸葬，　景祐、汲古、殿、局本都作「聞」，此誤。

二九〇八頁五行　言(求)〔來〕見也。　景祐、殿本都作「來」。王先謙說作「來」是。

二九一〇頁四行　因上堂〔皇〕，　錢大昭說「堂」下脫「皇」字。按殿本有。

二九一二頁一行　宿衞(官)〔宮〕外士稱爲區士也。　景祐、殿本都作「宮」。王先謙說作「宮」是。

二九一二頁一七行　外人(嬌)〔驕〕恣，　景祐、殿本都作「驕」。

二九一三頁八行　報，論也。斷獄(也)爲報。故言有故也。不窮審，〔不〕窮盡其事也。　景祐、殿、局本都無

「也」字。殿、局本都有「不」字。王先謙說無「也」字有「不」字是。

二九一三頁四行　欲以匹夫徒（走）〔步〕之人而超九卿之右，景祐、殿本都作「步」。

二九一三頁七行　而嘉（很）〔狠〕稱雲，景祐、殿、局本都作「狠」。注同。

二九一三頁一一行　柄臣，執權之（官）〔臣〕。景祐、殿本都作「臣」。

二九一八頁五行　孝（文）〔武〕皇帝好忠諫，景祐、殿、局本都作「武」。王先謙說作「武」是。

二九一八頁七行　故淮南（安王）〔王安〕緣間而起，景祐、殿、局本都作「王安」。

二九二〇頁一二行　（亡）〔有〕益於時，不顧逆順，此所謂伯道者也。王念孫說，「亡」當爲「有」，蓋涉後文「亡益於時，有遺於世」而誤。

二九二五頁一六行　於孔子爲（祀）〔祖〕列，景祐、殿本都作「祖」。王先謙說作「祖」是。

二九二六頁五行　示天〔下〕不敢臣。景祐、殿本都有「下」字。王先謙說有「下」字是。

二九二六頁一〇行　〔初〕，武帝時，錢大昭說，「武帝」上閩本有「初」字。按殿本有，景祐本無。

二九二七頁九行　云敞字幼（儒）〔孺〕，景祐、殿本都作「孺」。王先謙說作「孺」是。

二九二七頁一四行　皆當禁（固）〔錮〕，景祐、殿本都作「錮」。

二九二八頁九行　〔故曰〕　二字據景祐、殿本補。

漢書卷六十八

霍光金日磾傳第三十八

霍光字子孟，票騎將軍去病弟也。父中孺，河東平陽人也，〔一〕以縣吏給事平陽侯家，〔二〕與侍者衞少兒私通而生去病。中孺吏畢歸家，娶婦生光，因絕不相聞。久之，少兒女弟子夫得幸於武帝，立爲皇后，去病以皇后姊子貴幸。既壯大，乃自知父爲霍中孺，未及求問。會爲票騎將軍擊匈奴，道出河東，河東太守郊迎，負弩矢先驅，〔三〕至平陽傳舍，遣吏迎霍中孺。中孺趨入拜謁，將軍迎拜，因跪曰：「去病不早自知爲大人遺體也。」中孺扶服叩頭，〔四〕曰：「老臣得託命將軍，此天力也。」去病大爲中孺買田宅奴婢而去。還，復過焉，乃將光西至長安，時年十餘歲，任光爲郎，稍遷諸曹侍中。去病死後，光爲奉（常）〔車〕都尉光祿大夫，出則奉車，入侍左右，出入禁闥二十餘年，〔五〕小心謹愼，未嘗有過，甚見親信。

〔一〕師古曰：「中讀曰仲。」

〔二〕師古曰：「縣遣吏於侯家供事也。」
〔三〕師古曰：「郊迎，迎於郊界之上也。先驅者，導其路也。」
〔四〕師古曰：「服音蒲北反。」
〔五〕師古曰：「宮中小門謂之闥。」

征和二年，衞太子爲江充所敗，而燕王旦、廣陵王胥皆多過失。是時上年老，寵姬鉤弋趙倢伃有男，〔一〕上心欲以爲嗣，命大臣輔之。察羣臣唯光任大重，可屬社稷。〔二〕上乃使黃門畫者畫周公負成王朝諸侯以賜光。〔三〕後元二年春，上游五柞宮，病篤，光涕泣問曰：「如有不諱，誰當嗣者？」〔四〕上曰：「君未諭前畫意邪？〔五〕立少子，君行周公之事。」光頓首讓曰：「臣不如金日磾。」日磾亦曰：「臣外國人，不如光。」上以光爲大司馬大將軍，日磾爲車騎將軍，及太僕上官桀爲左將軍，搜粟都尉桑弘羊爲御史大夫，皆拜臥內牀下，〔六〕受遺詔輔少主。明日，武帝崩，太子襲尊號，是爲孝昭皇帝。帝年八歲，政事壹決於光。

〔一〕師古曰：「倢伃居鉤弋宮，故稱之。」
〔二〕師古曰：「任，堪也。屬，委也。任音壬。屬音之欲反。」
〔三〕師古曰：「黃門之署，職任親近，以供天子，百物在焉，故亦有畫工。」
〔四〕師古曰：「不諱，言不可諱也。」
〔五〕師古曰：「諭，曉也。」

〔六〕師古曰：「於天子所臥牀前拜職。」

先是，後元年，侍中僕射莽何羅與弟重合侯通謀爲逆，〔一〕時光與金日磾、上官桀等共誅之，功未錄。武帝病，封璽書曰：「帝崩發書以從事。」遺詔封金日磾爲秺侯，上官桀爲安陽侯，光爲博陸侯，〔二〕皆以前捕反者功封。時衞尉王莽子男忽侍中，〔三〕揚語曰：〔四〕「帝（病）〔崩〕，忽常在左右，安得遺詔封三子事！〔五〕羣兒自相貴耳。」光聞之，切讓王莽，〔六〕莽酖殺忽。

〔一〕師古曰：「莽音莫戶反。」

〔二〕文穎曰：「博，大。陸，平。取其嘉名，無此縣也，食邑北海、河（間）、東（城）〔郡〕。」師古曰：「蓋亦取鄉聚之名以爲國號，非必縣也，公孫弘平津鄉則是矣。」

〔三〕師古曰：「即右將軍王莽也，其子名忽。」

〔四〕師古曰：「揚謂宣唱之。」

〔五〕師古曰：「安猶焉。」

〔六〕師古曰：「切，深也。讓，責也。」

光爲人沈靜詳審，長財七尺三寸，〔一〕白晳，疏眉目，美須頿。〔二〕每出入下殿門，止進有常處，郎僕射竊識視之，不失尺寸，〔三〕其資性端正如此。初輔幼主，政自己出，〔四〕天下想聞其風采。〔五〕殿中嘗有怪，一夜羣臣相驚，光召尚符璽郎，〔六〕郎不肯授光。光欲奪之，郎按劍曰：「臣頭可得，璽不可得也！」光甚誼之。明日，詔增此郎秩二等。衆庶莫不多

光。〔七〕

〔一〕師古曰：「財與纔同。」

〔二〕師古曰：「晳，潔白也。顲，頰毛也。晳音先歷反。顲音人占反。」

〔三〕師古曰：「識，記也，音式志反。」

〔四〕師古曰：「自，從也。」

〔五〕師古曰：「采，文采。」

〔六〕師古曰：「恐有變難，故欲收（其）〔取〕璽。」

〔七〕師古曰：「多猶重也。以此事爲多足重也。」

光與左將軍桀結婚相親，光長女爲桀子安妻。有女年與帝相配，〔一〕桀因帝姊鄂邑蓋主內安女後宮爲倢伃，〔二〕數月立爲皇后。父安爲票騎將軍，封桑樂侯。光時休沐出，桀輒入代光決事。桀父子既尊盛，而德長公主。〔三〕公主內行不修，近幸河間丁外人。桀、安欲爲外人求封，幸依國家故事以列侯尚公主者，光不許。又爲外人求光祿大夫，欲令得召見，又不許。長主大以是怨光。而桀、安數爲外人求官爵弗能得，亦慙。自先帝時，桀已爲九卿，位在光右。〔四〕及父子並爲將軍，有椒房中宮之重，〔五〕皇后親安女，光乃其外祖，而顧專制朝事，〔六〕繇是與光爭權。〔七〕

〔一〕晉灼曰：「漢語光嫡妻東閭氏生安夫人，昭后之母也。」

〔二〕師古曰：「鄂邑，所食邑，爲蓋侯所尙，故云蓋主也。」
〔三〕師古曰：「懷其恩德也。」
〔四〕師古曰：「右，上也。」
〔五〕師古曰：「椒房殿，皇后所居。」
〔六〕師古曰：「顧猶反也。」
〔七〕師古曰：「繇讀與由同。」

燕王旦自以昭帝兄，常懷怨望。及御史大夫桑弘羊建造酒榷鹽鐵，爲國興利，伐其功，〔一〕欲爲子弟得官，亦怨恨光。於是蓋主、上官桀、安及弘羊皆與燕王旦通謀，詐令人爲燕王上書，言「光出都肄郎羽林，道上稱蹕，〔二〕太官先置。〔三〕又引蘇武前使匈奴，拘留二十年不降，還乃爲典屬國，而大將軍長史敞亡功爲搜粟都尉。〔四〕又擅調益莫府校尉。〔五〕光專權自恣，疑有非常。臣旦願歸符璽，入宿衞，察姦臣變。」候司光出沐日奏之。桀欲從中下其事，〔六〕桑弘羊當與諸大臣共執退光。書奏，帝不肯下。

〔一〕師古曰：「伐，矜也。」
〔二〕孟康曰：「都，試也。肄，習也。」師古曰：「謂總閱試習武備也。」
〔三〕師古曰：「供飲食之具。」
〔四〕師古曰：「楊敞也。」

〔五〕師古曰：「調，選也。莫府，大將軍府也。調音徒釣反。」

〔六〕師古曰：「下謂下有司也，音胡稼反。」

明旦，光聞之，止畫室中不入。〔一〕上問「大將軍安在？」左將軍桀對曰：「以燕王告其罪，故不敢入。」有詔召大將軍。光入，免冠頓首謝，上曰：「將軍冠。〔二〕朕知是書詐也，將軍亡罪。」光曰：「陛下何以知之？」上曰：「將軍之廣明，都郎屬耳。〔三〕調校尉以來未能十日，燕王何以得知之？且將軍爲非，不須校尉。」〔四〕是時帝年十四，尚書左右皆驚，而上書者果亡，捕之甚急。桀等懼，白上小事不足遂，〔五〕上不聽。

〔一〕如淳曰：「近臣所止計畫之室也，或曰彫畫之室。」師古曰：「彫畫是也。」

〔二〕師古曰：「令復著冠也。」

〔三〕師古曰：「之，往也。廣明，亭名也。屬耳，近耳也。屬音之欲反。」

〔四〕文穎曰：「帝云將軍欲反，不由一校尉。」

〔五〕師古曰：「遂猶竟也。不須窮竟也。」

後桀黨與有譖光者，上輒怒曰：「大將軍忠臣，先帝所屬以輔朕身，〔一〕敢有毀者坐之。」自是桀等不敢復言，乃謀令長公主置酒請光，伏兵格殺之，因廢帝，迎立燕王爲天子。事發覺，光盡誅桀、安、弘羊、外人宗族。燕王、蓋主皆自殺。光威震海內。昭帝既冠，遂委任光，訖十三年，百姓充實，四夷賓服。

〔一〕師古曰：「屬，委也，音之欲反。其下亦同。」

元平元年，昭帝崩，亡嗣。武帝六男獨有廣陵王胥在，羣臣議所立，咸持廣陵王。王本以行失道，先帝所不用。光內不自安。郎有上書言「周太王廢太伯立王季，文王舍伯邑考立武王，唯在所宜，〔一〕雖廢長立少可也。廣陵王不可以承宗廟。」言合光意。光以其書視丞相敞等，〔二〕擢郎爲九江太守，即日承皇太后詔，遣行大鴻臚事少府樂成、宗正德、光祿大夫吉、中郎將利漢迎昌邑王賀。

〔一〕師古曰：「太伯者，王季之兄。伯邑考，文王長子也。」

〔二〕師古曰：「視讀曰示。敞即楊敞也。」

賀者，武帝孫，昌邑哀王子也。既至，即位，行淫亂。光憂懣，〔一〕獨以問所親故吏大司農田延年。延年曰：「將軍爲國柱石，〔二〕審此人不可，何不建白太后，〔三〕更選賢而立之？」光曰：「今欲如是，於古嘗有此否？」〔四〕延年曰：「伊尹相殷，廢太甲以安宗廟，後世稱其忠。〔五〕將軍若能行此，亦漢之伊尹也。」光乃引延年給事中，陰與車騎將軍張安世圖計，〔六〕遂召丞相、御史、將軍、列侯、中二千石、大夫、博士會議未央宮。光曰：「昌邑王行昏亂，恐危社稷，如何？」羣臣皆驚鄂失色，〔七〕莫敢發言，但唯唯而已。田延年前，離席按劍，曰：「先帝屬將軍以幼孤，寄將軍以天下，以將軍忠賢能安劉氏也。今羣下鼎沸，社稷將傾，且漢之傳謚常爲孝者，以長有天下，令宗廟血食也。如令漢家絕祀，〔八〕將軍雖死，何面目見先帝於地下乎？今日之議，不得旋踵。〔九〕羣臣後應者，臣請劍斬之。」光謝曰：「九卿責光是也。天下匈匈不安，光當受難。」〔一〇〕於是議者皆叩頭，曰：「萬姓之命在於將軍，唯大將軍令。」〔一一〕

〔一〕師古曰：「懣音滿，又音悶。」
〔二〕師古曰：「柱者，梁下之柱；石者，承柱之礎也。言大臣負國重任，如屋之柱及其石也。」
〔三〕師古曰：「立議而白之。」
〔四〕師古曰：「光不涉學，故有此問也。」
〔五〕師古曰：「商書太甲篇曰『太甲既立，弗明，伊尹放諸桐』是也。」
〔六〕師古曰：「圖，謀也。」
〔七〕師古曰：「凡言鄂者，皆謂阻礙不依順也，後字作愕，其義亦同。」
〔八〕師古曰：「如，若也。」
〔九〕師古曰：「宜速決。」
〔一〇〕師古曰：「受其憂責也。」
〔一一〕師古曰：「言一聽之也。」

光卽與羣臣俱見白太后，具陳昌邑王不可以承宗廟狀。皇太后乃車駕幸未央承明殿，詔諸禁門毋內昌邑羣臣。王入朝太后還，乘輦欲歸溫室，中黃門宦者各持門扇，王入，門閉，昌邑羣臣不得入。王曰：「何爲？」大將軍跪曰：「有皇太后詔，毋內昌邑羣臣。」王曰：「徐之，何乃驚人如是！」光使盡驅出昌邑羣臣，置金馬門外。車騎將軍安世將羽林騎收縛二百餘人，皆送廷尉詔獄。令故昭帝侍中中臣侍守王。光敕左右：「謹宿衞，卒有物故自裁，令我負天下，有殺主名。」〔一〕王尚未自知當廢，謂左右：「我故羣臣從官安得罪，而大將軍盡繫之乎。」〔二〕頃之，有太后詔召王。王聞召，意恐，乃曰：「我安得罪而召我哉！」太后被珠襦，〔三〕盛服坐武帳中，侍御數百人皆持兵，期門武士陛戟，陳列殿下。〔四〕羣臣以次上殿，召昌邑王伏前聽詔。光與羣臣連名奏王，尚書令讀奏曰：

〔一〕師古曰：「卒讀曰猝。物故，死也。自裁，自殺也。」
〔二〕師古曰：「安，焉也。」
〔三〕如淳曰：「以珠飾襦也。」晉灼曰：「貫珠以爲襦，形若今革襦矣。」師古曰：「晉說是也。」
〔四〕師古曰：「陛戟謂執戟以衞陛下也。」

丞相臣敞、〔一〕大司馬大將軍臣光、車騎將軍臣安世、〔二〕度遼將軍臣明友、〔三〕前將軍臣增、〔四〕後將軍臣充國、〔五〕御史大夫臣誼、〔六〕宜春侯臣譚、〔七〕當塗侯臣聖、〔八〕隨桃侯臣昌樂、〔九〕杜侯臣屠耆堂、〔一〇〕太僕臣延年、〔一一〕太常臣昌、〔一二〕大司農臣延年、〔二三〕宗正臣德、〔二四〕少府臣樂成、〔二五〕廷尉臣光、〔二六〕執金吾臣延壽、〔二七〕大鴻臚臣賢、〔二八〕左馮翊臣廣明、〔二九〕右扶風臣德、〔三〇〕長信少府臣嘉、〔三一〕典屬國臣武、〔三二〕京輔都尉臣廣漢、〔三三〕司隸校尉臣辟兵、〔三四〕諸吏文學光祿大夫臣遷、〔三五〕臣畸、〔三六〕臣吉、〔三七〕臣賜、臣管、臣勝、臣梁、臣長幸、〔三八〕臣夏侯勝、〔三九〕太中大夫臣德、〔四〇〕臣卬〔四一〕昧死言皇太后陛下：臣敞等頓首死罪。（大）〔天〕子所以永保宗廟總壹海內者，以慈孝禮誼賞罰爲本。孝昭皇帝早棄天下，亡嗣，臣敞等議，禮曰「爲人後者爲之子也」，昌邑王宜嗣後，遣宗正、大鴻臚、光祿大夫奉節使徵昌邑王典喪。服斬縗，〔四二〕亡悲哀之心，廢禮誼，居道上不素食，〔四三〕使從官略女子載衣車，內所居傳舍。始至謁見，立爲皇太子，常私買雞豚以食。受皇帝信璽、行璽大行前，〔四四〕就次發璽不封。〔四五〕從官更持節，〔四六〕引內昌邑從官騶宰官奴二百餘人，常與居禁闥內敖戲。自之符璽取節十六，〔四七〕朝暮臨，〔四八〕令從官更持節從。〔四九〕爲書曰「皇帝問侍中君卿：〔五〇〕使中御府令高昌奉黃金千斤，賜君卿取十妻。」大行在前殿，發樂府樂器，引內昌邑樂人，擊鼓歌吹作俳倡。〔五一〕會下還，上前殿，〔五二〕擊鐘磬，召內泰壹宗廟樂人輦道牟首，〔五三〕鼓吹歌舞，悉奏衆樂。發長安廚三太牢具祠閣室中，〔五四〕祀已，與從官飲啗。〔五五〕駕法駕，皮軒鸞旗，驅馳北宮、桂宮，弄彘鬬虎。〔五六〕召皇太后御小馬車，〔五七〕使官奴騎乘，遊戲掖庭中。與孝昭皇帝宮人蒙等淫亂，詔掖庭令敢泄言要斬。

〔一〕師古曰：「楊敞也。」

〔二〕師古曰：「張子孺。」

〔三〕師古曰：「范明友。」

〔四〕師古曰：「韓增。」

〔五〕師古曰：「趙充國。」

〔六〕師古曰：「蔡誼。」

〔七〕師古曰：「王訢子。」

〔八〕師古曰：「姓魏也。」

〔九〕師古曰：「姓趙，故蒼梧王趙光子。」

〔10〕師古曰：「故胡人。」

〔一一〕師古曰：「杜延年。」

〔一二〕師古曰：「蒲侯蘇昌。」

〔一三〕師古曰：「田延年。」

〔一四〕師古曰：「劉向父。」

〔一五〕師古曰：「姓史也。」

〔一六〕師古曰：「李光。」

〔一七〕師古曰：「李延壽。」
〔一八〕師古曰：「韋賢。」
〔一九〕師古曰：「田廣明。」
〔二〇〕師古曰：「周德。」
〔二一〕師古曰：「不知姓。」
〔二二〕師古曰：「蘇武。」
〔二三〕師古曰：「趙廣漢。」
〔二四〕師古曰：「不知姓。」
〔二五〕師古曰：「王遷。」
〔二六〕師古曰：「宋畸。」
〔二七〕師古曰：「景吉。」
〔二八〕師古曰：「並不知姓也。」
〔二九〕李奇曰：「同官同名，故以姓別也。」
〔三〇〕師古曰：「不知姓。」
〔三一〕師古曰：「趙充國子也。」
〔三二〕師古曰：「典喪服，言爲喪主也。斬縗，謂縗裳下不緶，直斬（斬）割之而已。緶音步千反。」
〔三三〕師古曰：「素食，菜食無肉也。言王在道常肉食，非居喪之制也。而鄭康成解喪服素食云『平常之食』，失之遠矣。」

素食，義亦見王莽傳。」

〔三四〕孟康曰：「漢初有三璽，天子之璽自佩，行璽、信璽在符節臺。大行前，昭帝柩前也。」韋昭曰：「大行，不反之辭也。」

〔三五〕師古曰：「璽既國器，常當緘封，而王於大行前受之，退還所次，遂爾發漏，更不封之，得令凡人皆見，言不重慎也。」

〔三六〕師古曰：「更音工衡反。次下亦同。」

〔三七〕師古曰：「之，往也。自往至署取節也。」

〔三八〕師古曰：「臨，哭臨也，音力禁反。」

〔三九〕師古曰：「更互執節，從至哭臨之所。」

〔四〇〕師古曰：「昌邑之侍中名君卿也。」

〔四一〕師古曰：「俳優，諧戲也。倡，樂人也。俳音排。」

〔四二〕如淳曰：「下謂柩之入冢。葬還不居喪位，便處前殿也。」師古曰：「下音胡稼反。」

〔四三〕鄭氏曰：「祭泰壹神樂人也。」孟康曰：「牟首，地名也，上有觀。」如淳曰：「輦道，閣道也。牟首，屏面也。以屏面自隔，無哀戚也。」臣瓚曰：「牟首，池名也，在上林苑中。方在衰絰而輦游於池，言無哀戚也。」師古曰：「召泰壹樂人，內之於輦道牟首而鼓吹歌舞也。牟首，瓚說是也。屏面之言，失之遠矣。又左思吳都賦云『長途牟首』，劉逵以爲牟首閣道有室屋也，此說更無所出。或者思及逵據此『輦道牟首』便誤用之乎？」

〔四四〕如淳曰：「黃圖北出中門有長安廚，故謂之廚城門。閣室，閣道之有室者。不知禱何淫祀也。」

[四五]師古曰：「啗，食也，音徒敢反。」
[四六]師古曰：「皮軒鸞旗皆法駕所陳也。北宮、桂宮並在未央宮北。」
[四七]張晏曰：「皇太后所駕遊宮中輦車也。漢廏有果下馬，高三尺，以駕輦。」師古曰：「小馬可於果樹下乘之，故號果下馬。」

太后曰：「止！[一]爲人臣子當悖亂如是邪！」[二]王離席伏。尚書令復讀曰：

[一]師古曰：「令且止讀奏。」
[二]師古曰：「責王也。悖，乖也，音布內反。」

取諸侯王、列侯、二千石綬及墨綬、黃綬以并佩昌邑郎官者免奴。[一]變易節上黃旄以赤。[二]發御府金錢刀劍玉器采繒，賞賜所與遊戲者。與從官官奴夜飲，湛沔於酒。[三]詔太官上乘輿食如故。食監奏未釋服未可御故食，[四]復詔太官趣具，無關食監。[五]太官不敢具，即使從官出買雞豚，詔殿門內，以爲常。[六]獨夜設九賓溫室，[七]延見姊夫昌邑關內侯。祖宗廟祠未舉，爲璽書使使者持節，以三太牢祠昌邑哀王園廟，稱嗣子皇帝。[八]受璽以來二十七日，使者旁午，[九]持節詔諸官署徵發，凡千一百二十七事。文學光祿大夫夏侯勝等及侍中傅嘉數進諫以過失，使人簿責勝，[一〇]縛嘉繫獄。荒淫迷惑，失帝王禮誼，亂漢制度。臣敞等數進諫，不變更，[一一]日以益甚，恐危社稷，天下不安。

〔一〕師古曰：「兔奴謂兔放爲良人者。」

〔二〕師古曰：「以劉屈氂與戾太子戰，加節上黃旄，遂以爲常。賀今輒改之。」

〔三〕師古曰：「湛讀曰沈，又讀曰躭。沈沔，荒迷也。」

〔四〕師古曰：「釋謂解脫也。」

〔五〕師古曰：「趣讀曰促。繇，由也。」

〔六〕師古曰：「內，入也。令每日常入雞豚也。」

〔七〕師古曰：「於溫室中設九賓之禮也。九賓，解在叔孫通傳。」

〔八〕師古曰：「時在喪服，故未祠宗廟而私祭昌邑哀王也。」

〔九〕如淳曰：「旁午，分布也。」師古曰：「一從一橫爲旁午，猶言交橫也。」

〔10〕師古曰：「簿音步戶反。簿責，以文簿具責之。」

〔11〕師古曰：「更，改也。」

臣敞等謹與博士臣霸、臣雋舍、〔一〕臣德、臣虞舍、臣射、臣倉議，皆曰：「高皇帝建功業爲漢太祖，孝文皇帝慈仁節儉爲太宗，今陛下嗣孝昭皇帝後，行淫辟不軌。〔二〕詩云：『籍曰未知，亦既抱子。』〔三〕五辟之屬，莫大不孝。〔四〕周襄王不能事母，春秋曰『天王出居于鄭』，繇不孝出之，絕之於天下也。〔五〕宗廟重於君，陛下未見命高廟，不可以承天序，奉祖宗廟，子萬姓，當廢。」臣請有司御史大夫臣誼、宗正臣德、太常臣昌與太祝以一太牢具，告祠高廟。臣敞等昧死以聞。

〔一〕晉灼曰：「雋姓，舍名也。下有臣虞舍，故以姓別之。」師古曰：「雋音辭阮反，又音字阮反。」

〔二〕師古曰：「軌，法也。辟讀曰僻。」

〔三〕師古曰：「大雅抑之詩。衞武公刺厲王也。籍，假也。此言假令人云王尚幼少，未有所知，亦已長大而抱子矣，實不幼少也。」

〔四〕師古曰：「五辟卽五刑也。辟音頻亦反。」

〔五〕師古曰：「襄王，惠王子也。僖二十四年經書『天王出居于鄭』。公羊傳曰：『王者無外，此其言出何？不能乎母也。』繇讀與由同。」

皇太后詔曰：「可。」光令王起拜受詔，王曰：「聞天子有爭臣七人，雖無道不失天下。」〔一〕光曰：「皇太后詔廢，安得天子！」乃卽持其手，〔二〕解脫其璽組，奉上太后，扶王下殿，出金馬門，羣臣隨送。王西面拜，曰：「愚戇不任漢事。」起就乘輿副車。大將軍光送至昌邑邸，光謝曰：「王行自絕於天，臣等駑怯，不能殺身報德。臣寧負王，不敢負社稷。願王自愛，臣長不復見左右。」〔三〕光涕泣而去。羣臣奏言：「古者廢放之人屛於遠方，不及以政，〔四〕請徙王賀漢中房陵縣。」太后詔歸賀昌邑，賜湯沐邑二千戶。昌邑羣臣坐亡輔導之誼，陷王於惡，光悉誅殺二百餘人。出死，號呼市中〔五〕曰：「當斷不斷，反受其亂。」〔六〕

〔一〕師古曰：「引孝經之言。」
〔二〕師古曰：「即，就也。」
〔三〕師古曰：「言不復得侍見於左右。」
〔四〕師古曰：「言不豫政令。」
〔五〕師古曰：「呼音火故反。」
〔六〕師古曰：「悔不早殺光等也。」

光坐庭中，會丞相以下議定所立。廣陵王已前不用，及燕剌王反誅，其子不在議中。近親唯有衞太子孫號皇曾孫在民間，咸稱述焉。光遂復與丞相敞等上奏曰：「禮曰『人道親親故尊祖，尊祖故敬宗。』（太）〔大〕宗亡嗣，擇支子孫賢者爲嗣。孝武皇帝曾孫病已，武帝時有詔掖庭養視，至今年十八，師受詩、論語、孝經，躬行節儉，慈仁愛人，可以嗣孝昭皇帝後，奉承祖宗廟，子萬姓。臣昧死以聞。」皇太后詔曰：「可。」光遣宗正劉德至曾孫家尚冠里，洗沐賜御衣，太僕以軨獵車迎曾孫就齋宗正府，入未央宮見皇太后，封爲陽武侯。〔一〕已而光奉上皇帝璽綬，謁于高廟，是爲孝宣皇帝。明年，下詔曰：「夫褒有德，賞元功，古今通誼也。大司馬大將軍光宿衞忠正，宣德明恩，守節秉誼，以安宗廟。其以河北、東武陽益封光萬七千戶。」與故所食凡二萬戶。賞賜前後黃金七千斤，錢六千萬，雜繒三萬疋，奴婢百七十人，馬二千疋，甲第一區。

〔一〕師古曰：「解並在宣紀。軨音零。」

自昭帝時，光子禹及兄孫雲皆中郎將，雲弟山奉車都尉侍中，領胡越兵。光兩女壻爲東西宮衞尉，昆弟諸壻外孫皆奉朝請，爲諸曹大夫，騎都尉，給事中。黨親連體，根據於朝廷。光自後元秉持萬機，及上卽位，乃歸政。上謙讓不受，諸事皆先關白光，然後奏御天子。光每朝見，上虛己斂容，禮下之已甚。〔一〕

〔一〕師古曰：「下音胡稼反。」

光秉政前後二十年，地節二年春病篤，車駕自臨問光病，上爲之涕泣。光上書謝恩曰：「願分國邑三千戶，以封兄孫奉車都尉山爲列侯，奉兄票騎將軍去病祀。」事下丞相御史，卽日拜光子禹爲右將軍。

光薨，上及皇太后親臨光喪。太中大夫任宣與侍御史五人持節護喪事。中二千石治莫府冢上。〔一〕賜金錢、繒絮，繡被百領，衣五十篋，璧珠璣玉衣，〔二〕梓宮、〔三〕便房、黃腸題湊各一具，〔四〕樅木外臧槨十五具。〔五〕東園溫明，〔六〕皆如乘輿制度。載光尸柩以輼輬車，〔七〕黃屋左纛，〔八〕發材官輕車北軍五校士軍陳至茂陵，以送其葬。謚曰宣成侯。發三河卒穿復土，起冢祠堂，置園邑三百家，長丞奉守如舊法。

〔一〕如淳曰：「典爲冢者。」

〔二〕師古曰：「漢儀注以玉爲襦，如鎧狀連綴之，以黃金爲縷，要已下玉爲札，長尺，廣二寸半爲甲，下至足，亦綴以黃金縷。」

〔三〕服虔曰：「棺也。」師古曰：「以梓木爲之，親身之棺也。爲天子制，故亦稱梓宮。」

〔四〕服虔曰：「便房，藏中便坐也。」蘇林曰：「以柏木黃心致累棺外，故曰黃腸。木頭皆內向，故曰題湊。」如淳曰：「漢儀注天子陵中明中高丈二尺四寸，周二丈，內梓宮，次楩椁，柏黃腸題湊。」師古曰：「便房，小曲室也。如氏以爲楩木名，非也。」

〔五〕服虔曰：「在正臧外，婢妾臧也。或曰廚廄之屬也。」蘇林曰：「樅木，柏葉松身。」師古曰：「爾雅及毛詩傳並云樅木松葉柏身，檜木乃柏葉松身耳。蘇說非也。樅音七庸反。檜音工闊反，字亦作栝。」

〔六〕服虔曰：「東園處此器，形如方漆桶，開一面，漆畫之，以鏡置其中，以懸屍上，大斂幷蓋之。」師古曰：「東園，署名也，屬少府。其署主作此器也。」

〔七〕文穎曰：「轀輬車，如今喪轜車也。」孟康曰：「如衣車有窗牖，閉之則溫，開之則涼，故名之轀輬車也。」臣瓚曰：「秦始皇道崩，祕其事，載以轀輬車，百官奏事如故，此不得是轜車類也。案杜延年奏，載霍光柩以輬車，駕大廄白虎駟，以轀車駕大廄白鹿駟爲倅。」師古曰：「轀輬本安車也，可以臥息。後因載喪，飾以柳翣，故遂爲喪車耳。轀者密閉，輬者旁開窗牖，各別一乘，隨事爲名。後人旣專以載喪，又去其一，總爲藩飾，而合二名呼之耳。倅，副也，音千內反。」

〔八〕師古曰：「解在高紀也。」

既葬，封山爲樂平侯，以奉車都尉領尚書事。天子思光功德，下詔曰：「故大司馬大將軍博陸侯宿衞孝武皇帝三十有餘年，輔孝昭皇帝十有餘年，遭大難，躬秉誼，率三公九卿大夫定萬世冊以安社稷，天下蒸庶咸以康寧。功德茂盛，朕甚嘉之。復其後世，疇其爵邑，〔一〕世世無有所與，功如蕭相國。」〔二〕明年夏，封太子外祖父許廣漢爲平恩侯。復下詔曰：「宣成侯光宿衞忠正，勤勞國家。善善及後世，〔三〕其封光兄孫中郎將雲爲冠陽侯。」

〔一〕應劭曰：「疇，等也。」師古曰：「復音方目反。」

〔二〕師古曰：「與讀曰豫。」

〔三〕師古曰：「善善者，謂褒寵善人也。」

禹既嗣爲博陸侯，太夫人顯改光時所自造塋制而侈大之。〔一〕起三出闕，築神道，北臨昭靈，南出承恩，〔二〕盛飾祠室，輦閣通屬永巷，而幽良人婢妾守之。〔三〕廣治第室，作乘輿輦，加畫繡絪馮，黃金塗，〔四〕韋絮薦輪，〔五〕侍婢以五采絲輓顯，游戲第中。〔六〕初，光愛幸監奴馮子都，常與計事，及顯寡居，與子都亂。〔七〕而禹、山亦並繕治第宅，走馬馳逐平樂館。雲當朝請，數稱病私出，〔八〕多從賓客，張圍獵黃山苑中，使蒼頭奴上朝謁，〔九〕莫敢譴者。而顯及諸女，晝夜出入長信宮殿中，亡期度。〔一〇〕

〔一〕師古曰：「塋，墓域也，音營。」

〔二〕服虔曰：「昭靈、承恩，皆館名也。」李奇曰：「昭靈，高祖母冢園也。」文穎曰：「承恩，宣平侯冢園也。」師古曰：「服說是也，文、李並失之。」

〔三〕晉灼曰：「閣道乃通屬至永巷中也。」師古曰：「此亦其冢上作輦閣之道及永巷也，非謂掖庭之永巷也。」

〔四〕如淳曰：「絪亦茵。馮（所謂）〔謂所〕馮者也，以黃金塗飾之。」師古曰：「茵，蓐也，以繡為茵馮而黃金塗輿輦也。」

〔五〕晉灼曰：「御輦以韋緣輪，著之以絮。」師古曰：「取其行安，不搖動也。著音張呂反。」

〔六〕師古曰：「輓謂牽引車輦也，音晚。」

〔七〕晉灼曰：「漢語東閭氏亡，顯以婢代立，素與馮殷姦也。」師古曰：「監奴，謂奴之監知家務者也，殷者，子都之名。」

〔八〕師古曰：「請音才姓反。」

〔九〕文穎曰：「朝當用謁，不自行而令奴上謁者也。」師古曰：「上謁，若今參見尊貴而通名也。」

〔一〇〕師古曰：「長信宮，上官太后所居。」

宣帝自在民間聞知霍氏尊盛日久，內不能善。光薨，上始躬親朝政，御史大夫魏相給事中。顯謂禹、雲、山：「女曹不務奉大將軍餘業，〔一〕今大夫給事中，他人壹間，女能復自救邪？」〔二〕後兩家奴爭道，〔三〕霍氏奴入御史府，欲蹋大夫門，御史為叩頭謝，乃去。人以謂霍氏，〔四〕顯等始知憂。會魏大夫為丞相，數燕見言事。平恩侯與侍中金安上等徑出入省中。時霍山自若領尚書，〔五〕上令吏民得奏封事，不關尚書，羣臣進見獨往來，〔六〕於是霍氏甚惡之。

〔一〕師古曰：「女音汝。曹，輩也。」
〔二〕師古曰：「閒音居莧反。」
〔三〕師古曰：「謂霍氏及御史家。」
〔四〕師古曰：「告語也。」
〔五〕師古曰：「自若猶言如故也。」
〔六〕師古曰：「謂各各得盡言於上也。」

宣帝始立，立微時許妃爲皇后。顯愛小女成君，欲貴之，私使乳醫淳于衍行毒藥殺許后，〔一〕因勸光內成君，代立爲后。語在外戚傳。始許后暴崩，吏捕諸醫，劾衍侍疾亡狀不道，下獄。吏簿問急，〔二〕顯恐事敗，即具以實語光。光大驚，欲自發舉，不忍，猶與。〔三〕會奏上，因署衍勿論。〔四〕光薨後，語稍泄。於是上始聞之而未察，〔五〕乃徙光女壻度遼將軍未央衞尉平陵侯范明友爲光祿勳，次壻諸吏中郎將羽林監任勝出爲安定太守。數月，復出光姊壻給事中光祿大夫張朔爲蜀郡太守，羣孫壻中郎將王漢爲武威太守。頃之，復徙光長女壻長樂衞尉鄧廣漢爲少府。更以禹爲大司馬，冠小冠，亡印綬，罷其右將軍屯兵官屬，特使禹官名與光俱大司馬者。〔六〕又收范明友度遼將軍印綬，但爲光祿勳。及光中女壻趙平爲散騎騎都尉光祿大夫將屯兵，又收平騎都尉印綬。諸領胡越騎、羽林及兩宮衞將屯兵，悉易以所親信許、史子弟代之。

〔一〕師古曰：「乳醫，視產乳之疾者。乳音而樹反。」
〔二〕師古曰：「簿音步戶反。」
〔三〕師古曰：「猶與，不決也。與讀曰豫。」
〔四〕師古曰：「署者，題其奏後也。」
〔五〕師古曰：「未知其虛實。」
〔六〕蘇林曰：「特，但也。」

禹爲大司馬，稱病。禹故長史任宣候問，禹曰：「我何病？縣官非我家將軍不得至是，〔一〕今將軍墳墓未乾，盡外我家，〔二〕反任許、史，奪我印綬，令人不省死。」〔三〕宣見禹恨望深，〔四〕乃謂曰：「大將軍時何可復行！〔五〕持國權柄，殺生在手中。廷尉李种、王平、〔六〕左馮翊賈勝胡及車丞相女壻少府徐仁皆坐逆將軍（竟）〔意〕下獄死。使樂成小家子得幸將軍，至九卿封侯。〔七〕百官以下但事馮子都、王子方等，〔八〕視丞相亡如也。〔九〕各自有時，今許、史自天子骨肉，貴正宜耳。大司馬欲用是怨恨，愚以爲不可。」禹默然。數日，起視事。

〔一〕如淳曰：「縣官謂天子。」
〔二〕師古曰：「外謂疏斥之。」
〔三〕師古曰：「不自省有過也。」

〔四〕師古曰：「望，怨也。」

〔五〕師古曰：「言今何得復如此也。」

〔六〕師古曰：「种音沖。」

〔七〕師古曰：「即上所云少府樂成者也。使者，其姓也，字或作史。」

〔八〕服虔曰：「音光奴。」

〔九〕師古曰：「亡如猶言無所象似也。」

顯及禹、山、雲自見日侵削，數相對啼泣，自怨。山曰：「今丞相用事，縣官信之，盡變易大將軍時法令，以公田賦與貧民，發揚大將軍過失。又諸儒生多窶人子，〔一〕遠客飢寒，喜妄說狂言，〔二〕不避忌諱，大將軍常讎之，〔三〕今陛下好與諸儒生語，人人自使書對事，多言我家者。嘗有上書言大將軍時主弱臣強，專制擅權，今其子孫用事，昆弟益驕恣，恐危宗廟，災異數見，盡爲是也。其言絕痛，山屏不奏其書。後上書者益黠，盡奏封事，輒(使)〔下〕中書令出取之，不關尚書，益不信人。」顯曰：「丞相數言我家，獨無罪乎？」山曰：「丞相廉正，安得罪？我家昆弟諸壻多不謹。又聞民間讙言霍氏毒殺許皇后，〔四〕寧有是邪？」顯恐急，即具以實告山、雲、禹。山、雲、禹驚曰：「如是，何不早告禹等！縣官離散斥逐諸壻，用是故也。此大事，誅罰不小，柰何？」於是始有邪謀矣。

〔一〕師古曰：「窶，貧而無禮，音其羽反。」

〔二〕師古曰：「喜音許吏反。」
〔三〕師古曰：「言嫉之如仇讎也。」
〔四〕師古曰：「讙，衆聲也，音（計）〔許〕爰反。」

初，趙平客石夏善爲天官，〔一〕語平曰：「熒惑守御星，御星，太僕奉車都尉也，不黜則死。」平內憂山等。雲舅李竟所善張赦見雲家卒卒，〔二〕謂竟曰：「今丞相與平恩侯用事，可令太夫人言太后，先誅此兩人。移徙陛下，在太后耳。」長安男子張章告之，事下廷尉。執金吾捕張赦、石夏等，後有詔止勿捕。山等愈恐，相謂曰：「此縣官重太后，故不竟也。〔三〕然惡端已見，又有弒許后事，陛下雖寬仁，恐左右不聽，久之猶發，發即族矣，不如先也。」〔四〕遂令諸女各歸報其夫，皆曰：「安所相避？」〔五〕

〔一〕師古曰：「曉星文者。」
〔二〕師古曰：「卒讀曰猝，忽遽之貌也。」
〔三〕師古曰：「重，難也。竟，窮竟其事也。」
〔四〕師古曰：「言先反。」
〔五〕師古曰：「言無處相避，當受禍也。」

會李竟坐與諸侯王交通，辭語及霍氏，有詔雲、山不宜宿衞，免就第。光諸女遇太后無禮，〔一〕馮子都數犯法，上并以爲讓，〔二〕山、禹等甚恐。顯夢第中井水溢流庭下，竈居樹上，又夢大將軍謂顯曰：「知捕兒不？〔三〕亟下捕之。」〔四〕第中鼠暴多，與人相觸，以尾畫地。鴞數鳴殿前樹上。〔五〕第門自壞。雲尙冠里宅中門亦壞。巷端人共見有人居雲屋上，徹瓦投地，就視，亡有，大怪之。禹夢車騎聲正讙來捕禹，舉家憂愁。山曰：「丞相擅減宗廟羔、菟、鼃，〔六〕可以此罪也。」謀令太后爲博平君置酒，〔七〕召丞相、平恩侯以下，使范明友、鄧廣漢承太后制引斬之，因廢天子而立禹。約定未發，雲拜爲玄菟太守，太中大夫任宣爲代郡太守。山又坐寫祕書，顯爲上書獻城西第，入馬千匹，以贖山罪。書報聞。〔八〕會事發覺，雲、山、明友自殺，顯、禹、廣漢等捕得。禹要斬，顯及諸女昆弟皆棄市。唯獨霍后廢處昭臺宮。與霍氏相連坐誅滅者數千家。

〔一〕服虔曰：「光諸女自以（爲）〔於〕上官太后爲姨母，遇之無禮。」

〔二〕師古曰：「總以此事責之也。」

〔三〕師古曰：「知兒見捕否？」

〔四〕蘇林曰：「且疾下捕之。」師古曰：「亟音居力反。」

〔五〕師古曰：「鴞，惡聲之鳥也。古者室屋高大，則通呼爲殿耳，非止天子宮中。其語亦見黃霸傳。鴞音羽驕反。」

〔六〕如淳曰：「高后時定令，敢有擅議宗廟者，棄市。」師古曰：「羔、菟、鼃所以供祭也。」

〔七〕文穎曰：「宣帝外祖母也。」

〔八〕師古曰：「不許之。」

上乃下詔曰：「乃者東織室令史張赦使魏郡豪李竟報冠陽侯雲謀爲大逆，〔一〕朕以大將軍故，抑而不揚，冀其自新。今大司馬博陸侯禹與母宣成侯夫人顯及從昆弟子冠陽侯雲、樂平侯山諸姊妹壻謀爲大逆，欲詿誤百姓。賴（祖宗）〔宗廟〕神靈，先發得，咸伏其辜，〔二〕朕甚悼之。諸爲霍氏所詿誤，事在丙申前，未發覺在吏者，皆赦除之。男子張章先發覺，以語期門董忠，忠告左曹楊惲，惲告侍中金安上。惲召見對狀，後章上書以聞。侍中史高與金安上建發其事，〔三〕言無入霍氏禁闥，卒不得遂其謀，〔四〕皆讎有功。〔五〕封章爲博成侯，忠高昌侯，惲平通侯，安上都成侯，高樂陵侯。」

〔一〕師古曰：「解在宣紀也。」
〔二〕師古曰：「事發而捕得。」
〔三〕師古曰：「言共立意發之也。」
〔四〕師古曰：「遂，成也。」
〔五〕晉灼曰：「讎，等也。」師古曰：「言其功相等類也。」

初，霍氏奢侈，茂陵徐生曰：「霍氏必亡。夫奢則不遜，不遜必侮上。侮上者，逆道也。在人之右，衆必害之。〔一〕霍氏秉權日久，害之者多矣。天下害之，而又行以逆道，不亡何待！」乃上疏言「霍氏泰盛，陛下卽愛厚之，宜以時抑制，無使至亡。」書三上，輒報聞。其後霍氏誅滅，而告霍氏者皆封。人爲徐生上書曰：「臣聞客有過主人者，見其竈直突，傍有積薪，客謂主人，更爲曲突，遠徙其薪，不者且有火患。主人嘿然不應。俄而家果失火，鄰里共救之，幸而得息。於是殺牛置酒，謝其鄰人，灼爛者在於上行，〔二〕餘各以功次坐，而不錄言曲突者。人謂主人曰：『鄉使聽客之言，不費牛酒，終亡火患。〔三〕今論功而請賓，曲突徙薪亡恩澤，燋頭爛額爲上客耶？』主人乃寤而請之。今茂陵徐福數上書言霍氏且有變，宜防絕之。鄉使福說得行，則國亡裂土出爵之費，臣亡逆亂誅滅之敗。往事既已，而福獨不蒙其功，唯陛下察之，貴徙薪曲突之策，使居焦髮灼爛之右。」〔四〕上乃賜福帛十疋，後以爲郎。

〔一〕師古曰：「右，上也。」
〔二〕師古曰：「灼謂被燒炙者也。行音胡（浪）〔郎〕反。」
〔三〕師古曰：「鄉讀曰嚮。次下亦同也。」
〔四〕師古曰：「右，上也。」

宣帝始立，謁見高廟，大將軍光從驂乘，上內嚴憚之，若有芒刺在背。後車騎將軍張安世代光驂乘，天子從容肆體，甚安近焉。〔一〕及光身死而宗族竟誅，故俗傳之曰：「威震主者不畜，霍氏之禍萌於驂乘。」〔二〕

〔一〕師古曰：「肆，放也，展也。近音鉅斬反。」

〔二〕師古曰：「萌謂始生也。」

至成帝時，爲光置守冢百家，吏卒奉祠焉。元始二年，封光從父昆弟曾孫陽爲博陸侯，千戶。

金日磾字翁叔，〔一〕本匈奴休屠王太子也。〔二〕武帝元狩中，票騎將軍霍去病將兵擊匈奴右地，多斬首，虜獲休屠王祭天金人。其夏，票騎復西過居延，攻祁連山，大克獲。於是單于怨昆邪、休屠居西方多爲漢所破，〔三〕召其王欲誅之。昆邪、休屠恐，謀降漢。休屠王後悔，昆邪王殺之，并將其衆降漢。封昆邪王爲列侯。日磾以父不降見殺，與母閼氏、弟倫俱沒入官，輸黃門養馬，時年十四矣。

〔一〕師古曰：「磾音丁奚反。」

〔二〕師古曰：「休音許虯反。屠音儲。」

〔三〕師古曰：「昆音下門反。」

久之，武帝游宴見馬，〔一〕後宮滿側。日磾等數十人牽馬過殿下，莫不竊視，〔二〕至日磾獨不敢。日磾長八尺二寸，容貌甚嚴，馬又肥好，上異而問之，具以本狀對。上奇焉，即日賜湯沐衣冠，拜爲馬監，遷侍中駙馬都尉光祿大夫。日磾既親近，未嘗有過失，上甚信愛之，賞賜累千金，出則驂乘，入侍左右。貴戚多竊怨，曰：「陛下妄得一胡兒，反貴重之！」上聞，愈厚焉。

〔一〕師古曰：「方於宴游之時，而召閱諸馬。」

〔二〕師古曰：「視宮人。」

日磾母教誨兩子，甚有法度，上聞而嘉之。病死，詔圖畫於甘泉宮，署曰「休屠王閼氏」。〔一〕日磾每見畫常拜，鄉之涕泣，然後乃去。〔二〕日磾子二人皆愛，爲帝弄兒，常在旁側。弄兒或自後擁上項，〔三〕日磾在前，見而目之。〔四〕弄兒走且啼曰：「翁怒。」上謂日磾「何怒吾兒爲？」其後弄兒壯大，不謹，自殿下與宮人戲，日磾適見之，惡其淫亂，遂殺弄兒。弄兒即日磾長子也。上聞之大怒，日磾頓首謝，具言所以殺弄兒狀。上甚哀，爲之泣，已而心敬日磾。

〔一〕師古曰：「題其畫。」

〔二〕師古曰：「鄉讀曰嚮。」

〔三〕師古曰：「擁，抱也。」

〔四〕師古曰：「目，視怒也。」

初，莽何羅與江充相善，及充敗衛太子，何羅弟通用誅太子時力戰得封。後上知太子冤，乃夷滅充宗族黨與。何羅兄弟懼及，〔一〕遂謀爲逆。日磾視其志意有非常，心疑之，陰獨察其動靜，與俱上下。〔二〕何羅亦覺日磾意，以故久不得發。是時上行幸林光宮，〔三〕日磾小疾臥廬。〔四〕何羅與通及小弟安成矯制夜出，共殺使者，發兵。明旦，上未起，何羅亡何從外入。〔五〕日磾奏廁心動，〔六〕立入坐內戶下。須臾，何羅褏白刃從東箱上，〔七〕見日磾，色變，走趨臥內欲入，〔八〕行觸寶瑟，僵。日磾得抱何羅，因傳曰：「莽何羅反！」〔九〕上驚起，左右拔刃欲格之，上恐幷中日磾，〔一〇〕止勿格。日磾捽胡投何羅殿下，〔一一〕得禽縛之，窮治皆伏辜。繇是著忠孝節。〔一二〕

〔一〕師古曰：「及謂及於禍也。」

〔二〕師古曰：「上下於殿也。」

〔三〕服虔曰：「甘泉一名林光。」師古曰：「秦之林光宮，胡亥所造，漢又於其旁起甘泉宮。」

〔四〕師古曰：「殿中所止曰廬。」

〔五〕師古曰：「無何猶言無故也。」

〔六〕師古曰：「奏，向也。日磾方向廁而心動。」

〔七〕師古曰：「置刃於衣褏中也。褏，古袖字。」

〔八〕師古曰：「趨讀曰趣，嚮也。臥內，天子臥處。」

〔九〕師古曰：「傳謂傳聲而唱之。」

〔10〕師古曰：「中音竹仲反。」

〔11〕孟康曰：「胡音互。捽胡，若今相僻臥輪之類也。」晉灼曰：「胡，頸也，捽其頸而投殿下也。」師古曰：「晉說是也。捽音才乞反。」

〔12〕師古曰：「繇讀與由同。」

日磾自在左右，目不忤視者數十年。〔一〕賜出宮女，不敢近。上欲內其女後宮，不肯。其篤慎如此，上尤奇異之。〔二〕及上病，屬霍光以輔少主，〔三〕光讓日磾。日磾曰：「臣外國人，且使匈奴輕漢。」於是遂爲光副。光以女妻日磾嗣子賞。初，武帝遺詔以討莽何羅功封日磾爲秺侯，〔四〕日磾以帝少不受封。輔政歲餘，病困，大將軍光白封日磾，臥授印綬。一日，薨，賜葬具冢地，送以輕車介士，軍陳至茂陵，謚曰敬侯。

〔一〕師古曰：「忤，逆也。」

〔二〕師古曰：「篤，厚也。」

〔三〕師古曰：「屬音之欲反。」

〔四〕師古曰：「秺音丁故反。」

日磾兩子，賞、建，俱侍中，與昭帝略同年，共臥起。賞爲奉車，建駙馬都尉。及賞嗣侯，佩兩綬，上謂霍將軍曰：「金氏兄弟兩人不可使俱兩綬邪？」霍光對曰：「賞自嗣父爲侯耳。」上笑曰：「侯不在我與將軍乎？」光曰：「先帝之約，有功乃得封侯。」時年俱八九歲。

宣帝即位，賞爲太僕，霍氏有事萌牙，上書去妻。〔一〕上亦自哀之，獨得不坐。元帝時爲光祿勳，薨，亡子，國除。元始中繼絕世，封建孫當爲秺侯，奉日磾後。

〔一〕師古曰：「萌牙者，言始有端緒，若草之始生。」

初，日磾所將俱降弟倫，字少卿，爲黃門郎，早卒。日磾兩子貴，及孫則衰矣，而倫後嗣遂盛，子安上始貴顯封侯。

安上字子侯，少爲侍中，惇篤有智，宣帝愛之。頗與發舉楚王延壽反謀，〔一〕賜爵關內侯，食邑三百戶。後霍氏反，安上傳禁門闥，無內霍氏親屬，〔二〕封爲都成侯，至建章衞尉。薨，賜冢塋杜陵，謚曰敬侯。四子，常、敞、岑、（哭）〔明〕。

〔一〕師古曰：「與讀曰豫。」

〔二〕師古曰：「禁，止也。門闥，宮中大小之門也。傳聲而止諸門闥也。」

（今）〔岑〕、明皆爲諸曹中郎將，常光祿大夫。元帝爲太子時，敞爲中庶子，幸有寵，帝即位，爲騎都尉光祿大夫，中郎將侍中。元帝崩，故事，近臣皆隨陵爲園郎，敞以世名忠孝，太后詔留侍成帝，爲奉車水衡都尉，至衞尉。敞爲人正直，敢犯顏色，左右憚之，唯上亦難焉。〔一〕病甚，上使使者問所欲，以弟岑爲託。上召岑，拜爲（郎）使主客。〔二〕敞子涉本爲左曹，上拜涉爲侍中，使待幸綠車載送衞尉舍。〔三〕須臾卒。敞三子，涉、參、饒。

〔一〕師古曰：「臣下皆敬憚，唯有天子一人，亦難之。」

〔二〕服虔曰：「官名，屬鴻臚，主胡客也。」

〔三〕李奇曰：「輦絲車，常設以待幸也。臨敞病〔困〕，拜子爲侍中，以此車送，欲敞見其榮寵也。」如淳曰：「幸絲車常置左右以待召載皇孫，今遣涉歸，以皇孫車載之，寵之也。」晉灼曰：「漢注絲車名皇孫車，太子有子乘以從。」師古曰：「如、晉二說是也。」

涉明經儉節，諸儒稱之。成帝時爲侍中騎都尉，領三輔胡越騎。〔一〕哀帝卽位，爲奉車都尉，至長信少府。而參使匈奴，匈奴中郎將，〔二〕越騎校尉，關〔內〕都尉，安定、東海太守。饒爲越騎校尉。

〔一〕師古曰：「胡越騎之在三輔者，若長水、長楊、宣曲之屬是也。」

〔二〕師古曰：「以其出使匈奴，故拜爲匈奴中郎將也。」

涉兩子，湯、融，皆侍中諸曹將大夫。〔一〕而涉之從父弟欽舉明經，爲太子門大夫，哀帝卽位，爲太中大夫給事中，欽從父弟遷爲尚書令，兄弟用事。帝祖母傅太后崩，欽使護作，〔二〕職辦，擢爲泰山、弘農太守，著威名。平帝卽位，徵爲大司馬司直、京兆尹。帝年幼，選置師友，大司徒孔光以明經高行爲孔氏師，京兆尹金欽以家世忠孝爲金氏友。徙光祿大夫侍中，秩中二千石，封都成侯。

〔一〕師古曰：「將亦謂中郎將也。」

〔三〕師古曰：「監主葬送之事也。」

時王莽新誅平帝外家衞氏，召明禮少府宗伯鳳〔一〕入說爲人後之誼，白令公卿、將軍、侍中、朝臣並聽，〔二〕欲以內厲平帝而外塞百姓之議。〔三〕欽與族昆弟秺侯當俱封。初，當曾祖父日磾傳子節侯賞，而欽祖父安上傳子夷侯常，皆亡子，國絕，故莽封欽、當奉其後。當母南卽莽母功顯君同產弟也。當上南大行爲太夫人。〔四〕欽因緣謂當：「詔書陳日磾功，亡有賞語。當名爲以孫繼祖也，自當爲父、祖父立廟。〔五〕賞故國君，使大夫主其祭。」〔六〕時甄邯在旁，庭叱欽，〔七〕因劾奏曰：「欽幸得以通經術，超擢侍帷幄，重蒙厚恩，封襲爵號，〔八〕知聖朝以世有爲人後之誼。前遭故定陶太后背本逆天，孝哀不獲厥福，乃者呂寬、衞寶復造姦謀，至於反逆，咸伏厥辜。太皇太后懲艾悼懼，〔九〕逆天之咎，非聖誣法，大亂之殃，誠欲奉承天心，遵明聖制，專壹爲後之誼，以安天下之命，數臨正殿，延見羣臣，講習禮經。孫繼祖者，謂亡正統持重者也。賞見嗣日磾，後成爲君，持大宗重，則禮所謂『尊祖故敬宗』，大宗不可以絕者也。欽自知與當俱拜同誼，卽數揚言殿省中，教當云云。〔一〇〕當卽如其言，則欽亦欲爲父明立廟而不入夷侯常廟矣。進退異言，頗惑衆心，亂國大綱，開禍亂原，誣祖不孝，罪莫大焉。尤非大臣所宜，大不敬。秺侯當上母南爲太夫人，失禮不敬。」莽白太后，下四輔、公卿、大夫、博士、議郎，皆曰：「欽宜以時卽罪。」〔一一〕謁者召欽詣詔獄，欽自殺。邯以綱紀國體，亡所阿私，忠孝尤著，益封千戶。更封長信少府涉子右曹湯爲都成侯。湯受封日，不敢還歸家，以明爲人後之誼。益封之後，莽復用欽弟遵，封侯，歷九卿位。

〔一〕如淳曰：「宗伯，姓。」

〔二〕師古曰：「白令皆聽之。」

〔三〕師古曰：「塞，止也。」

〔四〕文穎曰：「南，名也。大行，官名也。當上名狀於大行也。」鄧展曰：「當上南爲太夫人，恃莽姨母故耳。爲父立廟，非也。」

〔五〕晉灼曰：「當是賞弟建之孫，此言自當爲其父及祖父建立廟也。」

〔六〕如淳曰：「以賞故國君，使大夫掌其祭事。」臣瓚曰：「當是支庶上繼大宗，不得顧其外親也。而欽見當母南爲太夫人，遂尊其（祖父）〔父祖〕以續日磾，不復爲後賞，而令大夫主賞祭事。」師古曰：「瓚說是也。」

〔七〕師古曰：「於朝庭中叱之也。」

〔八〕師古曰：「重音直用反。」

〔九〕師古曰：「艾讀曰乂。乂，創也。」

〔一〇〕師古曰：「云云者，多言也。謂上所陳以孫繼祖也。」

〔一一〕師古曰：「卽，就也。」

贊曰：霍光以結髮內侍，起於階闥之間，確然秉志，誼形於主。〔一〕受襁褓之託，任漢室之寄，當廟堂，擁幼君，摧燕王，仆上官，〔二〕因權制敵，以成其忠。處廢置之際，臨大節而不可奪，遂匡國家，安社稷。擁昭立宣，光爲師保，雖周公、阿衡，何以加此！〔三〕然光不學亡術，闇於大理，陰妻邪謀，〔四〕立女爲后，湛溺盈溢之欲，以增顛覆之禍，〔五〕死財三年，宗族誅夷，〔六〕哀哉！昔霍叔封於晉，〔七〕晉卽河東，光豈其苗裔乎？金日磾夷狄亡國，羈虜漢庭，而以篤敬寤主，忠信自著，勒功上將，傳國後嗣，世名忠孝，七世內侍，何其盛也！本以休屠作金人爲祭天主，故因賜姓金氏云。

〔一〕師古曰：「形，見也。」

〔二〕師古曰：「仆，頓也，音赴。」

〔三〕師古曰：「阿衡，伊尹官號也。阿，倚也。衡，平也。言天子所倚，羣下取平也。」

〔四〕晉灼曰：「不揚其過也。」

〔五〕師古曰：「湛讀曰沈。」

〔六〕師古曰：「財與纔同。」

〔七〕師古曰：「霍叔，文王之子，武王之弟也。」

校勘記

二九三二頁九行　光爲奉(常)〔車〕都尉、　景祐、殿、局本都作「車」。

二九三三頁四行　帝(病)〔崩〕，　景祐、殿本都作「崩」。

二九三三頁七行　食邑北海、河〔間〕、東(城)〔郡〕。　齊召南說「河」下脫「間」字，「城」則「郡」之譌，見恩澤侯表。

二九三四頁七行　故欲收(其)〔取〕璽。　景祐、殿本都作「取」。

二九四〇頁五行　(大)〔天〕子所以永保宗廟總壹海內者，　錢大昭說「大」當作「天」。按景祐、殿、局本都作「天」。

二九四〇頁七行　遣宗正、大鴻臚、光祿大夫奉節使徵昌邑王典喪。服斬縗，(亖)亡悲哀之心。　錢大昭說，典喪，爲喪主也，顔以「典喪服」爲句，失其指矣。　楊樹達說錢說是，昌邑王傳云「霍光徵王賀典喪」，其明證也。

二九四二頁一六行　直斬(斬)割之而已。　景祐、殿本都不重「斬」字。

二九四七頁九行　(太)〔大〕宗亡嗣，擇支子孫賢者爲嗣。　王念孫說「太宗」當爲「大宗」，各本皆誤。

二九五二頁四行　馮(所謂)〔謂所〕馮者也，　景祐、殿、局本都作「謂所」，此誤倒。

二九五三頁一一行　皆坐逆將軍(竟)〔意〕下獄死。　朱一新說「竟」當爲「意」。按景祐、殿、局本都作「意」。

二九五四頁一一行　輒(使)〔下〕中書令出取之。　景祐、殿本都作「下」。

二九五五頁三行　讙，衆聲也，音(計)〔許〕爰反。　景祐、殿、局本都作「許」，此誤。

二九五六頁九行　光諸女自以(爲)〔於〕上官太后爲姨母，　景祐、殿、局本都作「於」，此誤。

二九五七頁三行　賴(祖宗)〔宗廟〕神靈，　景祐、殿本都作「宗廟」。

二九五八頁一〇行　行音胡(浪)〔郎〕反。　景祐、殿本都作「郎」。

二九六三頁八行　四子，常、敞、岑、(哭)〔明〕。　景祐、殿、局本都作「明」，此誤。

二九六三頁一一行　(今)〔岑〕、明皆爲諸曹中郎將，　景祐、殿、局本都作「岑」，此誤。

二九六三頁一四行　上召岑，拜爲(郎)使主客。　景祐、殿本都無「郎」字。

二九六四頁三行　臨敞病〔困〕，拜子爲侍中，　景祐、殿本都有「困」字。王先謙說有「困」字是。

二九六四頁七行　闕〔內〕都尉，　景祐、殿本都有「內」字。宋祁說當刪。

二九六六頁一〇行　遂尊其(祖父)〔父祖〕以續日磾，　景祐、殿本都作「父祖」。

漢書卷六十九

趙充國辛慶忌傳第三十九

趙充國字翁孫，隴西上邽人也，〔一〕後徙金城令居。〔二〕始爲騎士，以六郡良家子〔三〕善騎射補羽林。爲人沈勇有大略，少好將帥之節，而學兵法，通知四夷事。〔四〕

〔一〕師古曰：「邽音圭。」

〔二〕師古曰：「令音零。」

〔三〕服虔曰：「金城、隴西、天水、安定、北地、上郡是也。」師古曰：「隴西、天水、安定、北地、上郡、西河是也。昭帝分隴西、天水置金城。充國武帝時已爲假司馬，則初以六郡良家子者非金城也。此名數正與地理志同也。」

〔四〕師古曰：「通知者，謂明曉也。」

武帝時，以假司馬從貳師將軍擊匈奴，大爲虜所圍。漢軍乏食數日，死傷者多，充國乃與壯士百餘人潰圍陷陳，貳師引兵隨之，遂得解。身被二十餘創，貳師奏狀，詔徵充國詣行在所。武帝親見視其創，嗟歎之，拜爲中郎，遷車騎將軍長史。

昭帝時，武都氐人反，〔一〕充國以大將軍護軍都尉將兵擊定之，遷中郎將，將屯上谷，〔二〕還爲水衡都尉。擊匈奴，獲西祁王，〔三〕擢爲後將軍，兼水衡如故。

〔一〕師古曰：「氐音丁奚反。」

〔二〕師古曰：「領兵屯於上谷也。將音子亮反。」

〔三〕文穎曰：「匈奴王也。」

與大將軍霍光定册尊立宣帝，封營平侯。本始中，爲蒲類將軍征匈奴，斬虜數百級，還爲後將軍、少府。匈奴大發十餘萬騎，南旁塞，至符奚廬山，〔一〕欲入爲寇。亡者題除渠堂降漢言之，遣充國將四萬騎屯緣邊九郡。〔二〕單于聞之，引去。

〔一〕師古曰：「旁，依也，音步浪反。」

〔二〕文穎曰：「五原、朔方之屬也。」師古曰：「九郡者，五原、朔方、雲中、代郡、雁門、定襄、北平、上谷、漁陽也。四萬騎分屯之，而充國總統領之。」

是時，光祿大夫義渠安國使行諸羌，〔一〕先零豪言願時渡湟水北，〔二〕逐民所不田處畜牧。安國以聞。充國劾安國奉使不敬。是後，羌人旁緣前言，抵冒渡湟水，〔三〕郡縣不能禁。元康三年，先零遂與諸羌種豪二百餘人解仇交質盟詛。〔四〕上聞之，以問充國，對曰：「羌人所以易制者，以其種自有豪，數相攻擊，勢不壹也。往三十餘歲，西羌反時，亦先解仇合約攻令居，〔五〕與漢相距，五六年乃定。至征和五年，先零豪封煎等通使匈奴，〔六〕匈奴使人至小月氏，〔七〕傳告諸羌曰：『漢貳師將軍衆十餘萬人降匈奴。羌人爲漢事苦。〔八〕張掖、酒泉本我地，地肥美，可共擊居之。』以此觀匈奴欲與羌合，非一世也。間者匈奴困於西方，聞烏桓來保塞，恐兵復從東方起，數使使尉黎、危須諸國，設以子女貂裘，欲沮解之。〔九〕其計不合。疑匈奴更遣使至羌中，道從沙陰地，出鹽澤，過長阬，入窮水塞，南抵屬國，與先零相直。〔一〇〕臣恐羌變未止此，且復結聯他種，宜及未然爲之備。」〔一一〕後月餘，羌侯狼何果遣使至匈奴藉兵，〔一二〕欲擊鄯善、敦煌以絕漢道。〔一三〕充國以爲「狼何，小月氏種，在陽關西南，勢不能獨造此計，疑匈奴使已至羌中，先零、罕、开乃解仇作約。〔一四〕到秋馬肥，變必起矣。宜遣使者行邊兵豫爲備，敕視諸羌，毋令解仇，〔一五〕以發覺其謀。」於是兩府復白遣義渠安國行視諸羌，分別善惡。安國至，召先零諸豪三十餘人，以尤桀黠，皆斬之。〔一六〕縱兵擊其種人，斬首千餘級。於是諸降羌及歸義羌侯楊玉等恐怒，亡所信鄉，〔一七〕遂劫略小種，背畔犯塞，攻城邑，殺長吏。安國以騎都尉將騎三千屯備羌，至浩亹，〔一八〕爲虜所擊，失亡車重兵器甚衆。〔一九〕安國引還，至令居，以聞。是歲，神爵元年春也。

〔一〕師古曰：「行音下更反。」

〔二〕鄭氏曰：「零音憐。」孟康曰：「豪，帥長也。」師古曰：「湟水出金城臨羌塞外，東入河。湟水之北是漢地。湟音皇。」

〔三〕師古曰：「旁，依也。抵冒，犯突而前。旁音步浪反。冒音莫北反。」

〔四〕師古曰：「羌人無大君長，而諸種豪遞相殺伐，故每有仇讎，往來相報。今解仇交質者，自相親結，欲入漢爲寇也。」

〔五〕師古曰：「合約，共爲要契也。」

〔六〕師古曰：「煎讀曰翦。」

〔七〕師古曰：「氐音支。」

〔八〕師古曰：「事，使役。」

〔九〕師古曰：「設謂(闓)〔開〕許之也。沮，壞也。欲壞其計，令解散之。沮音才汝反。」

〔一〇〕師古曰：「直，當也。」

〔一一〕師古曰：「未然者，其計未成。」

〔一二〕師古曰：「藉，借也。」

〔一三〕師古曰：「鄯音善。」

〔一四〕蘇林曰：「罕、幵在金城南。」師古曰：「罕、幵，羌之別種也。此下言『遣幵豪雕庫宣天子至德，罕、幵之屬皆聞知明詔』，其下又云『河南大幵、小幵』，則罕羌、幵羌姓族殊矣。幵音口堅反。而地理志天水有罕幵縣，蓋以此二種羌來降，處之此地，因以名縣也。而今之羌姓有罕幵者，總是罕幵之類，合而言之，因爲姓耳。變幵爲并，字之訛也。」

〔一五〕師古曰：「行音下更反。視讀曰示。示，語之也。其下並同。」

〔一六〕師古曰：「桀，堅也，言不順從也。黠，惡也，爲惡堅也。」

〔一七〕師古曰：「恐中國汎怒，不信其心，而納嚮之。鄉讀曰嚮。」

〔一八〕師古曰：「浩音誥。亹音門。水名也，解在地理志。」

〔一九〕師古曰：「重音直用反。」

時充國年七十餘，上老之，使御史大夫丙吉問誰可將者，充國對曰：「亡踰於老臣者矣。」上遣問焉，曰：「將軍度羌虜何如，當用幾人？」〔一〕充國曰：「百聞不如一見。兵難隃度，〔二〕臣願馳至金城，圖上方略。〔三〕然羌戎小夷，逆天背畔，滅亡不久，願陛下以屬老臣，勿以爲憂。」〔四〕上笑曰：「諾。」

〔一〕師古曰：「度，計也，音大各反。其下亦同。」

〔二〕鄭氏曰：「隃，遙也，三輔言也。」師古曰：「隃讀曰遙。」

〔三〕師古曰：「圖其地形，幷爲攻討方略，俱奏上也。」

〔四〕師古曰：「屬，委也，音之欲反。」

充國至金城，須兵滿萬騎，〔一〕欲渡河，恐爲虜所遮，卽夜遣三校銜枚先渡，〔二〕渡輒營陳，會明，畢，遂以次盡渡。虜數十百騎來，出入軍傍。充國曰：「吾士馬新倦，不可馳逐。此皆驍騎難制，又恐其爲誘兵也。擊虜以殄滅爲期，小利不足貪。」令軍勿擊。遣騎候四望陿中，亡虜。〔三〕夜引兵上至落都，〔四〕召諸校司馬，謂曰：「吾知羌虜不能爲兵矣。使虜發數千人守杜四望陿中，兵豈得入哉！」〔五〕充國常以遠斥候爲務，行必爲戰備，止必堅營壁，尤能持重，愛士卒，先計而後戰。遂西至西部都尉府，〔六〕日饗軍士，〔七〕士皆欲爲用。虜數挑戰，充國堅守。捕得生口，言羌豪相數責曰：「語汝亡反，今天子遣趙將軍來，年八九十矣，善爲兵。今請欲一鬭而死，可得邪！」

〔一〕師古曰：「須，待也。」

〔二〕師古曰：「銜枚者，欲其無聲，使虜不覺。」

〔三〕文穎曰：「金城有三陿，在南六百里。」師古曰：「山陗而夾水曰陿。四望者，陿名也。陿音狹。」

〔四〕服虔曰：「山名也。」

〔五〕師古曰：「杜，塞也。」

〔六〕孟康曰：「在金城。」

〔七〕師古曰：「日饗飫之。」

充國子右曹中郎將卬，將期門佽飛、羽林孤兒、胡越騎爲支兵，至令居。虜並出絕轉道，〔一〕卬以聞。有詔將八校尉與驍騎都尉、金城太守合疏捕山間虜，〔二〕通轉道津渡。

〔一〕師古曰：「並猶俱也。轉道，運糧之道也。並讀如字，又音步朗反。」

〔二〕蘇林曰：「疏，搜索也。」師古曰：「疏字本作跡，言尋跡而捕之也。」

初，罕、幵豪靡當兒使弟雕庫來告都尉曰先零欲反，後數日果反。雕庫種人頗在先零中，都尉卽留雕庫爲質。充國以爲亡罪，乃遣歸告種豪：「大兵誅有罪者，明白自別，毋取幷滅。〔一〕天子告諸羌人，犯法者能相捕斬，除罪。斬大豪有罪者一人，賜錢四十萬，中豪十五萬，下豪二萬，大男三千，女子及老小千錢，又以其所捕妻子財物盡與之。」充國計欲以威信招降罕幵及劫略者，解散虜謀，徼極乃擊之。〔二〕

〔一〕師古曰：「言勿相和同，自取滅亡。」

〔二〕師古曰：「徼，要也，要其倦極者也。徼音工堯反。」

時上已發三輔、太常徒弛刑，〔一〕三河、潁川、沛郡、淮陽、汝南材官，金城、隴西、天水、安定、北地、上郡騎士、羌騎，與武威、張掖、酒泉太守各屯其郡者，合六萬人矣。酒泉太守辛武賢奏言：「郡兵皆屯備南山，北邊空虛，勢不可久。或曰至秋冬乃進兵，此虜在竟外之册。〔二〕今虜朝夕爲寇，土地寒苦，漢馬不能冬，〔三〕屯兵在武威、張掖、酒泉萬騎以上，皆多羸瘦。可益馬食，以七月上旬齎三十日糧，分兵並出張掖、酒泉合擊罕、幵在鮮水上者。虜以畜產爲命，今皆離散，兵卽分出，雖不能盡誅，亶奪其畜產，虜其妻子，〔四〕復引兵還，冬復擊之，大兵仍出，虜必震壞。」〔五〕

〔一〕師古曰：「弛刑謂不加鉗釱者也。弛之言解也，音式爾反。」

〔二〕師古曰：「竟讀曰境。」
〔三〕師古曰：「能讀曰耐。」
〔四〕師古曰：「亶讀曰但。」
〔五〕師古曰：「仍，頻也。」

天子下其書充國，令與校尉以下吏士知羌事者博議。充國及長史董通年以爲「武賢欲輕引萬騎，分爲兩道出張掖，回遠千里。〔一〕以一馬自佗負三十日食，〔二〕爲米二斛四斗，麥八斛，又有衣裝兵器，難以追逐。勤勞而至，虜必商軍進退，稍引去，〔三〕逐水屮，入山林。〔四〕隨而深入，虜卽據前險，守後阸，以絕糧道，必有傷危之憂，爲夷狄笑，千載不可復。〔五〕而武賢以爲可奪其畜產，虜其妻子，此殆空言，非至計也。〔六〕又武威縣、張掖日勒皆當北塞，有通谷水草。〔七〕臣恐匈奴與羌有謀，且欲大入，幸能要杜張掖、酒泉以絕西域，〔八〕其郡兵尤不可發。先零首爲畔逆，它種劫略。〔九〕故臣愚册，欲捐罕、幵闇昧之過，隱而勿章，先行先零之誅以震動之，宜悔過反善，因赦其罪，選擇良吏知其俗者揃循和輯，〔一〇〕此全師保勝安邊之册。」天子下其書。公卿議者咸以爲先零兵盛，而負罕、幵之助，〔一一〕不先破罕、幵，則先零未可圖也。

〔一〕師古曰：「回謂路紆曲也，音胡悔反。」

〔二〕師古曰：「佗音徒何反。凡以畜產載負物者皆爲佗。」

〔三〕師古曰：「商，計度也。」

〔四〕師古曰：「屮，古草字。」

〔五〕師古曰：「復音扶目反。」

〔六〕師古曰：「殆，僅也。」

〔七〕師古曰：「日勒，張掖之縣。」

〔八〕師古曰：「要，遮也。杜，塞也。」

〔九〕師古曰：「言彼劫略而反叛，非其本心。」

〔一〇〕師古曰：「揤，古撫字。輯與集同。」

〔一一〕師古曰：「負，恃也。」

上乃拜侍中樂成侯許延壽爲强弩將軍，即拜酒泉太守武賢爲破羌將軍，〔一〕賜璽書嘉納其册。以書敕讓充國曰：〔二〕

〔一〕師古曰：「即，就也，就其郡而拜之。」

〔二〕師古曰：「讓，責也。」

皇帝問後將軍，甚苦暴露。將軍計欲至正月乃擊罕羌，羌人當獲麥，已遠其妻子，〔一〕精兵萬人欲爲酒泉、敦煌寇。邊兵少，民守保不得田作。今張掖以東粟石百餘，芻槀束數十。〔二〕轉輸並起，百姓煩擾。將軍將萬餘之衆，不早及秋共水草之利爭其畜食，〔三〕欲至冬，虜皆當畜食，〔四〕多藏匿山中依險阻，將軍士寒，手足皸瘃，〔五〕寧有利哉？將軍不念中國之費，欲以歲數而勝微，〔六〕將軍誰不樂此者！〔七〕

〔一〕師古曰：「徙其妻子令遠居而身來為寇也。」
〔二〕師古曰：「皆謂直錢之數，言其貴。」
〔三〕師古曰：「此畜謂畜產牛羊之屬也。食謂穀麥之屬也。一曰畜食，畜之所食，即謂草也。」
〔四〕師古曰：「此畜讀曰蓄。蓄，聚積也。」
〔五〕文穎曰：「皸，坼裂也。瘃，寒創也。」師古曰：「皸音軍。瘃音竹足反。」
〔六〕師古曰：「久歷年歲，乃勝小敵也。數音所具反。」
〔七〕師古曰：「言凡為將軍者，皆樂此。」

今詔破羌將軍武賢將兵六千一百人，敦煌太守快將二千人，長水校尉富昌、酒泉(侯)〔候〕奉世將婼、月氏兵四千人，〔一〕亡慮萬二千人。〔二〕齎三十日食，以七月二十二日擊罕羌，入鮮水北句廉上，〔三〕去酒泉八百里，去將軍可千二百里。將軍其引兵便道西並進，雖不相及，使虜聞東方北方兵並來，分散其心意，離其黨與，雖不能殄滅，當有瓦解者。已詔中郎將卬將胡越佽飛射士、步兵二校，益將軍兵。

〔一〕服虔曰：「婼音兒，羌名也。」蘇林曰：「婼音兒遮反。」師古曰：「蘇音是也。」

〔二〕師古曰：「亡慮，大計也，解在食貨志。」

〔三〕服虔曰：「句音鉤。」師古曰：「句廉，謂水岸曲而有廉稜也。」

今五星出東方，中國大利，蠻夷大敗。〔一〕太白出高，用兵深入敢戰者吉，弗敢戰者凶。將軍急裝，因天時，誅不義，萬下必全，勿復有疑。

〔一〕張晏曰：「五星所聚，其下勝。羌人在西，星在東，則爲漢。」

充國既得讓，以爲將任兵在外，便宜有守，以安國家。〔一〕乃上書謝罪，因陳兵利害，曰：

〔一〕師古曰：「言爲將之道，受任行兵於外，雖受詔命，若有便宜，則當（國）〔固〕守以取安利也。」

臣竊見騎都尉安國前幸賜書，擇羌人可使使罕，諭告以大軍當至，漢不誅罕，以解其謀。恩澤甚厚，非臣下所能及。臣獨私美陛下盛德至計亡已，故遣开豪雕庫宣天子至德，罕、开之屬皆聞知明詔。今先零羌楊玉（此羌之首帥名玉）將騎四千及煎鞏騎五千，阻石山木，候便爲寇，〔一〕罕羌未有所犯。今置先零，先擊罕，釋有罪，誅亡辜，〔二〕起壹難，就兩害，誠非陛下本計也。

〔一〕師古曰：「謂依阻山之木石以自保固。」

〔二〕師古曰：「釋，置也，放也。」

臣聞兵法「攻不足者守有餘」，又曰「善戰者致人，不致於人」。〔一〕今罕羌欲爲敦煌、酒泉寇，飭兵馬，練戰士，以須其至，〔二〕坐得致敵之術，以逸擊勞，取勝之道也。今恐二郡兵少不足以守，而發之行攻，釋致虜之術而從爲虜所致之道，〔三〕臣愚以爲不便。先零羌虜欲爲背畔，故與罕、幵解仇結約，然其私心不能亡恐漢兵至而罕、幵背之也。臣愚以爲其計常欲先赴罕、幵之急，以堅其約，先擊罕羌，先零必助之。今虜馬肥，糧食方饒，擊之恐不能傷害，適使先零得施德於罕羌，堅其約，合其黨。〔四〕虜交堅黨合，精兵二萬餘人，迫脅諸小種，附著者稍衆，莫須之屬不輕得離也。〔五〕如是，虜兵寖多，〔六〕誅之用力數倍，臣恐國家憂累繇十年數，不二三歲而已。〔七〕

〔一〕師古曰：「皆兵法之辭也。致人，引致而取之也。致於人，爲人所引也。」
〔二〕師古曰：「飭，整也。須，待也。飭與勑同也。」
〔三〕師古曰：「釋，廢也。」
〔四〕師古曰：「施德，自樹恩德也。」
〔五〕服虔曰：「莫須，小種羌名也。」
〔六〕師古曰：「寖，漸也。」
〔七〕師古曰：「累音力瑞反。繇與由同。」

臣得蒙天子厚恩，父子俱爲顯列。臣位至上卿，爵爲列侯，犬馬之齒七十六，爲明詔填溝壑，死骨不朽，亡所顧念。獨思惟兵利害至孰悉也，於臣之計，先誅先零已，則罕、开之屬不煩兵而服矣。先零已誅而罕、开不服，涉正月擊之，得計之理，又其時也。以今進兵，誠不見其利，唯陛下裁察。

六月戊申奏，七月甲寅璽書報從充國計焉。

充國引兵至先零在所。虜久屯聚，解弛，〔一〕望見大軍，棄車重，欲渡湟水，〔二〕道阸狹，充國徐行驅之。或曰逐利行遲，〔三〕充國曰：「此窮寇不可迫也。緩之則走不顧，急之則還致死。」〔四〕諸校皆曰：「善。」虜赴水溺死者數百，降及斬首五百餘人，鹵馬牛羊十萬餘頭，車四千餘兩。兵至罕地，令軍毋燔聚落芻牧田中。〔五〕罕羌聞之，喜曰：「漢果不擊我矣！」豪靡忘使人來言：「願得還復故地。」〔六〕充國以聞，未報。靡忘來自歸，充國賜飲食，遣還諭種人。護軍以下皆爭之，曰：「此反虜，不可擅遣。」充國曰：「諸君但欲便文自營，〔七〕非爲公家忠計也。」〔八〕語未卒，璽書報，令靡忘以贖論。後罕竟不煩兵而下。

〔一〕師古曰：「解讀曰懈。弛，放也。」

〔二〕師古曰：「重音直用反。」

〔三〕師古曰：「逐利宜疾，今行太遲。」

〔四〕師古曰：「謂更迴還盡力而死戰。」

〔五〕師古曰：「不得燔燒人居及於田畝之中刈芻放牧也。」

〔六〕服虔曰：「臑忘，羌帥名也。」

〔七〕師古曰：「苟取文墨之便而自營衞。便音頻面反。」

〔八〕師古曰：「爲音于僞反。」

其秋，充國病，上賜書曰：「制詔後將軍：聞苦脚脛、寒泄，〔一〕將軍年老加疾，一朝之變不可諱，〔二〕朕甚憂之。今詔破羌將軍詣屯所，爲將軍副，急因天時大利，吏士銳氣，以十二月擊先零羌。即疾劇，留屯毋行，獨遣破羌、彊弩將軍。」時羌降者萬餘人矣。充國度其必壞，欲罷騎兵屯田，以待其敝。作奏未上，會得進兵璽書，中郎將卬懼，使客諫充國曰：「誠令兵出，破軍殺將以傾國家，將軍守之可也。即利與病，又何足爭？一旦不合上意，遣繡衣來責將軍，將軍之身不能自保，〔三〕何國家之安？」充國歎曰：「是何言之不忠也！本用吾言，羌虜得至是邪？〔四〕往者舉可先行羌者，吾舉辛武賢，〔五〕丞相御史復白遣義渠安國，竟沮敗羌。〔六〕金城、湟中穀斛八錢，吾謂耿中丞，〔七〕糴二百萬斛穀，羌人不敢動矣。〔八〕耿中丞請糴百萬斛，乃得四十萬斛耳。義渠再使，且費其半。失此二冊，羌人故敢爲逆。失之毫釐，差（之）〔以〕千里，是既然矣。今兵久不決，四夷卒有動搖，相因而起，〔九〕雖有知者不能善其後，羌獨足憂邪！〔一〇〕吾固以死守之，明主可爲忠言。」遂上屯田奏曰：

〔一〕師古曰：「脛，膝以下骨也。寒泄，下利也。言其患足脛又苦下利。脛音下定反。泄音息列反。」

〔二〕師古曰：「恐其死。」

〔三〕師古曰：「繡衣謂御史。」

〔四〕師古曰：「言豫防之，可無今日之寇也。」

〔五〕師古曰：「行音下更反。」

〔六〕師古曰：「沮，壞也，音才汝反。」

〔七〕服虔曰：「耿壽昌也，爲司農中丞。」

〔八〕師古曰：「言豫儲糧食，可以制敵。」

〔九〕師古曰：「卒讀曰猝。」

〔一〇〕師古曰：「言儻如此，則所憂不獨在羌。」

臣聞兵者，所以明德除害也，故舉得於外，則福生於內，不可不慎。臣所將吏士馬牛食，月用糧穀十九萬九千六百三十斛，鹽千六百九十三斛，茭藁二十五萬二百八十六石。〔一〕難久不解，繇役不息。又恐它夷卒有不虞之變，〔二〕相因並起，爲明主憂，誠非素定廟勝之冊。〔三〕且羌虜易以計破，難用兵碎也，故臣愚以爲擊之不便。

〔一〕師古曰：「茭，乾芻也。藁，禾稈也。石，百二十斤。稈音工旱反。」

〔二〕師古曰：「卒讀曰猝。」

〔三〕師古曰：「廟勝，謂謀於廟堂而勝敵也。」

計度臨羌東至浩亹，〔一〕羌虜故田及公田，民所未墾，可二千頃以上，其間郵亭多壞敗者。臣前部士入山，伐材木大小六萬餘枚，皆在水次。願罷騎兵，留弛刑應募，及淮陽、汝南步兵與吏士私從者，合凡萬二百八十一人，用穀月二萬七千三百六十三斛，鹽三百八斛，分屯要害處。冰解漕下，繕鄉亭，浚溝渠，〔二〕治湟陿以西道橋七十所，令可至鮮水左右。田事出，賦人二十晦。〔三〕至四月草生，發郡騎及屬國胡騎伉健各千，倅馬什二，就草，〔四〕爲田者遊兵。以充入金城郡，益積畜，省大費。〔五〕今大司農所轉穀至者，足支萬人一歲食。謹上田處及器用簿，〔六〕唯陛下裁許。

〔一〕師古曰：「度音大各反。」
〔二〕師古曰：「漕下，以水運木而下也。繕，補也。浚，深治也。」
〔三〕師古曰：「田事出，謂至春人出營田也。賦謂班與之也。晦，古畝字。」
〔四〕師古曰：「倅，副也。什二者，千騎則與副馬二百匹也。伉音口浪反。」
〔五〕師古曰：「畜讀曰蓄。」
〔六〕師古曰：「簿音步戶反。」

上報曰：「皇帝問後將軍，言欲罷騎兵萬人留田，卽如將軍之計，虜當何時伏誅，兵當何時得決？孰計其便，復奏。」充國上狀曰：

臣聞帝王之兵，以全取勝，是以貴謀而賤戰。戰而百勝，非善之善者也，故先爲不可勝以待敵之可勝。〔一〕蠻夷習俗雖殊於禮義之國，然其欲避害就利，愛親戚，畏死亡，一也。今虜亡其美地薦草，〔二〕愁於寄託遠遯，骨肉離心，人有畔志，而明主般師罷兵，〔三〕萬人留田，順天時，因地利，以待可勝之虜，雖未即伏辜，兵決可期月而望。羌虜瓦解，前後降者萬七百餘人，及受言去者凡七十輩，〔四〕此坐支解羌虜之具也。

〔一〕師古曰：「此兵法之辭也。言先自完堅，令敵不能勝我，乃可以勝敵也。」

〔二〕師古曰：「薦，稠草。」

〔三〕鄧展曰：「般音班。班，還也。」

〔四〕如淳曰：「羌胡言欲降，受其言遣去者。」師古曰：「如說非也。謂羌受充國之言，歸相告喻者也。羌虜即羌賊耳，無豫於胡也。」

臣謹條不出兵留田便宜十二事。步兵九校，〔一〕吏士萬人，留屯以爲武備，因田致穀，威德並行，一也。又因排折羌虜，令不得歸肥饒之墜，〔二〕貧破其衆，以成羌虜相畔之漸，二也。居民得並田作，不失農業，三也。〔三〕軍馬一月之食，度支田士一歲，〔四〕罷騎兵以省大費，四也。至春省甲士卒，循河湟漕穀至臨羌，以眎羌虜，〔五〕揚威武，傳世折衝之具，五也。以閒暇時下所伐材，〔六〕繕治郵亭，充入金城，六也。兵出，乘危徼幸，〔七〕不出，令反畔之虜竄於風寒之地，離霜露疾疫瘃墮之患，〔八〕坐得必勝之道，七也。亡經阻遠追死傷之害，八也。內不損威武之重，外不令虜得乘間之勢，九也。〔九〕又亡驚動河南大开、小开，〔一〇〕使生它變之憂，十也。治湟陿中道橋，令可至鮮水，以制西域，信威千里，〔一一〕從枕席上過師，十一也。〔一二〕大費既省，繇役豫息，以戒不虞，十二也。留屯田得十二便，出兵失十二利。臣充國材下，犬馬齒衰，不識長册，唯明詔博詳公卿議臣採擇。

〔一〕師古曰：「一部爲一校也。」

〔二〕師古曰：「墜，古地字。」

〔三〕師古曰：「並，且也，讀如本字，又音步浪反。」

〔四〕師古曰：「度音大各反。」

〔五〕師古曰：「眎亦示字。」

〔六〕師古曰：「閒讀曰閑。」

〔七〕師古曰：「言不可必勝。」

〔八〕師古曰：「離，遭也。墮謂因寒瘃而墮指者也。」

〔九〕師古曰：「間謂軍之間隙者也。」

〔一〇〕服虔曰：「皆羌種，在河西之河南也。」

〔二〕師古曰：「信讀曰申。」

〔三〕鄭氏曰：「橋成軍行安易，若於枕席上過也。」

上復賜報曰：「皇帝問後將軍，言十二便，聞之。虜雖未伏誅，兵決可期月而望，期月而望者，謂今冬邪，謂何時也？將軍獨不計虜聞兵頗罷，且丁壯相聚，攻擾田者及道上屯兵，復殺略人民，將何以止之？又大幵、小幵前言曰：『我告漢軍先零所在，兵不往擊，久留，得亡效五年時不分別人而并擊我？』〔一〕其意常恐。今兵不出，得亡變生，與先零爲一？將軍孰計復奏。」充國奏曰：

〔一〕如淳曰：「此語謂本始五年伐先零，不分別大小幵本意，是以大小幵有此言也。」

臣聞兵以計爲本，故多算勝少算。先零羌精兵今餘不過七八千人，失地遠客，分散飢凍。罕、幵、莫須又頗暴略其羸弱畜產，畔還者不絕，皆聞天子明令相捕斬之賞。臣愚以爲虜破壞可日月冀，遠在來春，故曰兵決可期月而望。竊見北邊自敦煌至遼東萬一千五百餘里，乘塞列隧有吏卒數千人，虜數大衆攻之而不能害。今留步士萬人屯田，地勢平易，多高山遠望之便，部曲相保，爲塹壘木樵，〔一〕校聯不絕，〔二〕便兵弩，飭鬭具。〔三〕烽火幸通，勢及并力，以逸待勞，兵之利者也。臣愚以爲屯田內有亡費之利，外有守禦之備。騎兵雖罷，虜見萬人留田爲必禽之具，其土崩歸德，宜不久矣。從今盡三月，虜馬羸瘦，必不敢捐其妻子於他種中，遠涉河山而來爲寇。又見屯田之士精兵萬人，終不敢復將其累重還歸故地。〔四〕是臣之愚計，所以度虜且必瓦解其處，〔五〕不戰而自破之册也。至於虜小寇盜，時殺人民，其原未可卒禁。〔六〕臣聞戰不必勝，不苟接刃；攻不必取，不苟勞衆。誠令兵出，雖不能滅先零，亶能令虜絕不爲小寇，則出兵可也。〔七〕即今同是〔八〕而釋坐勝之道，從乘危之勢，往終不見利，空內自罷敝，〔九〕貶重而自損，非所以視蠻夷也。〔一〇〕又大兵一出，還不可復留，湟中亦未可空，如是，繇役復發也。且匈奴不可不備，烏桓不可不憂。今久轉運煩費，傾我不虞之用以澹一隅，〔一一〕臣愚以爲不便。校尉臨衆幸得承威德，奉厚幣，拊循衆羌，諭以明詔，宜皆鄉風。〔一二〕雖其前辭嘗曰「得亡效五年」，宜亡它心，不足以故出兵。臣竊自惟念，奉詔出塞，引軍遠擊，窮天子之精兵，散車甲於山野，雖亡尺寸之功，媮得避慊之便，〔一三〕而亡後咎餘責，此人臣不忠之利，非明主社稷之福也。臣幸得奮精兵，討不義，久留天誅，〔一四〕罪當萬死。陛下寬仁，未忍加誅，(今)〔令〕臣數得孰計。〔一五〕愚臣伏計孰甚，不敢避斧鉞之誅，昧死陳愚，唯陛下省察。

〔一〕師古曰：「樵與譙同，謂爲高樓以望敵也，晉才消反。」

〔二〕如淳曰：「播校相連也。」師古曰：「此校謂用木自相貫穿以爲固者，亦猶周易『荷校滅耳』也。周禮『校人掌王馬之政』，『六廄成校』，蓋用關械闌養馬也。說文解字云『校，木囚也』，亦謂以木相貫，遮闌禽獸也。今云校聯不絕，言營壘相次。」

〔三〕師古曰：「便，利也。飭，整也，其字從力。」

〔四〕師古曰：「累重謂妻子也。累音力瑞反。重音直用反。」

〔五〕師古曰：「各於其處自瓦解。」

〔六〕師古曰：「卒讀曰猝。」

〔七〕師古曰：「亶讀曰但。」

〔八〕師古曰：「俱不能止小寇盜。」

〔九〕師古曰：「罷讀曰疲。」

〔一〇〕師古曰：「視讀曰示。」

〔一一〕師古曰：「澹，古贍字。贍，給也。」

〔一二〕師古曰：「諭，曉告之。鄉讀曰嚮。」

〔一三〕師古曰：「婾，苟且也。慊亦嫌字。」

〔一四〕師古曰：「言不早殄滅賊也。」

〔一五〕師古曰：「數音所角反。其下亦同。」

充國奏每上，輒下公卿議臣。初是充國計者什三，中什五，最後什八。有詔詰前言不便者，皆頓首服。丞相魏相曰：「臣愚不習兵事利害，後將軍數畫軍册，其言常是，臣任其計可必用也。」〔一〕上於是報充國曰：「皇帝問後將軍，上書言羌虜可勝之道，今聽將軍，將軍計善。其上留屯田及當罷者人馬數。將軍强食，慎兵事，自愛！」上以破羌、强弩將軍數言當擊，又用充國屯田處離散，恐虜犯之，於是兩從其計，詔兩將軍與中郎將卬出擊。强弩出，降四千餘人，破羌斬首二千級，中郎將卬斬首降者亦二千餘級，而充國所降復得五千餘人。詔罷兵，獨充國留屯田。

〔一〕師古曰：「任，保也。」

明年五月，充國奏言：「羌本可五萬人軍，凡斬首七千六百級，降者三萬一千二百人，溺河湟飢餓死者五六千人，定計遺脫與煎鞏、黄羝俱亡者不過四千人。羌靡忘等自詭必得，〔一〕請罷屯兵。」奏可，充國振旅而還。

〔一〕師古曰：「詭，責也。自以爲憂，責言必能得之。」

所善浩星賜迎說充國，〔一〕曰：「衆人皆以破羌、强弩出擊，多斬首獲降，虜以破壞。然有識者以爲虜勢窮困，兵雖不出，必自服矣。將軍卽見，宜歸功於二將軍出擊，非愚臣所及。如此，將軍計未失也。」充國曰：「吾年老矣，爵位已極，豈嫌伐一時事以欺明主哉！兵勢，國之大事，當爲後法。老臣不以餘命壹爲陛下明言兵之利害，卒死，誰當復言之者？」〔二〕卒以其意對。〔三〕上然其計，罷遣辛武賢歸酒泉太守官，充國復爲後將軍衛尉。

〔一〕鄧展曰：「浩星，姓；賜，名也。」
〔二〕師古曰：「卒讀曰猝。」
〔三〕師古曰：「卒，終也。」

其秋，羌若零、離留、且種、兒庫〔一〕共斬先零大豪猶非、楊玉首，〔二〕及諸豪弟澤、陽雕、良兒、靡忘皆帥煎鞏、黃羝之屬四千餘人降漢。封若零、弟澤二人爲帥衆王，離留、且種二人爲侯，兒庫爲君，陽雕爲言兵侯，良兒爲君，靡忘爲獻牛君。初置金城屬國以處降羌。

〔一〕師古曰：「且，子閭反。」
〔二〕文穎曰：「猶非，人名也。」師古曰：「猶非及楊玉，二人也。宣紀作酋非，而此傳作猶字，疑紀誤。」

詔舉可護羌校尉者，時充國病，四府舉辛武賢小弟湯。充國遽起奏：「湯使酒，不可典蠻夷。〔一〕不如湯兄臨衆。」時湯已拜受節，有詔更用臨衆。後臨衆病免，五府復舉湯，湯數醉酗羌人，〔二〕羌人反畔，卒如充國之言。

〔一〕師古曰：「使酒，因酒以使氣，若今言惡酒者。」
〔二〕師古曰：「酗音況務反。」師古曰：「即酗字也。醉怒曰酗。」

初，破羌將軍武賢在軍中時與中郎將卬宴語，〔一〕卬道：「車騎將軍張安世始嘗不快上，〔二〕上欲誅之，卬家將軍以爲安世本持橐簪筆〔三〕事孝武帝數十年，見謂忠謹，宜全度之。〔四〕安世用是得免。」及充國還言兵事，武賢罷歸故官，深恨，上書告卬泄省中語。卬坐禁止而入至充國莫府司馬中亂屯兵，〔五〕下吏，自殺。

〔一〕師古曰：「閑宴時共語也。」

〔二〕如淳曰：「所爲行不可上意。」

〔三〕張晏曰：「橐，契囊也。近臣負橐簪筆，從備顧問，或有所紀也。」師古曰：「橐，所以盛書也。有底曰囊，無底曰橐。簪筆者，插筆於首。橐音丁各反，又音託。」

〔四〕師古曰：「全安而免度之，不令喪敗也。」

〔五〕如淳曰：「方見禁止而入至充國莫府司馬中。司馬中，律所謂營軍司馬中也。」

充國乞骸骨，賜安車駟馬、黃金六十斤，罷就第。朝庭每有四夷大議，常與參兵謀，問籌策焉。〔一〕年八十六，甘露二年薨，謚曰壯侯。傳子至孫欽，欽尚敬武公主。主亡子，主教欽良人習詐有身，名它人子。欽薨，子岑嗣侯，習爲太夫人。岑父母求錢財亡已，忿恨相告。岑坐非子免，國除。元始中，修功臣後，復封充國曾孫伋爲營平侯。〔二〕

〔一〕師古曰：「與讀曰豫。」

〔二〕師古曰：「伋音汲。」

初，充國以功德與霍光等列，畫未央宮。成帝時，西羌嘗有警，上思將帥之臣，追美充國，乃召黃門郎楊雄卽充國圖畫而頌之，〔一〕曰：

〔一〕師古曰：「卽，就也。於畫側而書頌。」

明靈惟宣，戎有先零。先零昌狂，侵漢西疆。漢命虎臣，惟後將軍，整我六師，是討是震。〔一〕既臨其域，諭以威德，有守矜功，謂之弗克。請奮其旅，于罕之羌，天子命我，從之鮮陽。〔二〕營平守節，婁奏封章，〔三〕料敵制勝，威謀靡亢。〔四〕遂克西戎，還師於京，鬼方賓服，罔有不庭。〔五〕昔周之宣，有方有虎，〔六〕詩人歌功，乃列于雅。〔七〕在漢中興，充國作武，赳赳桓桓，亦紹厥後。〔八〕

〔一〕師古曰：「震合韻音眞。」
〔二〕應劭曰：「酒泉太守辛武賢自將萬騎出張掖擊羌。宣帝使充國共武賢討罕、开於鮮水之陽也。」
〔三〕師古曰：「婁，古屢字。」
〔四〕師古曰：「料，量也。亢，當也。合韻音康。」
〔五〕師古曰：「鬼方，言其幽昧也。庭，來帝庭也。一說庭，直也。」
〔六〕張晏曰：「方叔、邵虎也。」
〔七〕師古曰：「大雅、小雅之詩也。」
〔八〕師古曰：「赳赳，勁也。桓桓，威也。紹厥後謂繼周之方、邵也。」

充國爲後將軍，徙杜陵。辛武賢自羌軍還後七年，復爲破羌將軍，征烏孫至敦煌，後不出，徵未到，病卒。子慶忌至大官。

辛慶忌字子眞，少以父任爲右校丞，隨長羅侯常惠屯田烏孫赤谷城，與歙侯戰，〔一〕陷陳卻敵。惠奏其功，拜爲侍郎，遷校尉，將吏士屯焉耆國。還爲謁者，尙未知名。元帝初，補金城長史，舉茂材，遷郎中車騎將（軍），朝廷多重之者。轉爲校尉，遷張掖太守，徙酒泉，所在著名。

〔一〕師古曰：「歙即翕字也。歙侯，烏孫官名。」

成帝初，徵爲光祿大夫，遷左曹中郎將，至執金吾。始武賢與趙充國有隙，後充國家殺，辛氏至慶忌爲執金吾，坐子殺趙氏，左遷酒泉太守。歲餘，大將軍王鳳薦慶忌「前在兩郡著功迹，徵入，歷位朝廷，莫不信鄉。〔一〕質行正直，仁勇得衆心，通於兵事，明略威重，任國柱石。〔二〕父破羌將軍武賢顯名前世，有威西夷。臣鳳不宜久處慶忌之右。」〔三〕乃復徵爲光祿大夫、執金吾。數年，坐小法左遷雲中太守，復徵爲光祿勳。

〔一〕師古曰：「鄉讀曰嚮。」

〔二〕師古曰：「任，堪也。」

〔三〕師古曰：「右，上也。」

時數有災異，丞相司直何武上封事曰：「虞有宮之奇，晉獻不寐；〔一〕衞青在位，淮南寢謀。故賢人立朝，折衝厭難，勝於亡形。〔二〕司馬法曰：『天下雖安，忘戰必危。』夫將不豫設，則亡以應卒；〔三〕士不素厲，則難使死敵。是以先帝建列將之官，近戚主內，異姓距外，故姦軌不得萌動而破滅，〔四〕誠萬世之長册也。光祿勳慶忌行義修正，柔毅敦厚，〔五〕謀慮深遠。前在邊郡，數破敵獲虜，外夷莫不聞。乃者大異並見，未有其應。加以兵革久寢。春秋大災未至而豫禦之，〔六〕慶忌宜在爪牙官以備不虞。」〔七〕其後拜爲右將軍諸吏散騎給事中，歲餘徙爲左將軍。

〔一〕應劭曰：「晉獻公欲伐虞，以宮之奇在，寢不寐。」

〔二〕師古曰：「厭，抑也。未有禍難之形，豫勝之也。厭音一葉反。」

〔三〕師古曰：「卒讀曰猝，謂暴也。」

〔四〕師古曰：「始生曰萌。」

〔五〕師古曰：「和柔而能沈毅也。尚書咎繇謨曰『擾而毅』。擾亦柔也。今流俗書本柔字作果者，妄改之。」

〔六〕師古曰：「莊十八年『公追戎於濟西』。公羊傳曰：『此未有伐中國者，言追何？大其未至而豫禦也。』」

〔七〕師古曰：「虞，度也。言有寇難非意所度也。」

慶忌居處恭儉，食飲被服尤節約，然性好輿馬，號爲鮮明，唯是爲奢。爲國虎臣，遭世承平，匈奴、西域親附，敬其威信。年老卒官。長子通爲護羌校尉，中子遵函谷關都尉，少子茂水衡都尉出爲郡守，皆有將帥之風。宗族支屬至二千石者十餘人。

元始中，安漢公王莽秉政，見慶忌本大將軍鳳所成，三子皆能，欲親厚之。是時莽方立威柄，用甄豐、甄邯以自助，豐、邯新貴，威震朝廷。水衡都尉茂自見名臣子孫，兄弟並列，不甚詘事兩甄。時平帝幼，外家衞氏不得在京師，而護羌校尉通長子次兄素與帝從舅衞子伯相善，〔一〕兩人俱游俠，賓客甚盛。及呂寬事起，莽誅衞氏。兩甄搆言諸辛陰與衞子伯爲心腹，有背恩不說安漢公之謀。〔二〕於是司直陳崇舉奏其宗親隴西辛興等侵陵百姓，威行州郡。莽遂按通父子、遵茂兄弟及南郡太守辛伯等，皆誅殺之。辛氏繇是廢。〔三〕慶忌本狄道人，爲將軍，徙昌陵。昌陵罷，留長安。

〔一〕師古曰：「次兄，其字也。兄讀如本字，亦讀曰況。」

〔二〕師古曰：「說讀曰悅。」

〔三〕師古曰：「繇讀與由同。」

贊曰：秦漢已來，山東出相，山西出將。秦將軍白起，郿人；〔一〕王翦，頻陽人。漢興，郁郅王圍、甘延壽，〔二〕義渠公孫賀、傅介子，成紀李廣、李蔡，杜陵蘇建、蘇武，上邽上官桀、趙充國，襄武廉褒，狄道辛武賢、慶忌，皆以勇武顯聞。蘇、辛父子著節，此其可稱列者也，其餘不可勝數。何則？山西天水、隴西、安定、北地處勢迫近羌胡，民俗修習戰備，高上勇力鞍馬騎射。故秦詩曰：「王于興師，修我甲兵，與子皆行。」〔三〕其風聲氣俗自古而然，今之歌謠慷慨，風流猶存耳。

〔一〕師古曰：「郿，扶風之縣也，音媚。」

〔二〕師古曰：「闔為強弩將軍，見藝文志。郁音於六反。郅音質。」

〔三〕師古曰：「小戎之詩也，解在地理志。」

校勘記

二九七四頁九行　設謂（闓）〔開〕許之也。景祐、殿本都作「開」。王先謙說作「開」是。

二九八〇頁二行　長水校尉富昌、酒泉（侯）〔候〕奉世將婼、月氏兵四千人，沈欽韓說，「侯」當為「候」，奉世即馮奉世。

二九八二頁七行　若有便宜，則當（國）〔固〕守以取安利也。王先謙說，「國」當為「固」。按景祐、殿、局本都作「固」。

二九八二頁一〇行　（此羌之首帥名王）錢大昭說，閩本無「此羌」句。按景祐本無此句。

二九八四頁一三行　失之毫釐，差（之）〔以〕千里，景祐、殿本都作「以」。

二九九〇頁一三行　（今）〔令〕臣數得孰計。景祐、殿本都作「令」。王先謙說作「令」是。

二九九三頁一三行　師古曰：王先謙說前「師古」誤。按各本皆誤。

二九九六頁三行　遷郎中車騎將（軍），劉攽、齊召南、沈欽韓都說「軍」字衍。

漢書卷七十

傅常鄭甘陳段傳第四十

傅介子，北地人也，〔一〕以從軍爲官。先是龜茲、樓蘭皆嘗殺漢使者，〔二〕語在西域傳。至元鳳中，介子以駿馬監求使大宛，因詔令責樓蘭、龜茲國。

〔一〕師古曰：「趙充國傳贊云『義渠公孫賀、傅介子』，然則介子北地義渠人也。」
〔二〕服虔曰：「龜茲音丘慈。」

介子至樓蘭，責其王教匈奴遮殺漢使：「大兵方至，王苟不教匈奴，匈奴使過至諸國，何爲不言？」王謝服，言「匈奴使屬過，〔一〕當至烏孫，道過龜茲。」介子至龜茲，復責其王，王亦服罪。介子從大宛還到龜茲，龜茲言「匈奴使從烏孫還，在此。」介子因率其吏士共誅斬匈奴使者。還奏事，詔拜介子爲中郎，遷平樂監。

〔一〕師古曰：「屬，近也。近始過去。屬音之欲反。」

介子謂大將軍霍光曰：「樓蘭、龜茲數反覆而不誅，無所懲艾。〔一〕介子過龜茲時，其王近就人，易得也，〔二〕願往刺之，以威示諸國。」大將軍曰：「龜茲道遠，且驗之於樓蘭。」於是白遣之。

〔一〕師古曰：「艾讀曰乂。」

〔二〕師古曰：「附近而親就，言不相猜阻也。」

介子與士卒俱齎金幣，揚言以賜外國爲名。至樓蘭，樓蘭王意不親介子，介子陽引去，至其西界，使譯謂曰：「漢使者持黃金錦繡行賜諸國，〔一〕王不來受，我去之西國矣。」即出金幣以示譯。譯還報王，王貪漢物，來見使者。介子與坐飲，陳物示之。飲酒皆醉，介子謂王曰：「天子使我私報王。」〔二〕王起隨介子入帳中，屏語，〔三〕壯士二人從後刺之，刃交胷，立死。其貴人左右皆散走。介子告諭以「王負漢罪，天子遣我來誅王，當更立前太子質在漢者。漢兵方至，毋敢動，動，滅國矣！」遂持王首還詣闕，公卿將軍議者咸嘉其功。上乃下詔曰：「樓蘭王安歸嘗爲匈奴間，候遮漢使者，〔四〕發兵殺略衞司馬安樂、光祿大夫忠、期門郎遂成等三輩，及安息、大宛使，盜取節印獻物，〔五〕甚逆天理。平樂監傅介子持節使誅斬樓蘭王安歸首，縣之北闕，以直報怨，〔六〕不煩師衆。其封介子爲義陽侯，食邑七百戶。士刺王者皆補侍郎。」

〔一〕師古曰：「徧往賜之。」

〔二〕師古曰：「謂密有所論。」

〔三〕師古曰：「屏人而獨共語也。」

〔四〕師古曰：「（間）〔言〕爲匈奴之間（爲）〔而〕候伺。」

〔五〕晉灼曰：「此安息、大宛遠遣使獻漢，而樓蘭王使人盜取所獻之物也。」師古曰：「節及印，漢使者所賚也。獻物，大宛等使所獻也。樓蘭既殺漢使，又殺諸國使者。」

〔六〕師古曰：「論語載孔子言曰『以直報怨，以德報德』，言怨於我者則直道而報之。故詔引之也。」

介子薨，子敞有罪不得嗣，國除。元始中，繼功臣世，復封介子曾孫長爲義陽侯，王莽敗，乃絕。

常惠，太原人也。少時家貧，自奮應募，隨栘中監蘇武使匈奴，〔一〕并見拘留十餘年，昭帝時乃還。漢嘉其勤勞，拜爲光祿大夫。

〔一〕師古曰：「栘中，廄名也，音移。解在昭紀。」

是時，烏孫公主上書言「匈奴發騎田車師，〔一〕車師與匈奴爲一，共侵烏孫，唯天子救之！」漢養士馬，議欲擊匈奴。會昭帝崩，宣帝初即位，本始二年，遣惠使烏孫。公主及昆彌皆遣使，因惠言「匈奴連發大兵擊烏孫，取車延、惡師地，收其人民去，使使脅求公主，〔二〕欲隔絕漢。昆彌願發國半精兵，自給人馬五萬騎，盡力擊匈奴。唯天子出兵以救公主、昆彌！」於是漢大發十五萬騎，五將軍分道出，〔三〕語在匈奴傳。

〔一〕師古曰：「車師，西域國名也。」

〔二〕師古曰：「脅謂以威迫之也。」

〔三〕師古曰：「祁連將軍田廣明、蒲類將軍趙充國、武牙將軍田順、度遼將軍范明友、前將軍韓增。」

以惠爲校尉，持節護烏孫兵。昆彌自將翖侯以下五萬餘騎〔一〕從西方入至右谷蠡庭，〔二〕獲單于父行及嫂居次，〔三〕名王騎將以下三萬九千人，得馬牛驢驘橐佗五萬餘匹，羊六十餘萬頭，烏孫皆自取鹵獲。惠從吏卒十餘人隨昆彌還，未至烏孫，烏孫人盜惠印綬節。惠還，自以當誅。〔四〕時漢五將皆無功，天子以惠奉使克獲，遂封惠爲長羅侯。復遣惠持金幣還賜烏孫貴人有功者，惠因奏請龜茲國嘗殺校尉賴丹，未伏誅，請便道擊之，宣帝不許。大將軍霍光風惠以便宜從事。〔五〕惠與吏士五百人俱至烏孫，還過，發西國兵二萬人，令副使發龜茲東國二萬人，烏孫兵七千人，從三面攻龜茲，兵未合，先遣人責其王以前殺漢使狀。王謝曰：「乃我先王時爲貴人姑翼所誤耳，我無罪。」惠曰：「卽如此，縛姑翼來，吾置王。」〔六〕王執姑翼詣惠，惠斬之而還。

〔一〕師古曰：「翖卽翕字也。翖侯，烏孫官號也。」

〔二〕師古曰：「谷音鹿。蠡音黎。」

〔三〕晉灼曰：「匈奴女號，若言公主也。」師古曰：「行音胡浪反。」
〔四〕師古曰：「謂失印綬及節爲辱命。」
〔五〕師古曰：「言至前所專命而行也。風讀曰諷。」
〔六〕師古曰：「置猶放。」

後代蘇武爲典屬國，明習外國事，勤勞數有功。甘露中，後將軍趙充國薨，天子遂以惠爲右將軍，典屬國如故。宣帝崩，惠事元帝，三歲薨，謚曰壯武侯。傳國至曾孫，建武中乃絕。

鄭吉，會稽人也，以卒伍從軍，數出西域，由是爲郎。吉爲人彊執，習外國事。〔一〕自張騫通西域，李廣利征伐之後，初置校尉，屯田渠黎。至宣帝時，吉以侍郎田渠黎，積穀，因發諸國兵攻破車師，遷衞司馬，使護鄯善以西南道。〔二〕

〔一〕師古曰：「彊力而有執志者。」
〔二〕師古曰：「鄯音善。」

神爵中，匈奴乖亂，日逐王先賢撣欲降漢，〔一〕使人與吉相聞。吉發渠黎、龜茲諸國五萬人迎日逐王，口萬二千人、小王將十二人隨吉至河曲，頗有亡者，吉追斬之，遂將詣京師。

漢封日逐王爲歸德侯。

〔一〕師古曰：「撣音纏。」

吉既破車師，降日逐，威震西域，遂并護車師以西北道，故號都護。〔一〕都護之置自吉始焉。

〔一〕師古曰：「並護南北二道，故謂之都。都猶大也，總也。」

上嘉其功效，乃下詔曰：「都護西域騎都尉鄭吉，拊循外蠻，宣明威信，〔一〕迎匈奴單于從兄日逐王衆，擊破車師兜訾城，〔二〕功效茂著。其封吉爲安遠侯，食邑千戶。」吉於是中西域而立莫府，〔三〕治烏壘城，鎮撫諸國，誅伐懷集之。漢之號令班西域矣，〔四〕始自張騫而成於鄭吉。語在西域傳。

〔一〕師古曰：「禮云東夷、北狄、西戎、南蠻，然夷蠻戎狄亦四方之總稱耳，故史傳又云百蠻也。」

〔二〕師古曰：「訾音子移反。」

〔三〕師古曰：「中西域者，言最處諸國之中，近遠均也。中音竹仲反。」

〔四〕師古曰：「班，布也。」

吉薨，謚曰繆侯。子光嗣，薨，無子，國除。元始中，錄功臣不以罪絕者，封吉曾孫永爲安遠侯。

甘延壽字君況，北地郁郅人也。少以良家子善騎射爲羽林，投石拔距絕於等倫，〔一〕嘗超踰羽林亭樓，由是遷爲郎。試弁，爲期門，〔二〕以材力愛幸。稍遷至遼東太守，免官。車騎將軍許嘉薦延壽爲郎中諫大夫，使西域都護騎都尉，與副校尉陳湯共誅斬郅支單于，封義成侯。薨，謚曰壯侯。傳國至曾孫，王莽敗，乃絕。

〔一〕應劭曰：「投石，以石投人也。拔距，即下超踰羽林亭樓是也。」張晏曰：「范蠡兵法飛石重十二斤，爲機發，行二百步。延壽有力，能以手投之。拔距，超距也。」師古曰：「投石，應（劭）〔說〕是也。拔距者，有人連坐相把據地，距以爲堅而能拔取之，皆言其有手掣之力。超踰亭樓，又言其趫捷耳，非拔距也。今人猶（言）〔有〕拔爪之戲，蓋拔距之遺法。」

〔二〕孟康曰：「弁，手搏。」

陳湯字子公，山陽瑕丘人也。少好書，博達善屬文。〔一〕家貧丐貣無節，不爲州里所稱。〔二〕西至長安求官，得太官獻食丞。數歲，富平侯張勃與湯交，高其能。初元二年，元帝詔列侯舉茂材，勃舉湯。湯待遷，父死不犇喪，〔三〕司隸奏湯無循行，勃選舉故不以實，坐削（二百戶）〔戶二百〕，會薨，因賜謚曰繆侯。〔四〕湯下獄論。後復以薦爲郎，數求使外國。久之，遷西域副校尉，與甘延壽俱出。

〔一〕師古曰：「屬音之欲反。」

〔二〕師古曰：「匄，乞也。貣音吐得反。」

〔三〕師古曰：「𢍰，古弁字。」

〔四〕師古曰：「以其繆舉人也。」

先是，宣帝時匈奴乖亂，五單于爭立，呼韓邪單于與郅支單于俱遣子入侍，漢兩受之。後呼韓邪單于身入稱臣朝見，郅支以爲呼韓邪破弱降漢，不能自還，即西收右地。會漢發兵送呼韓邪單于，郅支由是遂西破呼偈、堅昆、丁令，〔一〕兼三國而都之。怨漢擁護呼韓邪而不助己，困辱漢使者江乃始等。初元四年，遣使奉獻，因求侍子，願爲內附。漢議遣衞司馬谷吉送之。御史大夫貢禹、博士匡衡以爲春秋之義「許夷狄者不壹而足」，〔二〕今郅支單于鄉化未（淳）〔醇〕，〔三〕所在絕遠，宜令使者送其子至塞而還。吉上書言：「中國與夷狄有羈（靡）〔縻〕不絕之義，今既養全其子十年，德澤甚厚，空絕而不送，近從塞還，示（捐棄）〔棄捐〕不畜，〔四〕使無鄉從之心。〔五〕棄前恩，立後怨，不便。議者見前江乃始無應敵之數，知勇俱困，以致恥辱，即豫爲臣憂。臣幸得建彊漢之節，承明聖之詔，宣諭厚恩，不宜敢桀。〔六〕若懷禽獸，加無道於臣，則單于長嬰大罪，〔七〕必遁逃遠舍，不敢近邊。〔八〕沒一使以安百姓，國之計，臣之願也。願送至庭。」〔九〕上以示朝者，禹復爭，以爲吉往必爲國取悔生事，不可許。右將軍馮奉世以爲可遣，上許焉。既至，郅支單于怒，竟殺吉等。自知負漢，又聞呼韓邪益彊，遂西奔康居。康居王以女妻郅支，郅支亦以女予康居王。康居甚尊敬郅支，欲倚其威以脅諸國。〔一〇〕郅支數借兵擊烏孫，深入至赤谷城，殺略民人，〔歐〕〔毆〕畜產，〔一一〕烏孫不敢追，西邊空虛，不居者且千里。郅支單于自以大國，威名尊重，又乘勝驕，不爲康居王禮，怒殺康居王女及貴人、人民數百，或支解投都賴水中。〔一二〕發民作城，日作五百人，二歲乃已。又遣使責闔蘇、大宛諸國歲遺，〔一三〕不敢不予。漢遣使三輩至康居求谷吉等死，〔一四〕郅支困辱使者，不肯奉詔，而因都護上書言：「居困戹，願歸計彊漢，遣子入侍。」〔一五〕其驕嫚如此。

〔一〕服虔曰：「呼偈，小國名，在匈奴北。」師古曰：「偈音起厲反。令與零同。」

〔二〕師古曰：「言（制節）〔節制〕之，不皆稱其所求也。」

〔三〕師古曰：「鄉讀曰嚮。不雜曰醇。醇，一也，厚也。」

〔四〕師古曰：「畜謂愛養也。」

〔五〕師古曰：「鄉讀曰嚮。嚮從謂向化而從命也。」

〔六〕師古曰：「言郅支畏威，當不敢桀黠也。」

〔七〕師古曰：「嬰猶帶也。」

〔八〕師古曰：「舍，止也。」

〔九〕師古曰：「單于庭。」

〔一〇〕師古曰：「倚音於綺反。」

〔一一〕師古曰：「〔歐〕〔敺〕與驅同。下皆類此。」

〔一二〕師古曰：「支解謂〔解〕截其四支也。都賴，郅支水名。」

〔一三〕師古曰：「胡廣云康居北可一千里有國名奄蔡，一名闔蘇。然則闔蘇即奄蔡也。歲遺者，年常所獻遺之物。遺音弋季反。」

〔一四〕師古曰：「死，尸也。」

〔一五〕師古曰：「故爲此言以調戲也。歸計謂歸附而受計策也。」

建昭三年，湯與延壽出西域。湯爲人沈勇有大慮，多策謀，喜奇功，〔一〕每過城邑山川，常登望。既領外國，與延壽謀曰：「夷狄畏服大種，其天性也。西域本屬匈奴，今郅支單于威名遠聞，侵陵烏孫、大宛，常爲康居畫計，欲降服之。如得此二國，北擊伊列，西取安息，南排月氏、山離烏弋，數年之間，城郭諸國危矣。〔二〕且其人剽悍，〔三〕好戰伐，數取勝，久畜之，必爲西域患。郅支單于雖所在絕遠，蠻夷無金城强弩之守，如發屯田吏士，敺從烏孫衆兵，〔四〕直指其城下，彼亡則無所之，守則不足自保，〔五〕千載之功可一朝而成也。」延壽亦以爲然，欲奏請之，湯曰：「國家與公卿議，大策非凡所見，事必不從。」〔六〕延壽猶與不聽。〔七〕會其久病，湯獨矯制發城郭諸國兵、車師戊己校尉屯田吏士。延壽聞之，驚起，欲止焉。湯怒，按劍叱延壽曰：「大衆已集會，豎子欲沮衆邪？」〔八〕延壽遂從之，部勒行陳，益置揚威、白虎、合騎之校，〔九〕漢兵胡兵合四萬餘人，延壽、湯上疏自劾奏矯制，陳言兵狀。

〔一〕師古曰：「喜音許吏反。」

〔二〕服虔曰：「山離烏弋不在〔二〕〔三〕十六國中，去中國二萬里。」師古曰：「謂西域國爲城郭者，言不隨畜牧遷徙，以別於匈奴也。」

〔三〕師古曰：「剽，輕也。悍，勇也。剽音頻妙反，又音匹妙反。悍音胡幹反。」

〔四〕師古曰：「歐，帥之令隨從也。」

〔五〕師古曰：「之，往也。保，安也。」

〔六〕師古曰：「言凡庸之人，不能遠見，故壞其事也。」

〔七〕師古曰：「與讀曰豫。」

〔八〕師古曰：「沮，止也，壞也，音才汝反。」

〔九〕張晏曰：「西域陳法之名也。」師古曰：「張說非也。一校則別爲一部軍，故稱校耳。湯特新置此等諸校名，以爲威聲也。」

即日引軍分行，別爲六校，其三校從南道踰葱領徑大宛，其三校都護自將，發溫宿國，從北道入赤谷，過烏孫，涉康居界，至闐池西。而康居副王抱闐將數千騎，寇赤谷城東，〔一〕殺略大昆彌千餘人，歐畜產甚多。從後與漢軍相及，頗寇盜後重。〔二〕湯縱胡兵擊之，殺四百六十人，得其所略民四百七十人，還付大昆彌，其馬牛羊以給軍食。又捕得抱闐貴人伊奴毒。

〔一〕文穎曰：「闐音填。」

〔二〕師古曰：「重謂輜重也，音直用反。」

入康居東界，令軍不得爲寇。〔一〕間呼其貴人屠墨見之，〔二〕諭以威信，與飲盟遣去。徑引行，未至單于城可六十里，止營。復捕得康居貴人貝色子男開牟以爲導。貝色子卽屠墨母之弟，〔三〕皆怨單于，由是具知郅支情。

〔一〕師古曰：「勿抄掠。」

〔二〕師古曰：「間謂密呼也。」

〔三〕師古曰：「母之弟卽謂舅也。」

明日引行，未至城三十里，止營。單于遣使問漢兵何以來，應曰：「單于上書言居困阨，願歸計彊漢，身入朝見。天子哀閔單于棄大國，屈意康居，故使都護將軍來迎單于妻子，恐左右驚動，故未敢至城下。」使數往來相答報。延壽、湯因讓之：〔一〕「我爲單于遠來，而至今無名王大人見將軍受事者，〔二〕何單于忽大計，失客主之禮也！〔三〕兵來道遠，人畜罷極，食度且盡，〔四〕恐無以自還，願單于與大臣審計策。」

〔一〕師古曰：「讓，責也。」
〔二〕師古曰：「名王，諸王之貴者。受事，受教命而供事也。」
〔三〕師古曰：「忽，忘也。」
〔四〕師古曰：「罷讀曰疲。度音大各反。」

明日，前至郅支城都賴水上，離城三里，止營傅陳。〔一〕望見單于城上立五采幡織，〔二〕數百人披甲乘城，〔三〕又出百餘騎往來馳城下，步兵百餘人夾門魚鱗陳，〔四〕講習用兵。城上人更招漢軍曰「鬬來！」〔五〕百餘騎馳赴營，營皆張弩持滿指之，騎引卻。頗遣吏士射城門騎步兵，騎步兵皆入。延壽、湯令軍聞鼓音皆薄城下，〔六〕四面圍城，各有所守，穿塹，塞門戶，鹵楯爲前，戟弩爲後，卬射城中樓上人，〔七〕樓上人下走。土城外有重木城，從木城中射，頗殺傷外人。外人發薪燒木城。夜，數百騎欲出外，迎射殺之。

〔一〕師古曰：「傅讀曰敷。敷，布也。」
〔二〕師古曰：「織讀曰幟，音式志反。」
〔三〕師古曰：「乘謂登之備守也。」
〔四〕師古曰：「言其相接次，形若魚鱗。」
〔五〕師古曰：「更，互也，音工行反。」
〔六〕師古曰：「薄，迫也。」

〔七〕師古曰：「卬讀曰仰。」

初，單于聞漢兵至，欲去，疑康居怨己，爲漢內應，又聞烏孫諸國兵皆發，自以無所之。〔一〕郅支已出，復還，曰：「不如堅守。漢兵遠來，不能久攻。」單于乃被甲在樓上，諸閼氏夫人數十皆以弓射外人。外人射中單于鼻，諸夫人頗死。單于下騎，傳戰大內。〔二〕夜過半，木城穿，中人卻入土城，乘城呼。〔三〕時康居兵萬餘騎分爲十餘處，四面環城，亦與相應和。〔四〕夜，數犇營，不利，輒卻。〔五〕平明，四面火起，吏士喜，大呼乘之，〔六〕鉦鼓聲動地。康居兵引卻。漢兵四面推鹵楯，並入土城中。單于男女百餘人走入大內。漢兵縱火，吏士爭入，單于被創死。軍候假丞杜勳斬單于首，得漢使節二及谷吉等所齎帛書。諸鹵獲以畀得者。〔七〕凡斬閼氏、太子、名王以下千五百一十八級，生虜百四十五人，降虜千餘人，賦予城郭諸國所發十五王。〔八〕

〔一〕師古曰：「之，往也。」

〔二〕師古曰：「下騎謂下樓而騎馬也。傳戰，轉戰也。大內，單于之內室也。言且戰且行而入內室。」

〔三〕師古曰：「乘，登也。呼音火故反。次下亦同。」

〔四〕師古曰：「環，繞也，音患。和音胡臥反。」

〔五〕師古曰：「犇，古奔字也。」

〔六〕師古曰：「乘，逐也。」

〔七〕師古曰：「畀，予也。各以與所得人。畀音必寐反。」
〔八〕師古曰：「賦謂班與之也。所發十五王，謂所發諸國之兵，共圍郅支王者也。」

於是延壽、湯上疏曰：「臣聞天下之大義，當混爲一，〔一〕昔有唐虞，今有彊漢。匈奴呼韓邪單于已稱北藩，唯郅支單于叛逆，未伏其辜，大夏之西，以爲彊漢不能臣也。〔二〕郅支單于慘毒行於民，大惡通于天。臣延壽、臣湯將義兵，行天誅，賴陛下神靈，陰陽並應，天氣精明，陷陳克敵，斬郅支首及名王以下。宜縣頭槀街蠻夷邸間，〔三〕以示萬里，明犯彊漢者，雖遠必誅。」事下有司。丞相匡衡、御史大夫繁延壽〔四〕以爲「郅支及名王首更歷諸國，蠻夷莫不聞知。〔五〕月令春『掩骼埋胔』之時，〔六〕宜勿縣。」車騎將軍許嘉、右將軍王商以爲「春秋夾谷之會，優施笑君，孔子誅之，〔七〕方盛夏，首足異門而出。宜縣十日乃埋之。」有詔將軍議是。

〔一〕師古曰：「混，同也，音胡本反。」
〔二〕師古曰：「謂漢爲不能使郅支臣服也。」
〔三〕晉灼曰：「黃圖在長安城門內。」師古曰：「槀街，街名，蠻夷邸在此街也。邸，若今鴻臚客館也。崔浩以爲槀當爲橐，橐街即銅駝街也。此說失之。銅駝街在雒陽，西京無也。」
〔四〕師古曰：「繁音蒲何反。」
〔五〕師古曰：「更音工衡反。」

〔六〕應劭曰：「禽獸之骨曰骼。骼，大也。鳥鼠之骨曰胔。胔，可惡也。」臣瓚曰：「枯骨曰骼，有肉曰胔。」師古曰：「瓚說是也。骼音工客反。胔音才賜反。」

〔七〕師古曰：「夾谷，地名，卽祝其也。定十年『公會齊侯於夾谷，孔子攝相事，齊侯奏宮中之樂，俳優侏儒戲於前，孔子歷階而上曰：「匹夫侮諸侯者，罪應誅。」於是斬侏儒，首足異處，齊侯懼，有慚色。』施者，優人之名。夾音頰。」

初，中書令石顯嘗欲以姊妻延壽，延壽不取。及丞相、御史亦惡其矯制，皆不與湯。〔一〕湯素貪，所鹵獲財物入塞多不法。〔二〕司隸校尉移書道上，繫吏士按驗之。湯上疏言：「臣與吏士共誅郅支單于，幸得禽滅，萬里振旅，〔三〕宜有使者迎勞道路。〔四〕今司隸反逆，收繫按驗，是爲郅支報讎也！」上立出吏士，令縣道具酒食以過軍。既至，論功，石顯、匡衡以爲「延壽、湯擅興師矯制，幸得不誅，如復加爵土，則後奉使者爭欲乘危徼幸，生事於蠻夷，〔五〕爲國招難，漸不可開。」元帝內嘉延壽、湯功，而重違衡、顯之議，〔六〕議久不決。

〔一〕師古曰：「與猶許。」

〔二〕師古曰：「不法者，私自取之，不依軍法。」

〔三〕師古曰：「師入曰振旅。振，整也。旅，衆也。」

〔四〕師古曰：「勞音力到反。」

〔五〕師古曰：「(若如)〔如，若〕也。」

〔六〕師古曰：「重，難也。」

故宗正劉向上疏曰：「郅支單于囚殺使者吏士以百數，事暴揚外國，傷威毀重，羣臣皆閔焉。〔一〕陛下赫然欲誅之，意未嘗有忘。西域都護延壽、副校尉湯承聖指，倚神靈，總百蠻之君，攬城郭之兵，〔二〕出百死，入絕域，遂蹈康居，屠五重城，搴歙侯之旗，〔三〕斬郅支之首，縣旌萬里之外，揚威昆山之西，埽谷吉之恥，立昭明之功，萬夷慴伏，莫不懼震。〔四〕呼韓邪單于見郅支已誅，且喜且懼，鄉風馳義，稽首來賓，〔五〕願守北藩，累世稱臣。立千載之功，建萬世之安，羣臣之勳莫大焉。昔周大夫方叔、吉甫爲宣王誅獫狁而百蠻從，其詩曰：『嘽嘽焞焞，如霆如雷，顯允方叔，征伐獫狁，蠻荊來威。』〔六〕易曰：『有嘉折首，獲〔非〕〔匪〕其醜。』〔七〕言美誅首惡之人，而諸不順者皆來從也。今延壽、湯所誅震，雖易之折首、詩之雷霆不能及也。論大功者不錄小過，舉大美者不疵細瑕。司馬法曰『軍賞不踰月』，欲民速得爲善之利也。蓋急武功，重用人也。吉甫之歸，周厚賜之，其詩曰：『吉甫燕喜，既多受祉，來歸自鎬，我行永久。』〔八〕千里之鎬猶以爲遠，況萬里之外，其勤至矣！延壽、湯既未獲受祉之報，反屈捐命之功，久挫於刀筆之前，〔九〕非所以勸有功厲戎士也。昔齊桓公前有尊周之功，〔一〇〕後有滅項之罪，〔一一〕君子以功覆過而爲之諱行事。〔一二〕貳師將軍李廣利捐五萬之師，靡億萬之費，經四年之勞，〔一三〕而厪獲駿馬三十四，〔一四〕雖斬宛王毋鼓之首，〔一五〕猶不足以復費，〔一六〕其私罪惡甚多。孝武以爲萬里征伐，不錄其過，遂封拜兩侯、三卿、二千石百有餘人。今康居國彊於大宛，郅支之號重於宛王，殺使者罪甚於留馬，而延壽、湯不煩漢士，不費斗糧，比於貳師，功德百之。〔一七〕且常惠隨欲擊之烏孫，鄭吉迎自來之日逐，猶皆裂土受爵。故言威武勤勞則大於方叔、吉甫，列功覆過則優於齊桓、貳師，近事之功則高於安遠、長羅，〔一八〕而大功未著，小惡數布，臣竊痛之！宜以時解縣通籍，〔一九〕除過勿治，尊寵爵位，以勸有功。」

〔一〕師古曰：「閔，病也。」

〔二〕師古曰：「擥，總持之也。其字從手。」

〔三〕師古曰：「搴，拔也，音蹇。」

〔四〕師古曰：「慴，恐也，音之涉反。」

〔五〕師古曰：「馳義，慕義驅馳而來也。鄉讀曰嚮。」

〔六〕師古曰：「小雅采芑之詩也。嘽嘽，衆也。焞焞，盛也。言車徒既衆且盛，有如雷霆，故能克定玁狁而令荆土之蠻亦畏威而來也。嘽音他丹反。焞音他回反。」

〔七〕師古曰：「離上九爻辭也。嘉，善也。醜，類也。言王者出征，克勝斬首，多獲非類，故以爲善。」

〔八〕師古曰：「小雅六月之詩也。鎬，地名，非豐鎬之鎬。此鎬及方皆在周之北。時玁狁侵鎬及方，至於涇陽。吉甫薄伐，自鎬而還。王以燕禮樂之，多受福賜，以其行役有功，日月長久故也。」

〔九〕師古曰：「捐棄其軀命，言無所顧也。挫，屈折也。刀筆謂吏也。」

〔一〇〕師古曰：「謂伐楚責苞茅，及會王太子于首止。」

〔一一〕師古曰：「項，國名也。春秋僖十七年夏，滅項。公羊傳曰：『齊滅之也。不言齊，爲桓公諱也。桓常有繼絕存亡之功，故君子爲之諱。』」

〔一二〕師古曰：「行事謂滅項之事也。」

〔一三〕師古曰：「靡，散也，音縻。」

〔一四〕師古曰：「廑與僅同。僅，少也。」

〔一五〕師古曰：「西域傳作毋寡，而此云毋鼓，鼓寡聲相近，蓋戎狄之言不甚諦也。」

〔一六〕師古曰：「復，償也，音扶目反。」

〔一七〕師古曰：「百倍勝之。」

〔一八〕師古曰：「安遠侯鄭吉，長羅侯常惠也。」

〔一九〕孟康曰：「縣，罪未竟也，如言縣罰也。通籍，不禁止，令得出入也。」

於是天子下詔曰：「匈奴郅支單于背畔禮義，留殺漢使者、吏士，甚逆道理，朕豈忘之哉！所以優游而不征者，重動師衆，勞將帥，〔一〕故隱忍而未有云也。今延壽、湯睹便宜，乘時利，結城郭諸國，擅興師矯制而征之，賴天地宗廟之靈，誅討郅支單于，斬獲其首，及閼氏貴人名王以下千數。雖踰義干法，〔二〕內不煩一夫之役，不開府庫之臧，因敵之糧以贍軍用，立功萬里之外，威震百蠻，名顯四海。爲國除殘，兵革之原息，邊竟得以安。〔三〕然猶不免死亡之患，罪當在於奉憲，朕甚閔之！其赦延壽、湯罪，勿治。」詔公卿議封焉。議者皆以爲宜如軍法捕斬單于令。匡衡、石顯以爲「郅支本亡逃失國，竊號絕域，非眞單于。」元帝取安遠侯鄭吉故事，封千戶，衡、顯復爭。乃封延壽爲義成侯，賜湯爵關內侯，食邑各三百戶，加賜黃金百斤。告上帝、宗廟，大赦天下。拜延壽爲長水校尉，湯爲射聲校尉。

〔一〕師古曰：「重，難也。」

〔二〕師古曰：「干，犯也。」

〔三〕師古曰：「竟讀曰境。」

延壽遷城門校尉，護軍都尉，薨於官。成帝初即位，丞相衡復奏「湯以吏二千石奉使，顓命蠻夷中，〔一〕不正身以先下，而盜所收康居財物，戒官屬曰絕域事不覆校。雖在赦前，不宜處位。」湯坐免。

〔一〕師古曰：「顓與專同。」

後湯上書言康居王侍子非王子也。按驗，實王子也。湯下獄當死。太中大夫谷永上疏訟湯曰：「臣聞楚有子玉得臣，文公爲之仄席而坐；〔一〕趙有廉頗、馬服，彊秦不敢窺兵井陘；〔二〕近漢有郅都、魏尚，匈奴不敢南鄉沙幕。〔三〕由是言之，戰克之將，國之爪牙，不可不重也。蓋『君子聞鼓鼙之聲，則思將率之臣』。〔四〕竊見關內侯陳湯，前使副西域都護，忿郅支之無道，閔王誅之不加，〔五〕策慮愊億，義勇奮發，〔六〕卒興師奔逝，橫厲烏孫，踰集都賴，〔七〕屠三重城，斬郅支首，報十年之逋誅，雪邊吏之宿恥，〔八〕威震百蠻，武暢西海，漢元以來，征伐方外之將，未嘗有也。今湯坐言事非是，幽囚久繫，歷時不決，執憲之吏欲致之大辟。昔白起爲秦將，南拔郢都，北阬趙括，以纖介之過，賜死杜郵，〔九〕秦民憐之，莫不隕涕。今湯親秉鉞，席卷喋血萬里之外，〔一〇〕薦功（宗）〔祖〕廟，告類上帝，〔一一〕介胄之士靡不慕義。以言事爲罪，無赫赫之惡。周書曰：『記人之功，忘人之過，宜爲君者也。』〔一二〕夫犬馬有勞於人，尚加帷蓋之報，〔一三〕況國之功臣者哉！竊恐陛下忽於鼓鼙之聲，不察周書之意，而忘帷蓋之施，庸臣遇湯，卒從吏議，〔一四〕使百姓介然有秦民之恨，〔一五〕非所以厲死難之臣也。」

書奏，天子出湯，奪爵爲士伍。

〔一〕師古曰：「子玉，楚大夫也，得臣其名也。春秋僖二十八年，子玉帥師與晉文公戰于城濮，楚師敗績。晉師三日館穀，而文公猶有憂色，曰：『得臣猶在，憂未歇也。』及楚殺子玉，公喜而後可知也。禮記曰『有憂者仄席而坐』，蓋自貶也。仄，古側字也。」

〔二〕師古曰：「廉頗，趙將也。馬服君趙奢亦趙將也。井陘之口，趙之西界山險道也。」

〔三〕師古曰：「鄉讀曰嚮。」

〔四〕師古曰：「禮之樂記曰『鼓鼙之聲讙，讙以立動，動以進衆。君子聽鼓鼙之聲，則思將率之臣』也。」

〔五〕師古曰：「閔，憂也。」

〔六〕師古曰：「愊億，憤怒之貌也。愊音皮逼反。」

〔七〕如淳曰：「踰，遠也。遠集郅支都賴水上也。」師古曰：「卒讀曰猝。厲，度也。踰讀曰遙。」

〔八〕師古曰：「逋，亡也。」

〔九〕師古曰：「地名也，在咸陽西也。」

〔一〇〕師古曰：「如席之卷。言其疾也。喋血，解在文紀。」

〔一一〕張晏曰：「謂以所征之國事類告天也。」

〔一二〕師古曰：「尙書之外逸書也。」

〔一三〕師古曰：「禮記稱孔子云：『敝帷弗棄，爲薶馬也；敝蓋弗棄，爲薶狗也。』」

〔一四〕師古曰：「以庸臣之禮待遇之也。卒，終也。」

〔一五〕師古曰：「介然猶耿耿。」

後數歲，西域都護段會宗爲烏孫兵所圍，驛騎上書，願發城郭敦煌兵以自救。〔一〕丞相王商、大將軍王鳳及百僚議數日不決。鳳言「湯多籌策，習外國事，可問。」上召湯見宣室。湯擊郅支時中寒病，兩臂不詘申。湯入見，有詔毋拜，示以會宗奏。湯辭謝，曰：「將相九卿皆賢材通明，小臣罷癃，不足以策大事。」〔二〕上曰：「國家有急，君其毋讓。」對曰：「臣以爲此必無可憂也。」上曰：「何以言之？」湯曰：「夫胡兵五而當漢兵一，何者？兵刃朴鈍，弓弩不利。今聞頗得漢巧，然猶三而當一。又兵法曰『客倍而主人半然後敵』，今圍會宗者人衆不足以勝會宗，唯陛下勿憂！且兵輕行五十里，重行三十里，今會宗欲發城郭敦煌，歷時乃至，所謂報讎之兵，非救急之用也。」上曰：「柰何？其解可必乎？度何時解？」〔三〕湯知烏孫瓦合，不能久攻，〔四〕故事不過數日，〔五〕因對曰：「已解矣！」詘指計其日，曰：「不出五日，當有吉語聞。」〔六〕居四日，軍書到，言已解。大將軍鳳奏以爲從事中郎，莫府事壹決於湯。湯明法令，善因事爲勢，納說多從。常受人金錢作章奏，卒以此敗。

〔一〕師古曰：「西域城郭諸國及敦煌兵也。」

〔二〕師古曰：「罷讀曰疲。」

〔三〕師古曰：「度音徒各反。」

〔四〕師古曰：「瓦合謂碎瓦之雜居不齊同。」

〔五〕師古曰：「故事謂以舊事測之。」

〔六〕師古曰：「吉，善也。善謂兵解之事。」

初，湯與將作大匠解萬年相善。自元帝時，渭陵不復徙民起邑。成帝起初陵，數年後，樂霸陵曲亭南，更營之。萬年與湯議，以爲「武帝時工楊光以所作數可意〔一〕自致將作大匠，及大司農中丞耿壽昌造杜陵賜爵關內侯，將作大匠乘馬延年以勞苦秩中二千石；〔一〕今作初陵而營起邑居，成大功，萬年亦當蒙重賞。子公妻家在長安，兒子生長長安，不樂東方，宜求徙，可得賜田宅，俱善。」湯心利之，即上封事言：「初陵，京師之地，最爲肥美，可立一縣。天下民不徙諸陵三十餘歲矣，關東富人益衆，多規良田，役使貧民，〔二〕可徙初陵，以彊京師，衰弱諸侯，又使中家以下得均貧富。湯願與妻子家屬徙初陵，爲天下先。」於是天子從其計，果起昌陵邑，後徙內郡國民。萬年自詭三年可成，〔四〕後卒不就，〔五〕羣臣多言其不便者。下有司議，皆曰：「昌陵因卑爲高，積土爲山，度便房猶在平地上，〔六〕客土之中不保幽冥之靈，淺外不固，卒徒工庸以鉅萬數，至爇脂火夜作，〔七〕取土東山，且與穀同賈。〔八〕作治數年，天下徧被其勞，國家罷敝，府藏空虛，〔九〕下至衆庶，熬熬苦之。〔一〇〕故陵因天性，據眞土，處勢高敞，旁近祖考，前又已有十年功緒，〔一一〕宜還復故陵，勿徙民。」上乃下詔罷昌陵，語在成紀。丞相御史請廢昌陵邑中室，〔一二〕奏未下，人以問湯：「第宅不（得徹）〔徹，得〕毋復發徙？」〔一三〕湯曰：「縣官且順聽羣臣言，猶且復發徙之也。」

〔一〕師古曰：「可天子之意。」

〔二〕師古曰：「姓乘馬，名延年。乘音食孕反。」

〔三〕師古曰：「規，畫也，自占爲疆界也。」

〔四〕師古曰：「詭，責也，自以爲憂責也。」
〔五〕師古曰：「卒，終也。就亦成也。」
〔六〕師古曰：「度音徒各反。」
〔七〕師古曰：「難，古然字也。」
〔八〕師古曰：「賈讀曰價。」
〔九〕師古曰：「罷讀曰疲。」
〔一〇〕師古曰：「熬熬，衆愁聲。」
〔一一〕師古曰：「緒謂端次也。」
〔一二〕師古曰：「徙人新所起室居。」
〔一三〕師古曰：「問其不被發徹，更移徙邪？」

時成都侯商新爲大司馬衞將軍輔政，素不善湯。商聞此語，白湯惑衆，下獄治，按驗諸所犯。湯前爲騎都尉王莽上書言：「父早死，（犯）〔獨〕不封，母明君共養皇太后，尤勞苦，〔一〕宜封。」竟爲新都侯。後皇太后同母弟苟參爲水衡都尉，死，子伋爲侍中，〔二〕參妻欲爲伋求封，湯受其金五十斤，許爲求比上奏。〔三〕弘農太守張匡坐臧百萬以上，狡猾不道，有詔即訊，〔四〕恐下獄，使人報湯。湯爲訟罪，得踰冬月，許謝錢二百萬，皆此類也。事在赦前。後東萊郡黑龍冬出，人以問湯，湯曰：「是所謂玄門開。微行數出，出入不時，故龍以非時出也。」又言當復發徙，傳相語者十餘人。丞相御史奏「湯惑衆不道，妄稱詐歸異於上，非所宜言，大不敬。」廷尉增壽議，以爲「不道無正法，〔五〕以所犯劇易爲罪，〔六〕臣下（丞）〔承〕用失其中，故移獄廷尉，〔七〕無比者先以聞，〔八〕所以正刑罰，重人命也。明主哀憫百姓，下制書罷昌陵勿徙吏民，已申布。湯妄以意相謂且復發徙，雖頗驚動，所流行者少，百姓不爲變，不可謂惑衆。湯稱詐，虛設不然之事，非所宜言，大不敬也。」制曰：「廷尉增壽當是。〔九〕湯前有討郅支單于功，其免湯爲庶人，徙邊。」又曰：「故將作大匠萬年佞邪不忠，妄爲巧詐，多賦斂，煩繇役，興卒暴之作，〔一〇〕卒徒蒙辜，死者連屬，〔一一〕毒流衆庶，海內怨望。雖蒙赦令，不宜居京師。」於是湯與萬年俱徙敦煌。

〔一〕師古曰：「莽傳言莽母渠，今此云明君。則明君者字也。」

〔二〕師古曰：「伋音汲。」

〔三〕師古曰：「比，例也，音必寐反。」

〔四〕師古曰：「就其所居考問之。」

〔五〕晉灼曰：「增壽，姓趙也。」

〔六〕師古曰：「易音弋豉反。」

〔七〕如淳曰：「如今讞罪輕重。」

〔八〕師古曰：「比謂相比附也。」

〔九〕師古曰：「當謂處正其罪也。」

〔一〇〕師古曰：「卒讀曰猝。」

〔一一〕師古曰：「蒙，被也，屬音之欲反。」

久之，敦煌太守奏「湯前親誅郅支單于，威行外國，不宜近邊塞。」詔徙安定。

議郎耿育上書言便宜，因冤訟湯曰：「延壽、湯爲聖漢揚鉤深致遠之威，雪國家累年之恥，討絕域不羈之君，係萬里難制之虜，豈有比哉！先帝嘉之，仍下明詔，宣著其功，〔一〕改年垂曆，傳之無窮。〔二〕應是，南郡獻白虎，邊陲無警備。會先帝寢疾，然猶垂意不忘，數使尚書責問丞相，趣立其功。〔三〕獨丞相匡衡排而不予，封延壽、湯數百戶，此功臣戰士所以失望也。孝成皇帝承建業之基，乘征伐之威，兵革不動，國家無事，而大臣傾邪，讒佞在朝，曾不深惟本末之難，以防未然之戒，欲專主威，排妒有功，使湯塊然〔四〕被冤拘囚，不能自明，卒以無罪，老棄敦煌，正當西域通道，令威名折衝之臣旋踵及身，復爲郅支遺虜所笑，誠可悲也！至今奉使外蠻者，未嘗不陳郅支之誅以揚漢國之盛。夫援人之功以懼敵，棄人之身以快讒，〔五〕豈不痛哉！且安不忘危，盛必慮衰，今國家素無文帝累年節儉富饒之畜，〔六〕又無武帝薦延〔七〕梟俊禽敵之臣，獨有一陳湯耳！〔八〕假使異世不及陛下，尚望國家追錄其功，封表其墓，以勸後進也。湯幸得身當聖世，功曾未久，反聽邪臣鞭逐斥遠，使亡逃分竄，死無處所。〔九〕遠覽之士，莫不計度，〔10〕以爲湯功累世不可及，而湯過人情所有，〔11〕湯尚如此，雖復破絕筋骨，暴露形骸，猶復制於脣舌，爲嫉妒之臣所係虜耳。此臣所以爲國家尤戚戚也。」書奏，天子還湯，卒於長安。

〔一〕師古曰：「仍，頻也。」
〔二〕師古曰：「謂改年爲竟寧也。不以此事，蓋當其年，上書者附著耳。」
〔三〕師古曰：「趣讀曰促。」
〔四〕師古曰：「塊然，獨處之意，如土塊也。音口內反。」
〔五〕師古曰：「援，引也，音爰。」
〔六〕師古曰：「畜讀曰蓄，謂府庫也。」
〔七〕如淳曰：「薦延，使羣臣薦士而延納之。」
〔八〕師古曰：「梟謂斬其首而縣之也。俊謂敵之魁率，郅支是也。春秋左氏傳曰『得俊曰克』。」
〔九〕師古曰：「分謂散離也。虞書舜典曰『分北三苗』。」
〔10〕師古曰：「度音大各反。」
〔11〕師古曰：「言湯所犯之罪過，人情共有此事耳，非特詭異深可誅責也。」

死後數年，王莽爲安漢公秉政，既內德湯舊恩，又欲諂皇太后，以討郅支功尊元帝廟稱高宗。以湯、延壽前功大賞薄，及候丞杜勳不賞，乃益封延壽孫遷千六百戶，追謚湯曰破胡壯侯，封湯子馮爲破胡侯，勳爲討狄侯。

段會宗字子松，天水上邽人也。竟寧中，以杜陵令五府舉爲西域都護、騎都尉光祿大夫，西域敬其威信。三歲，更盡還，〔一〕拜爲沛郡太守。以單于當朝，徙爲雁門太守。數年，坐法免。西域諸國上書願得會宗，陽朔中復爲都護。

〔一〕如淳曰：「邊吏三歲一更，下言終更皆是也。」師古曰：「更，工衡反。其下並同。」

會宗爲人好大節，矜功名，與谷永相友善。谷永閔其老復遠出，予書戒曰：「足下以柔遠之令德，復典都護之重職，〔一〕甚休甚休！〔二〕若子之材，可優遊都城而取卿相，何必勒功昆山之仄，總領百蠻，懷柔殊俗？子之所長，愚無以喻。〔三〕雖然，朋友以言贈行，敢不略意。〔四〕方今漢德隆盛，遠人賓服，傅、鄭、甘、陳之功沒齒不可復見，願吾子因循舊貫，毋求奇功，〔五〕終更亟還，亦足以復雁門之踦。〔六〕萬里之外以身爲本。願詳思愚言。」

〔一〕師古曰：「柔，安也。柔遠，言能安遠人。虞書舜典曰『柔遠能邇』。」

〔二〕師古曰：「休，美也。」

〔三〕師古曰：「言子思慮深長，當不待己曉告也。」

〔四〕師古曰：「贈行謂將別相贈也。略意，略陳本意也。」

〔五〕師古曰：「貫，事也。」

〔六〕應劭曰：「踦，隻也。會宗從沛郡下爲雁門，又坐法免，爲踦隻不偶也。」師古曰：「亟，急也。復猶補也。亟音居力反。踦音居宜反。」

會宗既出。諸國遣子弟郊迎。小昆彌安日前爲會宗所立，德之，〔一〕欲往謁，諸翖侯止不聽，遂至龜茲謁。城郭甚親附。〔二〕康居太子保蘇匿率衆萬餘人欲降，會宗奏狀，漢遣衞司馬逢迎。〔三〕會宗發戊己校尉兵隨司馬受降。司馬畏其衆，欲令降者皆自縛，保蘇匿怨望，舉衆亡去。會宗更盡還，以擅發戊己校尉之兵乏興，有詔贖論。拜爲金城太守，以病免。

〔一〕師古曰：「懷會宗之恩德也。」

〔二〕師古曰：「謂城郭諸國。」

〔三〕師古曰：「迎之於道，隨所到而逢之，故曰逢迎也。」

歲餘，小昆彌爲國民所殺，諸翖侯大亂。徵會宗爲左曹中郎將光祿大夫，使安輯烏孫，〔一〕立小昆彌兄末振將，〔二〕定其國而還。

〔一〕師古曰：「輯與集同。」

〔二〕服虔曰：「人姓名也。」師古曰：「其名也。昆彌之兄不可別舉姓也。」

明年，末振將殺大昆彌，會病死，漢恨誅不加。元延中，復遣會宗發戊己校尉諸國兵，卽誅末振將太子番丘。〔一〕會宗恐大兵入烏孫，驚番丘，亡逃不可得，卽留所發兵墊婁地，〔二〕選精兵三十弩，〔三〕徑至昆彌所在，召番丘，責以「末振將骨肉相殺，殺漢公主子孫，未伏誅而死，使者受詔誅番丘。」卽手劍擊殺番丘。官屬以下驚恐，馳歸。小昆彌烏犁靡者，末振將兄子也，勒兵數千騎圍會宗，會宗爲言來誅之意：「今圍守殺我，如取漢牛一毛耳。宛王郅支頭縣槀街，烏孫所知也。」昆彌以下服，曰：「末振將負漢，誅其子可也，獨不可告我，令飲食之邪？」〔四〕會宗曰：「豫告昆彌，逃匿之，爲大罪。卽飲食以付我，傷骨肉恩，故不先告。」昆彌以下號泣罷去。會宗還奏事，公卿議會宗權得便宜，以輕兵深入烏孫，卽誅番丘，〔五〕宣明國威，宜加重賞。天子賜會宗爵關內侯，黃金百斤。

〔一〕師古曰：「番音步安反。」
〔二〕服虔曰：「墊音墊阸之墊。」鄭氏曰：「婁音䝁。」師古曰：「墊音丁念反。婁音樓。」
〔三〕李奇曰：「三十人，人持一弩。」
〔四〕師古曰：「飲音於禁反。食讀曰飤。次下亦同。」
〔五〕師古曰：「卽，就也。」

是時，小昆彌季父卑爰疐〔一〕擁衆欲害昆彌，漢復遣會宗使安輯，與都護孫建并力。明年，會宗病死烏孫中，年七十五矣，城郭諸國爲發喪立祠焉。

〔一〕師古曰：「蹇音竹二反。」

贊曰：自元狩之際，張騫始通西域，至于地節，鄭吉建都護之號，訖王莽世，凡十八人，皆以勇略選，然其有功迹者具此。廉褒以恩信稱，郭舜以廉平著，孫建用威重顯，其餘無稱焉。陳湯儻蕩，不自收斂，〔一〕卒用困窮，議者閔之，故備列云。

〔一〕師古曰：「儻蕩，無行檢也。蕩音蕩。」

校勘記

三〇〇三頁　三行　〔間〕〔言〕爲匈奴之間〔爲〕〔而〕候伺。　景祐、殿本「間」作「言」，「爲」作「而」。

三〇〇七頁　六行　投石，應〔劭〕〔說〕是也。　景祐、殿本都作「說」，此誤。

三〇〇七頁　七行　今人猶〔言〕〔有〕拔爪之戲，　景祐、殿本都作「有」，此誤。

三〇〇七頁一三行　坐削〔二百戶〕〔戶二百〕，　景祐、殿本都作「戶二百」。

三〇〇八頁一〇行　今郅支單于鄉化未〔湻〕〔醇〕，　景祐、殿本都作「醇」。王先謙說「湻」字誤。

三〇〇八頁一一行　中國與夷狄有羈〔靡〕〔縻〕不絕之義，　景祐、殿本都作「縻」。王先謙說作「縻」是。

三〇〇八頁一三行　示〔捐棄〕〔棄捐〕不畜，　景祐、殿本都作「棄捐」。

三〇〇九頁　四行　殺略民人，〔歐〕〔毆〕畜產，　景祐、殿、局本都作「毆」，注同。

三〇〇九頁一〇行　言（制節）〔節制〕之，　景祐、殿本都作「節制」。

三〇一〇頁四行　支解謂〔解〕截其四支也。　景祐、殿本都有「解」字。

三〇一一頁四行　山離烏弋不在（二）〔三〕十六國中，　景祐、殿、局本都作「三」。

三〇一六頁一六行　（若如）〔如，若〕也。　景祐、殿、局本都作「如若」，此誤倒。

三〇一七頁八行　獲（非）〔匪〕其醜。　景祐、殿本都作「匪」，通鑑、易今本並同。

三〇二二頁六行　薦功（宗）〔祖〕廟，　景祐、殿本都作「祖」。

三〇二四頁二行　第宅不（得徹）〔徹，得〕毋復發徒？　景祐、殿、局本都作「徹得」。王文彬說此誤倒。

三〇二五頁三行　父早死，（犯）〔獨〕不封，　景祐、殿、局本都作「獨」。

三〇二六頁二行　臣下（丞）〔承〕用失其中，　景祐、殿、局本都作「承」。